Karl Schranz

Florian Madl

Karl Schranz

Vom Sportidol zum Netzwerker

Eine Biografie

Mit einem Vorwort
von Hermann Maier

styria regional
TIROL

DANKSAGUNG

Mein Dank gilt Karl Schranz für seine engagierte Mitarbeit und meiner geliebten Familie für ihre Engelsgeduld.

Florian Madl

Inhalt

Vorwort von Hermann Maier

Leider kam ich, Jahrgang '72, nicht mehr in den Genuss, Karl Schranz als Rennläufer live zu erleben. Und dennoch verbindet mich mehr mit ihm, als man auf den ersten Blick glauben möchte.

Zunächst ist da natürlich die Geschichte, dass Karl 1970 der bislang letzte österreichische Sieger im Gesamtweltcup war, ehe ich 1998 nach elendslanger Durststrecke seine Nachfolge antreten durfte. So etwas verbindet.

Aber auch sein unverwechselbarer Stil, die Schranz-Hocke, sein ungeheurer Innovationsgeist – man denke nur an die für damalige Begriffe revolutionären hautengen Abfahrtsanzüge – und die Kraft seiner Auftritte ringen mir noch heute Respekt ab. Und irgendwie entsteht auch ein gewisses Gefühl der Vertrautheit.

Karl hat in vielerlei Hinsicht Wege geebnet, Türen geöffnet und Trends gesetzt, die bis in die Gegenwart wirken. Daher rührt seine ungebrochene Popularität. Wobei ich auch aus eigener Erfahrung zu behaupten wage, dass sie nicht der Antrieb war für Karls sportliche Erfolge.

Er war als Einzelgänger verschrien, pflegte nicht unbedingt das beste Verhältnis zu Kollegen, Trainern, Funktionären, ordnete eben alles dem eigenen Fortschritt, der Absicht und dem Bestreben unter, diverse Pisten immer schneller zu bezwingen. Gelingt dies, findet man sich rasch in recht exponierter Position wieder, die natürlich ungewollt sehr viel Aufmerksamkeit hervorruft.

Ich kenne es nur zu gut, wie sich – verfolgt man diesen Weg konsequent – das Umfeld verselbständigt. Plötzlich liest man in der

Zeitung Sachen über sich, über die man sich nur noch wundert. Plötzlich ist man umzingelt von Leuten, die freilich völlig ungeachtet ihrer selbst nur das Beste für einen wollen. Die dann allerdings, wenn es hart auf hart kommt, auch im Nu wieder verschwunden sind.

Der Umgang mit diesen Umständen will gelernt sein. Und zumal es Karl zu seiner Zeit bestimmt noch leichter hatte, einfach, weil die Medien nicht so zahlreich und die technischen Voraussetzungen nicht so weit waren, so zeichnete er diesbezüglich einen Weg vor, von dem noch heutzutage viele profitieren, an dem sich sogar noch viele ein Beispiel nehmen können.

Im übrigen steht Karl Schranz quasi symbolhaft für das Wechselbad zwischen Sieg und Niederlage, das zum Leben eines Sportlers dazugehört. Aber das hält allem Anschein nach jung.

Ich erinnere mich noch gut an unsere erste Begegnung, als mir Karl 1998 die große Kristallkugel für den Sieg im Gesamtweltcup überreichte. Ich dachte mir insgeheim, dass Karl ziemlich alt ausschaut. Allerdings hat er sich im Vergleich zu damals kaum verändert. Und heute freilich muss ich sagen, dass er der am besten erhaltene 70-Jährige ist, den ich kenne.

Auf einen Kaffee

„Das hast du gut gemacht! Nur weiter so, mein Freund." Lächelnd nimmt Karl Schranz den vom Kellner kredenzten Kaffee entgegen. Hier Dimi, der freundliche Mann mit Schürze und einer Vorliebe für Smalltalk, dort der leutselige Arlberger Hotelier. Karl Schranz erweist sich an diesem Augustnachmittag 2010 im Café eines Innsbrucker Innenstadt-Kaufhauses als Jedermanns „Koarl", mit dem Passanten gerne ein schnelles Foto fürs Familienalbum oder den Vorzimmerspiegel machen. „Für so etwas habe ich immer Zeit", und als würde er das zu erklären versuchen, fügt er hinzu: „Du musst dich auf alle einstellen, ein Diplomat sein und dabei auf Augenhöhe mit den Leuten." Ein Leben auf Abruf, quasi. Immer bereit, sich für seine Umgebung aus den Tiefen eines Futons zu erheben, um einen Schnappschuss später wieder würdevoll darin zu versinken. Bei Wladimir Putin kommt er damit genauso an wie beim Hans oder Franz aus der Umgebung. Die haben das schließlich um nichts weniger verdient. Aufstehen, hinsetzen, aufstehen, hinsetzen – wie bei einem Ritt über die Kitzbüheler Streif oder das Lauberhorn in Wengen. Früher auf Schnee, jetzt eben auf Parkett. Und immer im Mittelpunkt: der Schranz.

Die Altersgrenze der Bewunderer? „Das ist unterschiedlich, aber natürlich sind es hauptsächlich ältere Leute bis hin zu solchen, die 30 bis maximal 40 Jahre jünger sind als ich", erzählte der jetzt 71-jährige Schranz in einem Interview. Das Interesse an ihm sei jedenfalls ungebrochen – zum Erstaunen von Schranz: „Ich wundere mich selbst darüber, dass ich noch immer Fanpost bekomme – aus Deutschland, Holland, mittlerweile auch aus den Ostländern. Relativ viel kommt aus Russland, weil ich da in den vergangenen Jahren häufig in den Medien war." Ihn störe das nicht, Berühmtheit sei ohnehin „eine relative Angelegenheit". Nachsatz: „Ich nehme das als normal. Die Menschen suchen halt nach Vorbildern." („Heisz hakt nach", 17. 10. 2010, *Tiroler Tageszeitung am Sonntag*).

Im Ruhestand wärst du als ehemalige Sportgröße so gesehen nie, sagt Karl Schranz; und er will das auch gar nicht sein. „Nicht nur der Erfolg ließ ihn stets in der Öffentlichkeit bleiben, er prolongierte seinen Status auch in der Zeit nach dem Sport", glaubt Skisprung-Olympiasieger Toni Innauer. Branchenkollege Franz Klammer scheint das ebenfalls zum Lebensmotto erhoben zu haben, nur war der, wenn auch später geschäftlich weniger erfolgreich, im Jahr 1976 ein Olympiasieger. Karl Schranz nie, weil man ihm das Gold bei den Winterspielen 1968 in Grenoble „gestohlen hat". Werbung soll er gemacht haben, wie alle anderen Skifahrer auch. Nur ihn, den Schranz, hat man ausgeschlossen.

Es scheint an diesem verregneten Augustnachmittag fast so, als würde der Mann vom Tiroler Oberland aus diesem Duft seiner Vergangenheit die Energie für seine bewegte Gegenwart beziehen. Die Fotoanfragen von Passanten machen ihn ebenso stolz wie seine kurzen Streifzüge durch die sportliche Vergangenheit, das kann er nicht verbergen. Und Karl Schranz erinnert sich gerne daran, dass man ihn früher den „Einsamen Wolf vom Arlberg" nannte; manchmal auch den „Löwen", anlässlich der Ski-WM 2001 in St. Anton ernannte ihn die *Neue Zürcher Zeitung* gar zum „König vom Arlberg". Die Italiener nannten ihn sogar „L'acquila", den „Adler". Alles irgendwie zutreffend.

Der Seitenscheitel sitzt immer noch wie früher, nur würde sich Schranz jetzt bedenkenlos in „Ersthelfer vom Arlberg" umtaufen lassen: „Wenn die Leute aus meiner Umgebung ein Problem haben, dann melden sie sich bei mir." Dem einen steht er mit einem Rat zur

Seite, dem anderen mit einer Intervention. Als es vor der Ski-Weltmeisterschaft 2001 (die ER holte) darum ging, den ICE in seiner 2600-Seelen-Gemeinde fahrplanmäßig zum Stehen zu bringen, gelang ihm das. Ohne Notbremse, nur mit Bundeskanzler und Verkehrsminister. Die duzt Karl Schranz alle. Erst auf Nachfrage erfährt man, um wen es sich bei Bruno (Kreisky), Franz (Vranitzky) oder Ursula (Plassnik) handelt. Muss wohl eine Art Quiz sein, das Schranz spielt.

Es scheint, als stünde der Mann aus St. Anton für alles gerade. Für ihn ist es schwer zu verwinden, dass das offizielle St. Anton nicht ähnlich verfährt, wenn es um ihn geht. Der Neid liegt scheinbar zuhause auf seiner Fußmatte wie die Tageszeitung, beides regelmäßig und mehr oder weniger geballt. Vielleicht, weil er mit Wladimir Putin im Extrazimmer Wodka schlürfen darf oder Karim Aga Khan seinen „Freund" nennt. Karl Schranz sieht das anders, denn Freund nennt er schließlich viele. An diesem verregneten Augustnachmittag zum Beispiel Dimi, den Kellner. Der hat seine Sache auch beim zweiten Kaffee „gut gemacht" und grinst verlegen. Auf Augenhöhe mit Karl Schranz, das hebt die Stimmung an diesem verregneten Nachmittag.

evian

1
Nichts war einmal

Olympia-Sonderdienst Sapporo 1972

die disqualifikation des österreichischen skistars wurde montagmittag (ortszeit) vom internationalen olympischen comite mit der begründung „der tätigkeit und des einflusses, den karl schranz auf den alpinen skisport nahm", sowie die „art und weise, mit der er seinen namen und seine photographie zu reklamezwecken verwendete" beschlossen. (forts.) mzi+

Austria Presse Agentur, 31.01.1972/Meldungs-Nr.: AHI0237

Es war einmal – damit kann kein Kapitel aus dem Leben von Karl Schranz beginnen. Nein, im Leben von Karl Schranz, Skifahrer und als solcher trotz seines Rücktritts 1972 niemals im Ruhestand, war nichts: Es ist, und zwar immer noch. Manchmal kurvenreich im Stile eines Torlaufs, manchmal mehr wie eine Abfahrt. Falllinie, Kopf durch die Wand quasi. Wie sagte der Gesamtweltcupsieger 2005/2006 Benjamin Raich: „Ich habe ihn als Skifahrer nicht mehr in Erinnerung. Aber er ist einer, der nach wie vor eine große Rolle spielt und immer noch irgendwo Thema ist." Nicht viel anders Stephan Eberharter, wie Raich Olympiasieger im alpinen Skilauf: „Allein der Name spricht für sich, dazu muss man nichts mehr sagen." Wer das nachempfinden will, dem ist ein Besuch seines Hotels in St. Anton am

Karl Schranz in einem Meer von Erinnerungsbildern, die das Foyer seines Hotels schmücken.

Arlberg zu empfehlen. Es heißt „Karl Schranz". Hier ist der Name Programm, das lässt sich bereits beim Betreten erahnen. „Hereinspaziert", empfängt der lächelnde Hausherr den Gast; und schon bei der Bronzebüste am unteren Treppenansatz – ein gemeinsames Geschenk von ÖSV, Ski Club Arlberg und Land Tirol zum 60. Geburtstag – beginnt die nicht enden wollende Zeitreise.

Schranz selbst führt durch das Foyer mit den Bildern bekannter Staatsmänner, Opernsänger und Schauspieler; ja, auch Mitglieder von Königshäusern zwischen Japan und Spanien drängen sich an den allgegenwärtigen Ex-Skifahrer und Dauerprominenten, Sportler von Rang sowieso. Farah Diba hier, Juan Carlos da. Und das? Ach ja, Karim Aga Khan. Einmal ein Besuch beim Wiener Opernball, dann wieder auf der Skipiste. Für Tiroler Dekor bleibt im Foyer jedenfalls wenig Raum, wie Kacheln reihen sich die Erinnerungsbilder aneinander. Der angenehme Holzgeruch des Interieurs hat schon viele betört, ebenso wie die einladenden Sofas und Futons. Kein Aprés-Ski-Ambiente, wie man es von den nahen, ballermannartigen Gaststätten St. Antons erwarten würde. Solche wie Slalom-Weltmeister Mario Matt eine hat. Brettljause statt Burger, heißt es hier bei Karl Schranz, Rotwein statt Bacardi-Cola. Der Hotelier hält inne, gewährt seinem Besucher eine Atempause. Er lädt in die Extra-Stube, wo schon viele Berühmtheiten Schnaps verkosten durften; Situationen, in denen er, der Schranz nämlich, das Regiment führte. Vieles festgehalten auf Foto, vieles im Gedächtnis abgespeichert. Stets präsent, vom Chef präsentierbar. Diese Stube kennt viele Geschichten und Gesichter; aber Diskretion, ein Lächeln – „man redet nicht über alles".

Der Blick fällt ans hintere Ende des geräumigen Raums im Schranz-Foyer; neben der Bar, wo der Schrein vergangener Erfolge unter mildem Scheinwerferlicht funkelt. Auf den Fotos zuvor war der Hausherr Accessoire vieler zumindest ebenso Prominenter, hier ist nun er die Hauptperson: in Form von Medaillen und Pokalen bei zahlreichen Ski-Rennen, jedes Exponat hat seine Geschichte. „Zweite und dritte Plätze sind aber auch dabei", versichert Schranz. Unwichtig. „Ich fahre, um zu siegen. Ich hab mich noch nie über einen an-

deren Platz freuen können als den ersten", meint Schranz Zeit seiner Karriere. Aber man redet ja ohnehin lieber über die früher so hochkarätige Kandahar-Serie Ende der 50er- und Anfang der 60er-Jahre – deren Veranstalter mussten sich angesichts der Schranz-Seriensiege sogar eine neue Form der Krönung einfallen lassen. „Ein Diamant-Band – das gab es zuvor noch nicht", grinst der Erfolgreiche bei diesen Worten. Und dem so Dekorierten ist anzukennen, wie er auch Jahrzehnte nach seinen letzten Siegen mit den Erinnerungsstücken kokettiert, sie als Kern seines Schaffens betrachtet. Mehr noch, als Hotel und Herkunft es vermögen. Karl Schranz erinnert sich an Vorsprünge und Rückstände gleichermaßen, an Schlagzeilen und kritische Reporter sowieso. Mit denen hatte er es nicht so, mit so manchem „Oberschlauen" dieser Zunft. Die Siege gaben ihm am Ende immer Recht.

Ein Besuch bei Karl Schranz erinnert an den Besuch eines Reliquienschreins. Und zu jedem Zeitpunkt hat Karl Schranz das Gefühl, er drehe am Rad der Zeit. Denn selbst jetzt, knapp 40 Jahre nach seinem Rücktritt, zieht er die Fäden. Und wie zum Beweis zeigt er auf ein Bild der jüngeren Vergangenheit: er mit Russlands früherem Präsident Wladimir Putin. Aber St. Anton, das ist Schranz' Kreml. „Das war hier während der Alpinen Ski-Weltmeisterschaft 2001. Ohne mich hätte man die Veranstaltung nie an uns vergeben." „Uns", damit ist sein Heimatort gemeint. Er, Schranz, hat an den Fäden gezogen, so einen braucht es schließlich. An ihm, dem weitgereisten Arlberger, manifestiert sich eine vieldimensionale Geschichte, die so in St. Anton nicht hätte stattfinden können, sollen und nach Meinung von Schranz' vermeintlichen Gegnern auch nicht hätte stattfinden dürfen.

„Viele wollten mich nicht. Manchen war ich zu stark, übermächtig." Sätze wie diese streut Schranz gerne in seine Schilderungen ein, sie wiederholen sich ständig. Und sie gelten den zahlreichen Widersachern, jenen aus der oftmals geschmähten olympischen Familie und jenen im Heimatort sowieso. Man glaubt ihm gern, dass seine bisweilen eigenwilligen Ansichten und seine mitunter raue Schale nicht immer gut ankommen. Wie aus dem Nichts brechen bei diesem Thema Erinnerungen hervor. Jene an die traditionsreiche Skischule von St. Anton etwa, deren Leitung man ihm 1987 nach zwölf Jahren entzogen hat – oder besser – die man ihm „gestohlen hat". Wirklich gestohlen? „Jawohl, gestohlen", meint Schranz. Selbst mit Skischulen geht das. Und er beginnt im Glanz seiner Pokalsammlung zu erzählen.

kneiss

2
„Skilehrer tragen das Haar kurz“

„Die Leute sehen den Karl als ihr Eigentum. Jeder will was von ihm, will mit ihm an der Bar sitzen, aber das geht nicht. Viele glauben, sie zahlen und buchen ihn damit dazu.“

Evelyn Schranz (Gattin)

Das mit St. Anton ist so eine Sache. Der Heilige, der Sankt Anton nämlich, steht ja nach Meinung gläubiger Erdenbürger für all das verlorene Gut, das sich seine Besitzer so sehnlich zurückerbitten. Die Gebete einiger Einwohner von Karl Schranz’ Heimatort indes drehten sich der Meinung von Karl Schranz zufolge noch vor wenigen Jahren aber eher darum, dass er der Gemeinde doch besser verloren gehen, diese also bald verlassen möge. „Das waren vielleicht fünf oder sechs, aber alles wichtige Leute“, glaubt Schranz, der das nicht verstehen kann – vielmehr versteht er sich nämlich als ein Geschenk des Himmels: „Seit ich zwölf bin, mache ich für diese Gemeinde Werbung. Und dann hauen’s mir immer wieder einen Hund rein.“ Zumindest mit dieser zutiefst unchristlichen Erfahrung steht der Arlberger nicht alleine da, wie überhaupt – und damit wähnt er sich bei der nächsten Erfahrung biblischen Ursprungs – Propheten und seiner Meinung nach auch erfolgreiche Skifahrer zuhause nichts gelten.

Ein Kitzbüheler Kollege fällt ihm ein: „Hansi Hinterseer ist in seiner Heimatgemeinde auch nicht beliebt, dabei müsste er schon lange Ehrenbürger sein." Und so ließe sich die Liste beliebig erweitern: mit dem Vorarlberger Egon Zimmermann, mit französischen Ex-Kollegen oder aber mit dem Schweizer Bernhard Russi. Genau jenem Russi, der die olympische Abfahrtsgoldmedaille 1972 entgegennahm. Die Schranz zugedachte Medaille also. „Frag den Russi!", fordert Schranz beim Thema Heimatverbundenheit auf. Was würde der sagen? Schranz: „Dass ihn seine Heimatgemeinde Andermatt ebenfalls geschnitten hat." Nach Russi wurde beim Lauberhornrennen in Wengen sogar ein spektakulärer Sprung benannt, die Hürde zuhause nahm er jedoch nicht. Es ging pikanterweise um einen Felsen, der ihm den direkten Weg zu seinem Wohnhaus versperrt hätte. Als er darum angesucht haben soll, diesen beiseite schieben zu dürfen, da hieß es nur: „Nein!" Schranz' Vermutung hat diesbezüglich etwas von einer Verschwörungsformel: „Am liebsten hätten sie ihm wohl einen zweiten vorgeschoben."

Die leidige Schranz-Geschichte mit seinem Heimatort geht wohl auf eine Grundstimmung zurück. Schranz zufolge auf die Ambivalenz Erfolg/Misserfolg, Schulterklopfer/Schadenfreude, so nahe liegen diese Faktoren Zeit seiner aktiven Karriere und auch in den Jahren danach beisammen. Hoch kochte das Theater in der Arlberg-Gemeinde erstmals, als Schranz die örtliche Skischule übernehmen sollte, immerhin in der Gemeinde eines der ersten Skiclubs Österreichs und eines der ältesten der Welt. 1975 stand der renommierten Skischule ein Generationenwechsel ins Haus. Schranz: „Und da fragte man mich: Willst du das nicht machen?" Eine Frage, die sich der Skirennfahrer, seit drei Jahren im sportlichen Ruhestand, schon in der Vergangenheit mehrmals gestellt hatte. Schranz, damals ungebunden, Person des öffentlichen Lebens und Teilzeitjournalist, dachte sich: „Daheim sein will ich, nicht mehr als Vagabund durch die Welt streifen." Einen Trainerposten strebte er nicht an, seinen Schützlingen hätte er „zu viel abverlangt". Auch ein Funktionärsjob beim Weltskiverband FIS oder beim Österreichischen Skiverband sei niemals in Frage gekommen: „Es hätten mich wenige als Funktionär ausgehalten. Sehr viele hatten auch Angst und die haben auch versucht zu verhindern, dass ich beim ÖSV Fuß fasse. Aber ich habe ohnehin auch selbst gewusst, dass ich als Funktionär nicht tauge", erzählte Schranz in einem Interview zum 70. Geburtstag (*Kleine Zeitung*). Und Politiker? Wohl auch nicht, das scheiterte schon in den 70er-Jahren, als ihm Kanzler Bruno Kreisky die Position des Sportstaatssekretärs anbot: „Als erste Amtshandlung schlug ich ihm die Auflösung der drei Dachverbände vor. Kreisky, sonst nie um eine Lösung verlegen, meinte nur: ‚Ich glaube, Karl, dass das sehr schwer wird.'" Die politisch motivierte Struktur im heimischen Sport konnte Schranz niemals nachvollziehen, daran zu rütteln war offensichtlich nicht.

Skilehrer war Schranz nie einer, einzig vom Fahrkönnen und seiner Berufseinstellung. Eine Folge der Erziehung, denn für seinen Vater stand fest: „Skilehrer, das ist kein gescheiter Beruf. Das ist was für Tachinierer." Selbst seinen Brüdern, praktizierende Skilehrer von Beruf, sagte der Anton Schranz das ins Gesicht. Der Junior wagte sich 1975 dennoch an das Projekt heran: In einer internen Wahl einigte man sich einstimmig auf ihn, wenngleich sich das durchaus ansehnliche Salär nicht mit jenem seiner Zeit als Skifahrer messen ließ: „Ich habe dort nicht viel, aber anständig verdient." Er verdiente immer noch das Doppelte vom bestbezahlten Skilehrer, seine Nebenjobs im Weltcupzirkus akzeptierte man. „Und im Gegenzug mache ich mit meiner Präsenz viel Werbung für die Skischule", befand Schranz. Also ein ausgewogener Handel, wie es den Anschein hatte. Er wollte das Pferd von der anderen Seite aufzäumen, den Berufsstand mit allem Ethos verankert wissen und verlangte von seinen Mitarbeitern dementsprechend Einstellung und Einsatz. Seine Frau Evelyn erinnert sich: „Er hatte seine Regeln. Wenn einer mit langen Haaren daherkam, sagte er: ‚Skilehrer tragen das Haar kurz.' Und er sagte: ‚8.30 Uhr, nicht 9 Uhr.' Auch wenn einer die Nacht zum Tag gemacht hatte musste alles seine Ordnung haben. Der Karl hatte seine Linie, ihm weinen die Leute heute noch nach." Jene, die zu sehr „dem Skilehrer-Klischee entsprachen, die allzu locker mit ihren Gästen umgingen, mit denen fuhr ich ab". Schranz ganz Schranz: „Wenn man ein Vorbild ist, muss man danach leben." Wie zu Zeiten seiner Karriere trat der Ex-Weltmeister als unbarmherziger Perfektionist auf. Das stieß vielen auf, die sich am Schranz rieben: „Und ein paar wollten überhaupt selbst Skischulleiter werden." Nur einige Gründe, warum der Paarlauf Skischule/Schranz zwölf Jahre später ins Straucheln geriet. Gattin Evelyn ist sich sicher: „Man bekämpfte ihn, und irgendwann zwingt man jeden in die Knie."

Sein Haus wurde beschmiert, im Ort wurde er diffamiert. Und Evelyn, seit 1981 die Frau an seiner Seite, lernte die raue Seite des Arlbergs kennen: „Die ersten zwölf Jahre bin ich im Ort nirgends unterwegs gewesen: Ich bin einkaufen gegangen, zur Bank und wieder zurück, das war's." Zurück in die Steiermark wollte sie dennoch nie: „Man gewöhnte sich an die negative Stimmung uns gegenüber. Wenn die Ehe intakt ist, dann ist das kein Problem." Heute glaubt Schranz: „Einige im Ort waren gegen mich, nicht der Ort war gegen mich." Und der mittlerweile verstorbene Bürgermeister Herbert Sprenger – den er, Schranz, „zum Bürgermeister gemacht hat" – den hätten „sie genötigt, ja geradezu erpresst, ihn abzusetzen". Namen nennt Schranz nicht. Auch der einflussreiche Adi Werner goutierte das Auftreten des Ex-Weltmeisters nicht. „Schranz beherrscht die Skischule, anstatt sie zu führen." Schranz wiederum glaubt: „Ich hatte viel Macht, und das als Eisenbahnerbua." Das sei vielen aufgestoßen.

Als es nach zahlreichen Turbulenzen schließlich um die Verlängerung des Vertrags ging, suchte Schranz gar nicht mehr darum an. „Am Ende wollte ich nicht mehr. Ich wollte zwar ohnehin aufhören, aber nicht so." Heute sagt Schranz: „Ich war denen zu stark, sie konnten mich nicht umbringen." Aber mittlerweile ist das auch „nicht mehr so wichtig". Heute, 25 Jahre später, scheint das Bild wieder in Ordnung: Adi Werners Bruderschaft im Hospiz gehört er mittlerweile als Mitglied an, „das eine von damals" hätte mit dem anderen heute auch nichts zu tun. Die Sache mit der Skischule sei mittlerweile „vergeben, vergessen ist sie nicht". Abrechnen? „Das kannst du dann machen, wenn du übermorgen wegziehst. Ich will nicht wegziehen und nicht abrechnen."

Der junge Karl Schranz entspannt sich gemütlich in seinem Elternhaus.

„Was ich im Laufe der Jahre herausgefunden habe, ist, dass ich wohl das bin, was man heute einen Netzwerker nennt", stellte er in einem Interview auf die Frage nach seinem größten Talent fest. „Ich habe gelernt, mit den Menschen umzugehen. Und ich habe mir viele persönliche Verbindungen erarbeitet – aufbauend auf dem skifahrerischen Können, das man gehabt hat. Ich hätte einen Wladimir Putin nie kennen gelernt, wenn ich nicht so viele Skirennen gewonnen hätte. Dann aber geht es darum, Kontakte, die man hat, zu pflegen. Wieder am Beispiel Putin: Der lernt Tausende Menschen kennen. Aber ich bin nach wie vor befreundet mit ihm." Wie kein Zweiter vermochte er Netzwerke zwischen Wien und Tirol zu spinnen. Dieses Ass im Ärmel verhehlt er gar nicht erst, ganz offen bekennt sich Karl Schranz zu seiner Rolle „als Verbinder zu Land und Bund": „Wenn es ein Problem gibt, helfe ich immer aus." Als die Gemeinde in den 70er-Jahren 300.000 Schilling beim Bundesheer schuldig war, nachdem man zuvor eine Skipiste präparieren hatte lassen, traf sich Schranz mit dem damaligen Finanzminister Hannes Androsch und mit Verteidigungsminister Karl Lütgendorf. Androsch sagte mir: „Wenn Lütgendorf das Geld nicht von mir einfordert, werde ich keinen Einspruch dagegen erheben, dass das abgegolten ist." So war es dann auch, der Brigadier nickte den Wunsch ab.

Ernst Scartezzini, lange Zeit Präsident des Tiroler Skiverbands und schon bei den Olympischen Winterspielen 1972 in Sapporo vor Ort, erinnert sich: „Schranz legte sich in St. Anton mit allen an. Seinen Wert für die Gemeinde erkannte man erst, als er seine Kontakte zu Wien ausspielte." Das sei später bei der Ski-Weltmeisterschaft 2001 zum Tragen gekommen, als sich das Ortsbild grundlegend verändern sollte und die milliardenschwere Bahnhofsverlegung von der Bundesregierung abgesegnet wurde. Einem Gerücht zufolge war es die letzte Unterschrift Franz Vranitzkys, noch am selben Tag soll er seinen Rücktritt eingereicht haben. Scartezzini bemerkte rückblickend: „Der Gemeinde ging ohne Schranz viel verloren." Welches Renommee er international genoss, das ließ sich anhand der traditionellen Ski-Show der viel gelesenen englischen Tageszeitung *Daily Mail* nach Schranz' Rücktritt Ende der 70er-Jahre ermessen. Tirol wollte die Veranstaltung als Werbevehikel nutzen. Erst mit viel Überredungskunst ließ sich der Weltmeister zur Reise bewegen, das sollte sich bezahlt machen: Anderntags landete das Foto von Schranz mit dem Zeitungsherausgeber auf der Titelseite.

Gerne bekennt sich Karl Schranz heute zu seinem Helfer-Syndrom: „Ich habe Leute unterstützt, die in ernsten Schwierigkeiten gesteckt sind." Einer seiner Skilehrer sei wegen gefährlicher Drohung vor dem Richter gestanden. Schranz soll gesagt haben: „Herr Richter, den habe ich im Griff, für den verbürge ich mich." Ein anderer verlor seinen Führerschein wegen Trunkenheit am Steuer. Und wieder ging er vor Gericht: „Der Mann wohnt außerhalb, hat Kinder und ist aufs Auto angewiesen." Daraufhin sei dem Mann noch eine Chance eingeräumt worden. Das letzte Mal. Als eine Mure einige Häuser in St. Anton verwüstete, trat Schranz mit der Versicherung in Verbindung – er sollte eine Million Schilling herausholen. „Die Leute hätten sonst gar nichts bekommen." Und auch 2010, als es um die Schließung des Postamts St. Anton ging, kam man zu ihm – er sollte sich für dessen Erhalt einsetzen.

Es scheint, als könne sich der so Begehrte dem Treiben gar nicht entziehen. „Ich habe mich langsam zurückgezogen, aber die Leute

Karl Schranz bei einem seiner zahlreichen Kandahar-Siege daheim in Sankt Anton.

kommen immer noch auf mich zu. Manche schicken mir sogar Briefe, dass ich meine Russland-Verbindung ausnützen soll. Als dort die Waldbrände waren, meldete sich einer: Ich sollte Putin ausrichten – er wisse, wie man das Feuer löscht. Da sagte ich zu meiner Frau: Richte den Leuten aus, dass ich gerade beschäftigt bin, weil ich das Öl aus dem Golf von Mexiko raussauge. Aber danach lösche ich die Feuer in Russland." Nachsatz: „Ich kam mir lange wie ein Gebrauchsgegenstand des Ortes vor." Hier die Anerkennung seines Einflusses, dort die öffentliche Kritik. Selbst der Verleihung seiner Ehrenbürgerschaft im Rahmen der Ski-Weltmeisterschaft 2001 wollte er fernbleiben, erst ein Freund überzeugte ihn vom Gegenteil. Schranz und St. Anton, das bleibt eine Gratwanderung: „Ich will keinen Dank für meine Leistung, das erwarte ich mir nicht. Ich will nur, dass man anerkennt, was ich gemacht habe." Für das Sportliche gilt das wohl ...

3
Ein Brand, viele Lehren

„Mein ganzes Leben ist wie ein Relief des Arlbergs: Man fährt immer wieder in einen Tunnel, aber man kommt auch immer wieder ans Licht. Dann gibt's einmal eine längere Phase im Dunklen."

Karl Schranz

Der Glaube spielt im Leben des Karl Schranz eine große Rolle. Das ließ der Arlberger gerne erkennen, als sich das für seine aktive Zeit neue Feld der Sportpsychologie eröffnete und allerhand Gurus die Hoheit für sich beanspruchten. Nichts für den eigenwilligen Schranz, der sein Zepter nur ungern einem Irdischen in die Hand gedrückt hätte und das auch unmissverständlich zum Ausdruck brachte: „Ich halte nichts von sportpsychologischer Betreuung." Ein Satz aus dem Jahr 1971. Zeit seiner Karriere hatte er auch eine einfache Erklärung, warum sich erfolgreiche Skifahrer selten aus dem urbanen Raum rekrutierten. Von fehlendem Schnee einmal abgesehen: „Weshalb kommen so wenig gute Rennläufer aus der Stadt? Dort lebt man ohne Glaube an Gott." Und deswegen war es auch für ihn nicht ungewöhnlich, dass er bei Rennen meist vorne lag: „Ich habe Erfolg, weil ich gläubig bin und niemandem was Böses tu." Schranz glaubte stets „an etwas Höheres. Denn es gibt etwas, das wir nicht ermessen können". Das spiegelte sich auch im Interieur seines früheren Schlafzimmers wider: Über seinem Bett in St. Anton hing ein Kruzifix.

Stets selbstbewusst – Karl Schranz als Dreijähriger.

Der Glaube vermittelte ihm neben dem Selbstvertrauen stets Sicherheit und das untrügerische Gefühl, auf steilen Hängen nicht allein zu sein: „Ich hatte immer zwei Schutzengel bei mir, einen links und einen rechts. Die waren immer bei mir, außer bei Olympischen Spie-

Mit zwei Jahren im Garten des Elternhauses.

len. Wenn du die beiden hast, brauchst du keinen Psychologen." Das rundete die Frage nach dem Wert der Sportpsychologie aus der Sicht eines Skifahrers hinlänglich ab. Sein früherer Trainer Franz Hoppichler ging gar noch einen Schritt weiter: „Schranz´ Glaube an Gott ist zugleich ein Glaube an den Sport." Was immer der Experte auch darunter verstand, das eine litt gehörig unter dem anderen, Sieger im Fall des Arlbergers blieb im Regelfall der Sport. Das merkte Schranz ironisch an: „Mir tut es leid, dass ich vor lauter Skifahren nicht mehr zum Ministrieren gekommen bin." Unkritisch besuchte Schranz die Kirche jedoch nie, die Kontaktaufnahme „mit oben" trübten lediglich die Anlaufstellen auf Erden. Sein Gottvertrauen, gepaart mit einem romantischen Schuss außergewöhnlicher Heiligenverehrung, das bringt den Karl-Schranz-Glauben dann wohl am besten zum Ausdruck: Als er 1962 am Lauberhorn den Helm vermisste, in den ihm seine Schwester Gertrud eine silberne Madonna hineingenäht hatte, bat er Teamarzt Ernst Rass, ihm diesen aus St. Anton zu holen. Am anderen Tag rechtfertigte er die 600 km lange Reise mit einem Sieg. Glück? „Glück brauchst einfach. Das brauchst unbedingt."

Erstkommunion im Jahr 1946.

Dabei hatte Schranz eben jenes Glück nicht immer in seinem Leben für sich gepachtet. Gerne führt er dabei den 13. September 1946 an, jenes einschneidende Erlebnis, mit dem er seinen späteren Kämpferwillen unter anderem zu erklären sucht. Das sozusagen dem Mythos Schranz zugrunde liegt. Damals, als er mit seinem Bruder Arnold auf einem Baum saß und die Ebereschenbeeren für den Vogelbeerschnaps abriss, während sein Bruder Helmut die Ernte einsammelte. Plötzlich stiegen im Dorf Rauchschwaden auf, die Sirenen heulten. Die Kinder rannten heim, nicht wissend, dass „heim" bald anderswo sein sollte. Unten angekommen offenbarte sich den Brüdern das ganze Ausmaß der Katastrophe. Das Haus Schranz brannte, Karl, seine vier Geschwister und die Eltern standen vor dem Nichts. Das Feuer war vom nahen Sägewerk auf das Haus Nr. 86 übergesprungen. Bekleidet mit nichts als einer Lederhose und einem „Ruderleiberl" stand Karl da. Während sich die Dorfgemeinschaft bemühte, den Brand zu löschen, dachte Karl Schranz vor allem an eines: „Am meisten tat es mir um meine neuen Skier und Stöcke leid. Ich wusste: Die werde ich nicht mehr retten können." Nicht zu retten war auch das Haus, die Versicherungssumme fiel mit 20.000 Schilling wie ein Kübel Wasser in den Großbrand.

Man übersiedelte für zwei Jahre ins Musikprobelokal der Gemeinde St. Anton. Ein Notquartier, „weil nichts funktioniert hat. Wir Kinder

Die Eltern: Anna und Anton Schranz.

schütteten den Exkrementkübel nachts in die Rosanna (Gebirgsbach durch St. Anton, Anm.). Eine Lebensschule für mich, das war das Ärgste." Die Mama hielt die Familie zusammen und meinte nur: „Betteln gehen wir nicht." Das Geld reichte damals kaum für die sieben Personen im Haushalt, deshalb gingen auch Helmut und Karl nicht ins Gymnasium. Aber reich war man ohnehin nie: Vater Anton war Streckengeher und kontrollierte die Schienen im Arlbergtunnel. Beschädigte Stellen mußten ausgebessert werden. Die Freude am Leben bescherte dem hart arbeitenden Vater vor allem seine Musikkapelle, die sein Leben schon früher in wundersame Bahnen gelenkt hatte: Als eines Tages eine Adelsfamilie in St. Anton Station machte, spielte der junge Anton Schranz auf. An diesem Abend sollte ihm eine Köchin ins Auge stechen. Anna, seine spätere Frau, Karls Mutter. Eine Herrschaftsköchin, eine resolute Frau mit sudetendeutschen Wurzeln. Schranz nannte seine Mutter später liebevoll den „General".

Der Bahnberuf war Segen und Fluch gleichermaßen: Tagtäglich marschierte der Vater durch die Dunkelheit, seinen Lungenbeschwerden zum Trotz. Damit verdiente er regelmäßig, sein Beruf hatte ihn auch vor dem Militärdienst in der Wehrmacht bewahrt. „Mutter kratzte

Karl Schranz mit Bruder Anton.

jeden Tag die Pfennige zusammen, mit zwei Kühen, Schafen, Ziegen und Hühner kamen wir über die Runden." Bahn, das hieß Fixlohn, der der Familie über schwere Zeiten hinweghalf. Die Erlebnisse schweißten die Familie zusammen, Jahre später führte Schranz vieles im Leben auf sein Elternhaus zurück: „Menschlich waren natürlich meine Eltern meine Vorbilder. [...] Unsere Eltern mussten uns nicht beibringen, bescheiden zu sein, weil wir sowieso nichts hatten. Aber dass man nie überheblich werden darf, auch wenn die äußeren Umstände nicht zur Bescheidenheit zwingen – das habe ich von den Eltern gelernt." Der Vater gönnte sich keine Ruhe, nach der Arbeit im Tunnel trieb er abends den Hausbau voran. Freunde und Verwandte halfen, die Steine schlug man im Verwalltal, und nach zwei Jahren bezog die Familie Schranz endlich ihr neues Zuhause. Eine große Leistung mit einem großen Wermutstropfen: „Diese Zeit rieb meinen Vater auf." Anton Schranz starb jung, mit 49 Jahren, an Lungenkrebs. Die Erfolge seines Sohns erlebte er nicht mehr.

Ein Leben, das prägt. Karl Schranz sollte viele Jahre später, als ihn der ehemalige Wiener Bürgermeister Helmut Zilk in seiner Serie „Lebenskünstler" interviewte, sagen: „Ich bin kein Lebenskünstler, denn der weiß nicht, woher er das Geld nimmt. Es gab bei uns solche Leute nach dem Krieg, die nie arbeiteten und das beste Auto fuhren. Das blieb mir im Gedächtnis, das hatte einen negativen Touch." Schranz, wenn auch in seinem Tagesablauf scheinbar mehr Freigeist als Eiferer („Ich habe mich von all den Arbeiten nicht unbedingt gedrückt, aber nach mir musste man eben immer zwei, drei Mal rufen"), lernte daraus. Scheinbar der Stoff also, aus dem Legenden gestrickt sind. Geschichten wie jene von Hermann Maier, der vom Maurer und Skilehrer zum Millionär wurde. Oder jene von Toni Sailer, nur drei Jahre älter als Schranz, der es am anderen Ende Tirols (Kitzbühel) vom Spenglersohn zum Sport- und Leinwandhelden brachte. Dazu passt auch jene Legende, derzufolge der kleine Karl Schranz schon mit zweieinhalb Jahren das kleine Ski-ABC im Schlaf beherrschte. Ein mit der Familie befreundete Skilehrer nahm ihn auf Bitte der Mutter für eine Fahrt mit, dessen Fachmeinung kündigte ein Jahrzehntetalent an: „Dem brauchen wir nicht mehr helfen." Wie könnte es anders sein: Mit dreieinhalb Jahren soll Karl Schranz das erste Rennen gewonnen haben, bei einem weiteren belegten die Schranz-Brüder Arnold, Helmut und Karl die ersten drei Plätze: „Da schluckten sie im Ort einmal." Nur der Vater blieb ein Gegner des touristisch immer stärker in den Mittelpunkt rückenden Sports. Ein nutzloser Zeitvertreib sei das, im Fall seines Sohns Karl diente es ihm manchmal auch als sanftes Druckmittel:. „Mein Vater hat immer gesagt: Wenn du das Holz nicht machst, hacke ich dir die Skier ab." Karl Schranz erinnert sich: „Aber was hat man schon anderes gemacht, dort wo ich aufgewachsen bin? Skifahren! Schließlich lebten wir neben der Seilbahn." Das Nachrichtenmagazin *profil* wusste es in seiner Jänner-Ausgabe 1972: „Wenn du 1938 in St. Anton auf die Welt kommst und arm bist, bist du zum Skifahren verurteilt – es bleibt dir gar nichts anderes übrig."

Skifahren, um der Kargheit des Lebens zu entkommen? So wusste sein späterer Team-Trainer Franz Hoppichler: „Karl Schranz war so arm, dass er gar nicht gerne davon spricht." Der Rennlauf offenbarte sich als Ausweg. Schranz' Vorbild hieß Toni Spiss, den sie ob seiner Technik den Gummi-Spiss nannten. Und auch der riet ihm: „Wenn

Karl Schranz mit Jaguar in seinem Heimatort.

ein armer Bub die Welt erleben will, bleibt ihm nur die Flucht in den Skilauf." Karls älterer Bruder Arnold wäre dem Rat gerne gefolgt, aber er verzichtete trotz seiner Aufnahme ins österreichische Nationalteam. Er verzichtete für seinen talentierten Bruder Karl und für seine Familie, die seiner Arbeitskraft bedurfte. Die Kindheit hinterließ tiefe Spuren, das Leben verfuhr mit Karl Schranz wie mit einem Stück Ton. Zunächst formbar, dann durch die Hitze des Lebens fest wie Keramik. Und doch auf eine gewisse Weise zerbrechlich. Spürbar wird das, wenn man ihn darauf anspricht: „Wir hatten nichts, mussten uns hochrappeln. Da lernst du die Leute kennen. Und deshalb habe ich es auch gelernt, mit vielen Leuten zu reden."

uvex
KNEISSL
JOHNNIE
Johnnie Walker kommt
RED LABEL
KUPFERBERG

4

Sonntagskind Sailer, Märtyrer Schranz

„In Kenntnis der faszinierenden Macht der persönlich erlebten Mechanismen hat Karl Schranz sein weiteres Leben ebenso konsequent wie systematisch auf Ikonisierung der eigenen Person angelegt. Und er war der Erste, der das bei uns berufsmäßig betrieben hat."

Toni Innauer (Skisprung-Olympiasieger)

Toni Sailer, so steht es in seiner Biografie, sei sonntags beim „Zwölfeläuten" zur Welt gekommen. Nicht die einzige Legende, die sich um den mittlerweile verstorbenen Skistar der 50er-Jahre und späteren Leinwandhelden rankt. Legenden, wie sie Schranz in dieser Färbung nicht begleiten. Den Kitzbüheler Sailer hier und den Arlberger Schranz dort, beide Identifikationsfiguren ihres Landes, trennen nämlich nicht nur Berge, vielmehr sind es Welten. Am Erfolg lag es nicht, den hatten beide. Wie Sailer einte Schranz eine Nation, nur führten sie diese auf unterschiedliche Art zusammen. Dieter Seefranz (1976, 175) stellte fest: „Sailer heißt [...] Bewunderung – Schranz Mitleiden." Spitaler (2004, 144) zog einen Vergleich mit dem legitimen Schranz-Nachfolger Klammer: „Hatte Karl Schranz in vielerlei Hinsicht das ‚Leiden' repräsentiert, so verkörperte Klammer wieder die

Karl-Schranz-Kabarett nach Sapporo.

Sonnenseite der hellen 1970er-Jahre.“ Das lässt sich seiner Beurteilung nach auch der Autobiografie Schranz’ entnehmen, die „wie eine golden success story“ aufgebaut sei und mit der größten Niederlage von Schranz, „nämlich den Tagen von Sapporo“, beginnt: „Dennoch wird Schranz im Nachhinein zum moralischen Sieger erklärt.“

Karl Schranz verstand es zu polarisieren: Ein Präsident des Internationalen Olympischen Komitees reiht sich genauso in die Liste seiner Feindbilder ein wie ein Tiroler Touristiker. „John Wayne war ein Idol für mich. Einer, der für die Gerechtigkeit gekämpft hat, war immer ein Vorbild für mich.“ Ein Satz, der lange Zeit über dem Leben des Karl Schranz stand. Schließlich war er nie einer wie Toni Sailer, der Zeit seiner Karriere als Skifahrer und Schauspieler Harmonie vermittelte und dem alles scheinbar spielerisch gelang. Der Schranz drei Jahre und einen Tag, daneben drei olympische Goldmedaillen und ein frühes Karriereende voraus hatte. Erst im zunehmenden Alter sind sie beide als Schilegenden wahrgenommen worden, wie seine Frau Evelyn bestätigt: „Karl war immer ein Revoluzzer. Jetzt ist er es nicht mehr, er ist viel diplomatischer geworden.“ Eine Vergangenheit allerdings, zu der sich Schranz immer bekannte. Ob er rückblickend alles gleich machen würde wie früher? „Fast alles, die großen Dinge, wie meine Kritik an Olympia auf alle Fälle“, erklärte er in der *Kleinen Zeitung*.

Schranz war keiner, über den man sich beim Stammtisch einig war und ist: „Ich stand über längere Zeit meiner aktiven Laufbahn im Ruf, ein Unbequemer zu sein. Einer, der sich mit den Funktionären anlegte, der immer den Mund aufmachte. Ich täte mir schwer, in eine Rolle zu schlüpfen. Ich täte mir schwer, ein anderer zu sein. Ich war und bin immer nur ich selbst. Immer Karl Schranz.“ Der Tiroler Christian Leitner, wie Sailer ein Kitzbüheler und als Ski-Trainer selbst ein Weltenbummler, meinte zur Person Schranz: „Der Karl ist überall angeeckt.“ Eine Erklärung hatte der Sohn von Schranz’ langjährigem Zimmerkollegen Hias Leitner auch parat: „Die Österreicher tun sich schwer mit Leuten, die es anderswo schaffen. Die Österreicher im Skisport glauben, es gibt nur Österreich.“ Das erfahre er selbst, als

durch die Anwesenheit der Vertreter belästigt, schaft im Skigeschäft ausgetragen wird. v. H.

Schranz: „Mit Anderl Molterer muß weltbester Slalomläufer zusehen!“

Schranz und Molterer erklärten zu den Vorwürfen: „Wir sind jeden Tag zur festgesetzten gewesen und haben Trainingspensum voll schwache Abschneiden lauf ist keineswegs a liche Krise zurückzu hätte ja nicht auch immer zu Hause war,

Wie EXPRESS scho richtete, hat Othma ein anerkannter W diesmal total verwach terseer sagte: „Bei Verhältnissen hätte S schung einen ganz sch geben. Aber hier sir andere Schneeverhältr

Othmar Schneider hatte für kalten Schnee gewachselt. Mit dem

Ski-Skandal in Squaw Valley

Revolte der österreichischen Ski-Kanonen

Olympischer Wille gilt fürs „Werk“

Schlagzeilen nach den missglückten Winterspielen von Squaw Valley.

Teamchef von Finnen und mittlerweile Japanern. Spitaler (137) will erkannt haben, dass „gewisse Aspekte des Antihelden“ auf mediale Darstellungen von Karl Schranz zurückgingen: „Dies allerdings weniger wegen seiner gesellschaftlich kontroversen Repräsentationen, als vielmehr aufgrund seiner medialen Darstellung als ‚nationaler Rebell wegen seines Ausschlusses von den Olympischen Spielen 1972 in Sapporo.“ Karl Schranz verkörpert nur in seinen Ursprüngen das, was Sailer in seinen Filmstoffen mimte: denjenigen, der den Durchbruch über alle sozialen Hindernisse hinweg zu schaffen vermag. Jedermanns Liebling indes, das konnte der Arlberger nicht, „das will ich auch gar nicht sein“.

Die Olympia-Erfolge des 20-jährigen Kitzbühelers in Cortina erlebte der 17-jährige Schranz als begeisterter Zuschauer während eines Jugendlagers im nahen Lienz mit. „Wir schauten uns alle seine Rennen an!“ Aber Sailer war nicht sein Vorbild. Vor Beginn seiner Karriere nicht, weil ihm die auffällige Erscheinung eines Anderl Molterer mehr zusagte, mit dem ihn später die Misserfolge der Olympischen Spiele von Squaw Valley (1960) verbanden. Seine Lehrmeister hießen auch anders: Bruder Arnold nannte er einen, dazu den „echten Slalomkünstler“ Toni Spiss. Jedenfalls sei der Weg für „uns Junge“

erst frei gewesen, als sich Sailer aus dem aktiven Rennsport zurückzog. Schranz wollte auch in der Folge nie mit dem Dreifach-Olympiasieger von 1956 verglichen werden.

Später verband Sailer und Schranz der Respekt vor der Leistung des jeweils anderen. Es trennte sie viel, etwa die Beanspruchung der Ski-Hoheit: „Toni schwebte in anderen Sphären", sollte Schranz über den Allgewaltigen später einmal sagen, dabei sah sich der „Einsame Wolf vom Arlberg" in seiner Wahrnehmung auf einer Stufe mit dem „Schwarzen Blitz von Kitz". „Er leidet unter dem langen Schatten des Toni Sailer, der wie ein Übervater noch immer über dem Schizirkus schwebt" (Labitsch 2009, 96). Der Innsbrucker Sporthistoriker Elmar Kornexl stellt dazu fest: „Sailer vereinte, aber konfliktfrei. Schranz ging auf Konfrontation." Und für Georg Spitaler (141) verkörperte Karl Schranz das Gegenteil Sailers, der Effekt sei allerdings der Gleiche: „Schranz war also durchaus alpiner ‚Antiheld und damit im Einklang mit einer Reihe rebellischer Sportpersönlichkeiten der späten 60er-Jahre – von [...] Muhammad Ali bis zu den beiden US-Sprintern Tommie Smith und John Carlos, die bei den Olympischen Spielen in Mexico City mit erhobenen Fäusten ihre Verbundenheit mit den Anliegen der schwarzen Bürgerrechtsbewegung bekundet hatten."

Schranz trat als Experte nur wenig medial in Erscheinung. Die Tradition der zweiten Karriere als Kommentator wie Thomas Sykora, Alexandra Meissnitzer oder Hans Knauss wurde erst später begründet. Und für die Rolle eines Publikumslieblings wie Hansi Hinterseer oder Armin Assinger interessierte er sich nicht. Bis heute behagt ihm offensichtlich die Rolle als Zeitungskolumnist, wo er die Position des Unbequemen mit der des Gesellschaftsmenschen vereinen kann. Manchmal bissig, dann wieder gütiger Skipapst. Einer, dessen Prominenz durchaus anerkannt wird. Und der, dem man Kompetenz auch 40 Jahre nach Ende seiner Karriere zuschreibt. So erlebt nach Scott McCartneys schwerem Trainingssturz 2009 in Kitzbühel, als der weite Zielsprung in der Kritik stand. Schranz meinte, man habe beim Präparieren einen Fehler gemacht, dem Amerikaner sei eine kleine „Nase" auf der kleinen Schanze zum Verhängnis geworden.

Die Vertreter des Kitzbüheler Skiclubs wollten davon nichts wissen und argumentierten mit einem Fahrfehler des US-Amerikaners.

Die Karrieren der beiden streiften einander, doch rückblickend sah sich Schranz immer als der Verkannte an, mit dem man Skandal und Aufregung assoziierte; vielleicht auch als der Bessere: So zitierte ihn *profil* (Jänner 1972). „Sailer und Killy haben mich geschlagen und ich habe sie geschlagen, aber die beiden sind nur ein paar Jahre gefahren." Franz Klammer, Abfahrtsolympiasieger 1976 in Innsbruck und nach Schranz ein weiterer Ski-Heiliger des Landes, sei ihm entwischt, wie man seine Stellungnahme nach dem Karriereende 1972 interpretieren könnte: „Ich hätte noch bis Innsbruck 1976 fahren können, aber da wäre ich 38 gewesen. Bis dahin wollte ich nicht mehr, aber die Karriere vom Klammer wäre wohl anders verlaufen." Dass Sailer früh die Karriere beendete, Schranz aber bis 33 aktiv gewesen sei und selbst da noch Großes vorgehabt hätte, nötigte den *profil*-Autor zur kritischen Feststellung: „Der nach eigener Meinung beste Skifahrer aller Zeiten scheint am Skisporthimmel zu hängen wie ein Vogel ohne Beine, der nicht landet, weil er fürchtet, sich auf Erden nicht mehr zurechtzufinden."

Eine fragwürdige Feststellung, wenn auch Toni Sailer immer am Skisport-Himmel festhing wie ein Stern am Firmament. Und der polarisierte nicht mit seinen Olympiaerfolgen von 1956 und auch nicht mit seinen romantischen Auftritten auf der Leinwand. Dass es ihn überhaupt in diese Branche verschlug, wäre fast an seiner Bodenständigkeit gescheitert: Er wollte ursprünglich keines der Filmangebote annehmen, stattdessen lieber auf die Meisterprüfung als Spengler hinarbeiten. Das war der Toni Sailer vom Februar 1956, der dreifache Olympiasieger, dem man eben das Große Ehrenzeichen der Republik verliehen hatte. Aber 1959 folgte Sailer schließlich doch dem Lockruf, 18 Schallplatten, dazu Fernsehserien und Theaterstücke sowie knapp 20 Filme sollten es werden. Einer unter der Regie von Schranz-Freund Franz Antel („Das große Glück", 1967), beeindruckend sein Auftritt als Bond-Double von 007-Darsteller George Lazenby („Im Geheimdienst Ihrer Majestät", 1969). Im Regelfall war von Liebe,

Glück, Schnee und Tirol die Rede; nichts, was einem stimmungsvollen Kinoabend entgegenstehen würde. Schranz hingegen eignete sich nicht dazu, er verwahrte sich sogar dagegen: „Auch mir hat mein Freund Franz Antel x-mal angeboten, einen Film zu machen. Ich sagte immer: Franz, das lasse ich dem Toni über, ich bin kein Schauspieler." Möglicherweise lag es an Schranz' Perfektionismus, denn er meinte einmal: „Sailer hat im Film viel gelernt, er musste bescheiden sein. Bei den anderen Stars galt er nicht als Könner. Einmal fragte man Maria Schell, was sie denn zu ihrem Kollegen Sailer sage. Da meinte sie, dass sie wohl noch eher eine Skirennläuferin sei als er ein Schauspieler." Selbst wagte sich der Arlberger nur für einige Schlager („Toi, Toi, Toi", „Sympathie", „Hotel Post") in die Unterhaltungsbranche. Mit Verkaufserfolg, aber mit wenig Antrieb auf Fortsetzung.

Neben Statistenrollen in der Kindheit hatte er dann doch seinen Soloauftritt in einem Film. Im rasanten Ski-Film „Schussfahrt" („Downhill Racer") mimte er als Double „Max Meier" den Widerpart von Robert Redford: „Ich hätte trotzdem nie ein Schauspieler werden können wie Toni Sailer, dafür eignete ich mich nicht. Ich spielte mich immer selbst." Auf seine Außenwirkung war der Arlberger nämlich immer bedacht und auf dem Wiener Parkett machte er genauso passable Figur wie beim Skifahren. Wenn es um Fotos geht, ist er stets zur Stelle. Und wenn die Presse um Stellungnahmen bittet, artikuliert er sich gut und gern. Deshalb sei er noch bei allen Olympischen Spielen bis vor Kurzem „der Pausenindianer" gewesen: „Wenn ein Rennen verschoben wurde, kamen sämtliche Journalisten immer zu mir, um mit Statements von mir die Lücken zu füllen."

Eine Rolle, die er den Worten von Skisprung-Olympiasieger Toni Innauer zufolge als Erster einnahm: „Wer immer über Kommerzialisierung im Sport schreibt, kommt in Österreich nicht an Karl Schranz vorbei. Er war 1972 ‚Opfer' der keimfreien olympischen Amateurstatuten und wurde bei uns von den Medien systematisch zum Märtyrer inszeniert." Sein Schluss: „Das entspricht Erkenntnissen der Sportsoziologie, wonach Popularität durch Erfolg einen Schub erfährt, allerdings nicht alleine dafür ausschlaggebend sein

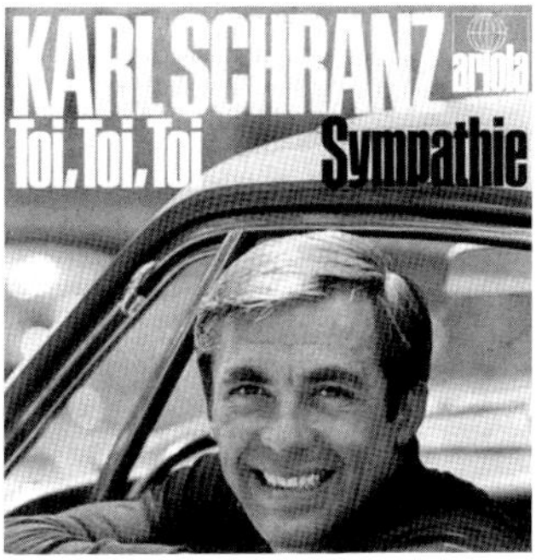

Ein Dokument:
der Ausflug in die Musikbranche.

muss. Es gilt zwar das Grundprinzip, dass das eine an das andere gekoppelt ist. Man denke aber an Leute wie Anna Kournikova (russische Tennisspielerin, Anm.) oder Eddy „The Eagle" Edwards (Ex-Skispringer, Anm.), die mit deutlich weniger Erfolg als andere auf der Bühne des Sports viel Popularität und Geld geerntet haben." Innauer vergleicht die beiden Ski-Größen: „Ein Toni Sailer war in dieser Hinsicht nicht so stark eigenintiativ, der hat damit gespielt, während Schranz das bis heute gezielt betreibt. Nicht nur der Erfolg ließ ihn stets in der Öffentlichkeit bleiben, er prolongierte seinen Status auch in der Zeit nach dem Sport. Dabei half ihm auch sein Freund Gerd Bacher (ORF-Intendant, Anm.), der damals (nach dem Ausschluss bei den Winterspielen 1972, Anm.) die Maschinerie anwarf."

Dabei gesteht Schranz ein, dass das Leben in Popularität eine „zweischneidige Sache" sei: „Wer ein normales Leben führt, tut sich vielleicht oft schwerer, Hilfe zu bekommen, wenn er sie braucht. Aber Anonymität hat auch große Vorteile." Und von einem Beruf „Skilegende" will er ohnehin nichts wissen: „Ein Beruf ist etwas, für das man Geld bekommt. Skilegende hingegen ist ein aufwändiger Zeitvertreib. Aber das ist schon in Ordnung so, mir ist's lieber, man nennt mich Skilegende als Altstar. Und wenn ich denke, wo überall ich immer noch bin, eingeladen werde, sein sollte." In Innsbruck gehöre er zum Stadtbild: „Und wenn ich woanders auftrete, sind die Menschen – zu meiner eigenen Verwunderung – immer voll da. Das gibt dir ein gutes Gefühl." Seine Frau Evelyn will darin weniger Selbstdarstellung als die Leidenschaft erkannt haben, dass ihr Gatte wieder einmal ein Netzwerk knüpft: „Karl fuhr nicht aus Jux und Tollerei zum Opernball, er traf Androsch, um mit ihm zu verhandeln. Er wollte immer schauen, ob er etwas schafft. Und wenn er sich in etwas verbeißt, schafft er es."

5
Der einsame Wolf vom Arlberg

„Als ich Karl als junge Skirennfahrerin das erste Mal begegnete, war ich nervös. Man hatte vor dem Herrn Schranz irrsinnigen Respekt, auch wenn man als Teammitglied per du mit ihm war."

Olga Pall (Abfahrts-Olympiasiegerin 1968)

Karl Schranz hat nach eigener Einschätzung weniger Freunde als es Leute gibt, die sich als solche bezeichnen. Woher diese Unausgewogenheit rührt? Entspringt sie den Beteuerungen einer „Seitenblicke"-Reportage, wo alle irgendwie eins, also „Freunde" sind? Er selbst erklärte anlässlich seines 70. Geburtstags in der *Kleinen Zeitung*: „Ich habe eine Hand voll richtiger Freunde, die meisten anderen sind Schulterklopfer." Bezeichnend für einen, dessen Karriereende zu diesem Zeitpunkt bereits 37 Jahre her ist und der in der Geburtstagslaudatio des ehemaligen ORF-Intendanten Gerd Bacher höchste Würdigung im Kreise vieler – sollte man nun sagen Bekannter oder Freunde ? – erfuhr. Der Ex-Skifahrer Karl Schranz macht indes kein Hehl daraus, dass der Skifahrer Karl Schranz auf Freunde, schon gar nicht in der eigenen Mannschaft, keinen besonderen Wert legte. Sein Teamkollege Alfred Matt schimpfte damals: „Bei uns herrscht Unfrieden, wenn der Karl dabei ist." Das ging nicht zuletzt auf ein mediales Ungleichgewicht zurück: Es konnte jeder Österreicher gewinnen, die Leistung eines Karl Schranz genoss stets besondere Aufmerksamkeit. Selbst ein Sturz des Arlbergers sorgte für Schlagzeilen, Leistungen anderer gingen indes im Schnee eines Weltcuportes unter. An Speerspitzen fehlte es genauso wenig: Als Alfred Matt und Herbert Huber 1968 Olympia-Silber und -Bronze holten, nachdem Karl Schranz die Goldene aberkannt worden war, sind die beiden ausgepfiffen worden sein. Deren Edelmetall, hieß es, würden viele Österreicher vor diesem Hintergrund nicht wollen.

Doch selbst die in Sachen Skisport geeinte Nation war sich beim Thema Schranz nicht immer sicher. Einmal wurde er in Telegrammen als „großes Schwein" verunglimpft, dann wieder als „lieber Karli" umgarnt. Bittere Erfahrungen musste er vor allem in seiner sieglosen Zeit machen: „Das war die Zeit, als ich lieber den Nachtzug nahm. Und wenn die Leute dann dennoch auf mich warteten, stieg ich auf der anderen Seite des Bahnsteigs aus." Die einsamen Tage eines Wettkämpfers, für den „ein 30. Platz gleich viel wert ist wie ein zweiter". „Lieber bester Österreicher und ein anderer gewinnt, als weit vorne, und ein anderer Österreicher gewinnt." Das Streben nach der höchsten Sprosse der Hierarchie innerhalb der Mannschaft hielt sich nur zu Beginn seiner Karriere in Grenzen. Zum Zeitpunkt der ersten Einberufung ins Nationalteam etwa, 1956, als er sein erstes Rennen der traditionsreichen Kandahar-Serie absolvierte. Im Rahmen einer Abfahrt und eines Slaloms wurde der Kombinationssieger ermittelt, Schranz sollte später nicht weniger als sieben Mal als Gewinner hervorgehen. Seine Erinnerungen an das Debüt: „Als ich von Trainer Friedl Pfeifer einberufen wurde, waren die ganzen großen Namen dabei. Ich saß zwischen Sailer und Molterer. Angekommen in Mailand, durfte ich am Bahnhof aufs Gepäck aufpassen, während die anderen Essen gingen. Ich saß bei Brot und Apfel, aber ich war stolz auf meine Aufgabe. Mit der Bestzeit im Slalom machte ich hinlänglich auf mich aufmerksam."

Bei der Weltmeisterschaft 1958 in Badgastein, dem letzten gemeinsamen Auftritt mit Sailer, schwächte den übertrainierten, weil übermotivierten Schranz eine starke Grippe, er durfte schließlich als Vorläufer im Slalom antreten; in beiden Läufen sei er Bestzeit gefahren, heißt es in der Autobiografie; ja, gar zweieinhalb Sekunden schneller als Josl Rieder sei er gewesen, der knapp vor Sailer den Bewerb gewinnen konnte. Dass ihn Friedl Pfeifer trotzdem trösten musste („Du bist noch jung, Karl [...], du hast noch viel vor dir. Deine Zeit wird noch kommen“), prallte an ihm ab: „Ein schwacher Trost. In Wirklichkeit war ich untröstlich“, erklärte Schranz über die Momente nach dem Rennen (Schranz 2002, 92). Nur der Sieger interessierte schließlich die Leute. Und für seine inoffiziellen Bestzeiten fühlte sich Schranz zudem nicht ausreichend gewürdigt, wie er meint: „Und die Reaktion der Fachwelt und der Medien? Na ja, argumentieren die, es habe nur daran gelegen, dass der Schranz unbeschwert, ohne den Druck des wirklichen Rennens habe fahren können“ (95).

Im sportlichen Scheuklappendenken des Arlbergers hatte vorerst kein Lebenspartner Platz, das weiß auch seine spätere Frau Evelyn: „Man hätte ihn damals nicht als Partner haben können. Er lebte nach dem Motto: Augen zu und durch, da gab es kein Links und kein Rechts. An seiner Seite hätte das wohl niemand geschafft.“ Schranz selbst wusste das: „Eine Freundin würde mich nur ablenken. Nach meiner Karriere habe ich noch genug Zeit, mich um Frauen zu kümmern.“ Eine tiefe Verbindung schien er gar nicht erst zuzulassen: „Wenn du heiratest, riskierst du nicht mehr so viel. Du weißt schließlich, dass Frau und Kind auf dich warten.“ Und Angst wollte Schranz keine kennen, eine plagte ihn ohnehin jedes Mal aufs Neue: „Wenn du Angst hast, brauchst du gar nicht fahren. Ich hatte nur Angst, dass ich nicht gewinne.“

Raum gab es in seinem Sportlerleben offensichtlich nur für einen, dessen Gutmütigkeit im Alltag den Pisteneremiten Schranz ertrug, sich mit diesem vielleicht gar ergänzte. Einer wie der Kitzbüheler Hias Leitner, der von sich selbst behauptet: „Mit mir konnte er nicht streiten, der Karl, weil ich nicht streiten konnte. An mir prallte alles ab." Dieser Nichtangriffspakt entwickelte sich zu einer Freundschaft, die in sieben Jahre Zimmergenossenschaft münden sollte. Fehlte Leitner bei einem Rennen, teilte niemand das Zimmer mit Schranz. Der oder keiner. Der eine aus dem Osten Tirols ertrug die Launen desjenigen aus dem Westen schließlich mit einer Engelsgeduld, der andere wiederum dankte ihm das mit Tipps und Wachslerdiensten. Einen Besseren, das wusste der Olympia-Zweite 1960 im Slalom von Squaw Valley, hätte er dafür wohl kaum finden können. Leitner zweifelte die von Schranz erhobenen Ansprüche, in der Hierarchie ganz oben zu stehen, nie an. Nachsatz: „Und er hat ja auch keinen an sich herangelassen." Nur eben Leitner, dem gegenüber er nie den Star mimte: „Er hat mich immer mitgenommen, überall eingebaut, ich habe immer mit ihm mitgelebt."

Von der Reizfigur Schranz, die es den Altgedienten vom ersten Teameinsatz an zeigen wollte, konnte der unaufgeregte Zimmerkollege viel lernen. Manches, was er umsetzte, vieles, was er nicht aufnahm. Die akribische Vorbereitung, das Brillenputzen am Abend vor dem Rennen etwa. Oder das Einzeltraining. „Schon zu Schulzeiten stand ich morgens häufig eine Stunde früher auf, um ins Verwalltal zu laufen (locker), oder an den St. Antoner Skipisten entlang hoch zu sprinten (so schnell und so weit es nur irgendwie ging). Es war mehr als nur ein Wollen. Skirennfahrer werden, das war für mich eine Berufung", gestand Schranz in seiner Autobiografie (65). Und Leitner bestätigte: „Wenn Schranz sagte: Jetzt gehen wir trainieren!, dann gingen wir trainieren." Der erhob die harte Arbeit zu seiner Philosophie: „Training, Training, noch mal Training – sollte zum Geheimnis meiner Erfolge werden." (ebd., 66–67) Er wollte „mehr, härter und effektiver" als seine Konkurrenten trainieren, aber auch unter Einbeziehung moderner Hilfsmittel und Ausrüstungsgegenstände. Es gab Sommertage, da lief Schranz zwei Mal auf den Sattelkopf, seinen

Hausberg in St. Anton. Manchmal mit Bleiweste, manchmal ohne. Im Keller war die Kraft- vulgo Folterkammer, auch ihr widmete er sich für diese Zeit unüblich und vor allem oft. Bestätigen kann das auch Hias Leitner: „Er trainierte am härtesten, auch wenn er allein zuhause war. Ich weiß das, weil ich oft mit ihm trainiert habe, nur eben nicht so lange und so hart wie er."

Im Winter hatte Schranz seine eigenen Methoden, denn da hatte er Gegner. Da legte er die Karten nicht auf den Tisch, er bluffte wie ein Pokerspieler: „Er fuhr in den Trainingsläufen vor dem Rennen immer eine andere Linie, damit ihn die anderen nicht kopieren konnten", lächelte Olga Pall in Erinnerung an den ehemaligen Teamkollegen. Der hätte das meisterhaft betrieben. Und wer ihn nach der besten Linie gefragt hätte, der sollte sich derer nicht zu sicher gewesen sein. „Der Schranz hätte dich in den Wald geschickt", erzählen Zeitgenossen mit einem Schmunzeln. Alfred Matt bat den streckenkundigen Schranz im Nebelslalom der Olympischen Winterspiele 1968 um einen Tipp, der ließ ihn abblitzen: „Such dir selber deine Spur."

Wenn das Training für den Rest des Teams vorbei war, hängte Schranz für gewöhnlich noch eine Einheit an. Pall: „Wir dachten, unser Programm reicht. Er war seiner Zeit mit seiner Einstellung weit voraus." Seinen Ehrgeiz garnierte die unerklärliche Genugtuung, mehr als andere geleistet zu haben. Sobald ein anderer bei Trainingskursen zu spät kam oder fehlte, „wusste ich, dass ich besser bin". Die Wahrheit der Geschichte vom Hüttenabend liegt nahe, bei dem er die Rennkollegen zum Feiern animierte, seine Obstler-Stamperl in Blumenvasen verschwinden ließ, durch die Hintertür verschwand und weitertrainiert hätte. Oder der Tag vor seinem ersten Kandaharsieg 1957, als er sich in der Abenddämmerung heimlich zur Abfahrtsstrecke begab, um sich seine genaue Linie zu suchen. Mit 100 km/h, heißt es, sei er damals trotz einbrechender Dämmerung vom Berg gerast. Da war er wieder, Schranz, der Eigenbrötler. Eine Rolle, die er als Berufsprofil anerkannt wissen will: „Ich war ein Einzelsportler und ein Egoist. Wenn ein Einzelsportler kein Egoist ist, kann er sich die Plätze 15 bis 40 aussuchen. Bei uns war nichts anderes möglich als Skirennen zu fahren und meine Zielsetzung war die gleiche wie die aller jungen Leute in St. Anton." Im *Spiegel* (5/1993) wird Schranz einmal zitiert: „Für den Erfolg ist individuelles Training erforderlich." Was er in den 60er-Jahren noch streng geheim betrieben hätte, gehöre jetzt zunehmend zum guten Ton der Stars. Schranz: „Das Abspalten von der Gruppe ist die Zukunft."

Auch was seine Materialwahl anbelangt, bewies Schranz anscheinend stets eine gute Nase. Das Katz-und-Maus-Spiel wiederholte sich nämlich auch bei der Ski-Wahl, die noch im Werk seines Langzeit-Ausrüsters Kneissl getroffen wurde: „Die Leute in unserem Team schauten immer: Welche Skier nimmt der Schranz? Als ich mir dann vor Saisonbeginn im Kneissl-Werk meine Paare raussuchte und in den dafür vorgesehenen Korb steckte, holten sich die anderen die von mir ausgewählten Paare und tauschten sie aus." Eine Vermutung oder doch ein Akt der Ski-Piraterie? Schranz reagierte auf seinen Verdacht mit einer List: „Das führte eben dazu, dass ich in meinen Korb nur mehr die schlechten Paare steckte, die guten aber gleich wegräumte."

Ablenkung duldete Schranz während einer Saison nicht, schon gar nicht vor dem Rennen. So konnte er Hias Leitners Wettkampfvorbereitung auf einen Lauberhorn-Slalom in Wengen nicht nachvollziehen. Der spülte seinen Frust nach einer enttäuschend verlaufenen Abfahrt am Samstagabend mit einem Glas Glühwein hinunter. Schranz: „Wie kannst du da am nächsten Tag gut sein?" Hias Leitner wurde anderntags Zweiter und behielt auf seine Weise Recht, auf die andere Schranz. Zweite Plätze sind nun einmal die des ersten Verlierers. Eine Erkenntnis, die Leitner Jahre später auch gewann. Der Olympia-Silberne der Spiele 1960 in Squaw Valley erkannte, dass dieser geringe Rückstand auf Slalom-Olympiasieger Ernst Hinterseer mit den Jahren „immer größer geworden" sei. „Weil der Olympiasieger in der Wahrnehmung bleibt, der Zweite nur mitschwimmt."

„Karl ließ sich nichts gefallen", erinnert sich Leitner außerdem. Gefallen fand der Arlberger vor allem an gemeinsamen Wien-Fahrten.

Karl Schranz und seine Mutter mit dem Bürgermeister von St. Anton, Karl Tschol.
Bei einem Empfang nach dem Weltmeistertitel 1970.

Karl Schranz mit Teamkollegen bei der Ankunft in Sapporo –
das Unheil nimmt seinen Lauf ...

Karl Schranz mit einer Bronzebüste, die ihm zum 60. Geburtstag überreicht wurde.

Nur im Mai gönnte sich Schranz diese Auszeit vom konsequenten Lebenswandel des Spitzensportlers. Einen Grund für seine Verbundenheit zur Bundeshauptstadt glaubte er zu kennen: „Mama prägte mich. Sie sprach nie Tiroler Dialekt, sie machte mir Wien schmackhaft." Im Osten Österreichs kannte und kennt er alle möglichen Leute: Fiaker, Minister und Sportler. Auf der Straße sprachen und sprechen ihn die Leute voller Hochachtung an, als wäre er immer noch aktiv im Geschehen. Im Westen registriert man ihn, nickt ihm vielleicht freundlich zu, in Tirol gehört er zum Alltagsbild. In Wien wiederum schätzten vor allem Fußballer seine Gesellschaft. Teamspieler wie die verstorbenen Größen Ernst Happel und Erich Hof, mit denen ihn eine gute Freundschaft verband, gehörten zu seinem engen Umfeld. Und immer noch melden sich Freunde wie Buffi Ettmayer regelmäßig am Telefon: „Was is' los, Karl?", heißt es dann. Karl Schranz spielte nun einmal für sein Leben gerne Fußball, trainierte im Sommer auch bei Rapid und dem Wiener Sportclub mit. Dabei entwickelte sich das, was ihm später zum Verhängnis werden und einen der größten Olympiaskandale auslösen sollte: sommerliche Prominentenspiele für Entgelt, die Grauzone des Amateurstatus.

Für Schranz, sich seiner Popularität durchaus bewusst, hatte diese Amateur-Forderung, dieser zentrale Olympischen Paragraf 26 nach entgeltlosem Sportbetrieb, niemals Gewicht: „Eine Ungerechtigkeit konnte ich darin nicht erkennen, schließlich trainierte ich hart wie kein anderer." Verdienstmöglichkeiten boten sich den einfallsreichen Skifahrern aber nur über Umwege: Skifirmen, die Sportler im Betrieb anstellten. Oder aber volksfestähnliche Veranstaltungen wie eben Fußballspiele, ein Bad in der Menge. Hias Leitner erlebte das hautnah an der Seite von Karl Schranz mit, der über sein Netzwerk schon damals gekonnt die Angel auswarf: „Wir haben schon verdient, bei Autogrammstunden und Fußballspielen. Karl hat seine Skifahrerkollegen immer eingebaut." Während zu Freundschaftsspielen der Profifußballer von Rapid teilweise nur 3000 Leute kamen, hatte die österreichische Ski-Nationalmannschaft im Linzer Stadion gegen die Kollegen aus der Schweiz 10.000 Fans, in Bern sogar 18.000. Und über die Vermarktung samt späterer Entlohnung wachte Karl

Schranz stets genau: „Was gibt's dafür?", lautete seine Standardfrage. Von 1000 Schilling aufwärts, je nach Bekanntheitsgrad des Skifahrers, flossen dabei. Am meisten verdiente stets Schranz: Üblicherweise war er es, der die Aktionen eingefädelt hatte, zudem besaß er den größten Namen. Der Winter war zum Skifahren, der Sommer diente nicht nur dem Training, sondern auch dem Nebenerwerb. Man wusste es, sprach aber nicht darüber. Die Talenteschmiede Stams im Tiroler Oberland eignete sich als Ort für Gedankenaustausch. Dort erfuhren auch nordische Sportler, wie es im Lager der Alpinen zuging. Deren Entwicklung hinkte man allerdings weit hinterher. Popularität ja, aber ohne dafür bezahlt zu werden – Toni Innauer, als Aktiver wie als Trainer und Sportdirektor Begründer mehrerer erfolgreicher Springer-Generationen, wusste um die Ambivalenz dieses Daseins: „Wir Skispringer hatten zwar einen hohen Bekanntheitsgrad, konnten die Popularität aber kaum in messbar höheren Lebensstandard umsetzen. Natürlich gab es gute Prozente beim ersten Auto, war es einmal ein Strafmandat, das man nicht zu zahlen hatte, aber das war es dann auch schon. Was also tun mit der Popularität? Irgendwann empfand man sie auch als störend, weil man damit ja nichts verdiente. Man wusste gleichzeitig, dass die Alpin-Skifahrer mit vergleichbarer internationaler Klasse das Zehnfache bekamen, das erfuhr man im Begegnungspool Skigymnasium Stams. Die setzten andere Maßstäbe, verdienten über ihre Ausrüster. Bei uns war das vielleicht ein Fixum von 100.000 Schilling in der Saison, dazu 5000 bis 10.000 Schilling Prämie für einen Weltcup-Sieg. Es gab ja nur zwei Hersteller von Sprungskiern. Kneissl zahlte zwar gut, aber du wusstest nicht, wie lange die Firma überleben würde. Charly (Olympiasieger Karl Schnabl, Anm.) unternahm einmal einen Vorstoß: Er wollte eine Million, worauf man ihn für verrückt erklärte. Irgendwie hatten wir den Stellenwert des verarmten Adels: populär, interessant, aber mit leeren Taschen. Der versteckte Vorteil lag im Realitätssinn vieler Springer, der uns bewegte, rechtzeitig zurückzutreten und danach qualifizierte Ausbildungen zu machen: Adel verpflichtet!"

Kaum vorstellbar angesichts dieses strategisch vorgehenden Sportlers Schranz, dass man selbst diesen einmal entmutigt erlebt hat. Hängen ließ sich der 21-Jährige nicht, 1960 war er nach zwei erfolgreichen Saisonen allerdings kurz davor. In jeder Hinsicht lief es im Vorfeld der Olympischen Winterspiele von Squaw Valley (USA) nämlich gegen ihn, den dreifachen Kandahar-Sieger. Zunächst die Sache mit der Unterleibsverletzung, die er sich Ende Jänner 1960 beim Slalom in Kitzbühel zugezogen hatte: Eine Stange war damals gekippt, im Schnee stecken geblieben und die Ausweichaktion von Schranz endete mit einem Unfall: Eine abgebrochene Stange bohrte sich durch den Hoden von Karl Schranz. Der fuhr trotzdem zu Tal – und wenig später sogar zu den Winterspielen in die USA, Genaueres wusste keiner. „Es war nicht möglich, das in die Öffentlichkeit zu tragen, in den Zeitungen zu erwähnen. Das betraf einen Tabubereich.“ Ins Detail ging einer wie Heribert Meisel im *Kurier* nicht. Er meinte nur: „Beinahe hätten wir eine Caroline gehabt.“

Schranz blieb, obwohl körperlich schwer beeinträchtigt, in der Öffentlichkeit Favorit der anstehenden Winterspiele. Nicht willens, auf diese nur alle vier Jahre wiederkehrende Chance zu verzichten. US-Zeitungen tippten: „2 x Gold – Schranz.“ Die Aufregung vergrößerten die Rahmenbedingungen der Spiele: In einer unbesiedelten Gegend war das künftige Ski-Ressort förmlich aus dem Felsen gesprengt worden, als Choreograf der Feierlichkeiten trat kein Geringerer als Walt Disney auf, der damalige US-Vizepräsident Richard Nixon sprach in der Blyth Memorial Arena vor 665 Sportlern aus 30 Nationen die Eröffnungsworte. Und das Medienzeitalter kam richtig in die Gänge: Erstmals wurden Wiederholungen ausgestrahlt. Erstmals lief auf den heimischen Bildschirmen die Zeit mit (aus österreichischer Sicht besonders lange). Und erstmals wurde vom Sender CBS eine Übertragungsgebühr an das Internationale Olympische Komitee entrichtet – 50.000 Dollar.

Das ÖSV-Team hatte eine Materialrevolution verpasst: Die österreichischen Läufer suchten in Kalifornien noch auf Holzskiern ihr Heil, während die Franzosen mit solchen aus Metall die Konkurrenz hinter sich ließen. Ursache der Überlegenheit französischer Läufer war

zudem eine neuartige Rennhaltung: die aerodynamisch günstige Ei-Form. Der französische Major und Hochgebirgsausbilder Honoré Bonnet hatte das Training der französischen Skiläufer übernommen und sich schon nach kurzer Zeit mit fast barbarischen neuen Trainingsmethoden den Beinamen „Ski-Napoleon" erworben. Damit seine Läufer und Läuferinnen die erforderlichen Kräfte für die windschlüpfrige Ei-Form aufbrachten, ließ er sie schon Monate vor Saisonbeginn marschieren, laufen und Gewichte stemmen. Charles de Gaulles Sport- und Jugendministerium finanzierte die zum Ruhm der Trikolore ertragenen zusätzlichen Strapazen mit immer höheren Zuschüssen an den nationalen Skiverband.
Den Österreichern wurde die Rechnung präsentiert, der Hohn der Presse ergoss sich während der ersten erfolglosen Olympia-Rennen über das Skiteam. Im Mittelpunkt der Kritik: der hochgehandelte Schranz. Als die Olympia-Skifahrer zur Ablenkung eine Show von Sammy Davis in Reno und ein Casino besuchten, blieben Anderl Molterer und Schranz länger als die Kollegen wach. Am Spieltisch jeweils um 1000 Dollar reicher, aber eine Reputation ärmer. Denn das wurde dem Duo in der Presse zum Vorwurf gemacht, dabei habe man „kein bisschen" getrunken. Der Grund für die ausbleibenden Medaillen war bald gefunden und vornehmlich an den beiden Protagonisten festgemacht. Revoluzzer Schranz, jeweils Siebenter in Riesentorlauf und Abfahrt und damit bester Österreicher, wurde wie Molterer aus dem österreichischen Aufgebot für den abschließenden Slalom geworfen! Die ersten von vier Winterspielen endeten erfolglos und im Unfrieden, Schranz wollte der Heimat den Rücken kehren. Als Ernst Hinterseer und Hias Leitner zum Abschluss einen versöhnlichen Doppelsieg im Slalom feierten, spielte Schranz schon mit dem Gedanken, in den Staaten zu bleiben und Österreich trotzig mit Abwesenheit zu strafen.

Schranz heute: „Ich hab das als 21-Jähriger gar nicht verkraftet, für mich war alles aus." Franz Fahrensteiner, damals Sportressortleiter der Wiener Tageszeitung *Express*, hat Schranz bei der Feier der Slalom-Helden nach Meinung eines Journalisten „fertiggemacht, dass ihm zum Heulen war". Und er wollte ihn gleichzeitig zum Heimfahren animieren. Doch Teamkollege Anderl Molterer setzte sich im inneren Ringkampf von Schranz durch: „Ich bleibe in den USA!" ließ der Arlberger schließlich ausrichten, zum Unverständnis seiner Mutter und Freunde zuhause. Die Erklärung: „Bei mir mischte sich Angst vor der Rückkehr mit pubertärer Rebellion." Er verkaufte alles, Skier, Helm, seine Ausrüstung, er erkundete das Nachtleben in den Casinos von Reno, bis er keinen Dollar mehr hatte. Die zehn Cent, um beim befreundeten Stuntman Max Clever anzurufen und um Unterkunft zu bitten, verschaffte er sich ebenfalls im Casino. Eine Frau streute nach Gewinn eines Jackpots versehentlich Münzen aus, auf einer blieb Schranz unschuldig stehen. Er hob die Münze auf und ging zum nächsten Telefon. Briefe der Mama („Fang noch einmal an") prallten an ihm ab, der Tiroler bewarb lieber Rasierwasser und Zahnpasta. Fast ein halbes Jahr blieb er, verdingte sich als Skilehrer, gab Gymnastikkurse und spielte in einem Disney-Film einen Mexikaner.

Zeitgleich machte *Express*-Reporter Fahrensteiner Stimmung in der Heimat, um Schranz zur Rückkehr zu bewegen. Der sollte ungeachtet seines olympischen Misserfolgs von 1960 die Trophäe als „Sportler des Jahres 1959" entgegennehmen. Eine Einladung zum Sportpressefest am 17. Juni 1960 im Wiener Praterstadion geriet zur Nagelprobe: Der Tiroler Auswanderer sollte aus den USA kommen, um die Ehrung entgegenzunehmen, Fahrensteiner wandte sich mit einem Appell an seine Leser: „Schranz macht die Fortsetzung seiner Karriere davon abhängig, ob das Publikum im Stadion pfeift!" Als Schranz erschien, applaudierten 32.000 Leute, von der Olympia-Schmach keine Rede mehr. Die leidigen Spiele von Squaw Valley hatte Schranz vergessen, bald sollte er wieder hart trainieren, um „bester Skifahrer der Welt zu werden". Und auch die Frau Mama war froh, ihren Sohn wieder zurückzuhaben. Für die war und blieb er ohnehin immer der Karl, ob als Weltmeister oder als Buhmann nach einer Niederlage: „Wennst frech bist, kriegst trotzdem deine Ohrfeigen", warf sie ihrem erfolgreichen Sohn einmal zu. Schranz wusste immer, was er an ihr hatte, hier konnte er sein sportliches Pokergesicht ablegen: „Die Familie war immer da, für die warst du immer der Gleiche. Da konnte in der Presse stehen, was wollte."

5
5

6
Söldner der Piste

„Skifahren ist kein Beruf. Du musst etwas lernen, Karl.“

Anna Schranz (Mutter von Karl Schranz)

Karl Schranz’ Mutter Anna hatte stets einen pragmatischen Zugang zum Leben: „Am Anfang steht der Beruf. Und Skifahren ist keiner.“ Selbst seine frühen Erfolge in Nachwuchsrennen und die ersten Einsätze im Nationalteam beeindruckten sie nur wenig. Der junge Schranz versuchte sich deshalb zunächst als Hilfskraft bei einem örtlichen Zimmermeister, sein Blick allerdings schweifte bereits über den Arlberg: zur Firma Kästle. Anton Kästle wußte wohl als Erster den Wert von Ski-Erfolgen für den Verkauf richtig einzuschätzen. Bis eines Tages im Jahr 1956 unvermutet Franz Kneissl vor Schranz’ Haustür in St. Anton stand, der nach dem Tod seines Vaters an einer Weiterführung des traditionsreichen Kufsteiner Ski-Unternehmens interessiert war. „Ich hörte, du willst was lernen“, waren die ersten Worte des Unternehmers, der von den Erfolgen des Arlbergers Schranz erfahren hatte. Der 17-Jährige ließ sich nicht beeindrucken: „Ja, aber ich will zu Kästle.“ Seine Mutter bestätigte das: „Jawohl, zu Kästle.“ Doch Kneissl ließ nicht locker, schließlich übernahm die Mutter das Wort: „Ab jetzt rede ich mit dem Herrn Kneissl.“ Und sie unterschrieb nach Klärung der Rahmenbedingungen schließlich doch einen Lehrvertrag, der Schranz zu Beginn 320 Schilling im Monat gewährte. Das war 1956, im Jahr seiner ersten Kandahar-Kom-

Bei einem Kandahar-Slalom.

bination, bei der er im Slalom bereits auf sich aufmerksam machte. Der Bursch sollte das Wesen der Kufsteiner Firma von der Pieke auf erlernen, seinen Weg durch Sägewerk und Buchhaltung sowie Textil- und Sporthandel machen, daneben in die Grundbegriffe von Produktion und Versand eingeweiht werden. „Dabei lernte ich, die Sprache der Arbeiter zu sprechen", glaubt Schranz zu wissen. Man dürfe nie über den Leuten „stehen", müsse immer mit allen Berufsgruppen „auf Augenhöhe" sein. Doch schon bald konzentrierte er sich aufs Rennen fahren, sein Einkommen hob sich von dem seiner Kollegen ab, stieg mit zunehmendem Erfolg, statt der üblichen 600 Schilling sollte Schranz bald 2000 bekommen. Am Höhepunkt seiner Laufbahn kursierten Summen zwischen 600.000 und über einer Million – niemals offiziell, der Amateurparagraf des Olympischen Komitees zwang zur Verschleierung der Einkünfte. Und Schranz war bei Kneissl bald nur mehr Ziehsohn und Rennfahrer.

Der Kampf am Skimarkt war mittlerweile groß, denn neben Kneissl (50.000 Paar Ski/Jahr) behauptete sich dort besagter Vorarlberger Anton Kästle (40.000). Kneissl warb mit Slogans wie „Alles Spezialski – das macht sonst keiner auf der Welt!" Sein 56-jähriger Rivale setzte als Erster mit aller Vehemenz auf die Zugkraft der Ski-Erfolge: „Die meisten kaufen nur die Marke des Siegers", glaubte der Hohenemser zu wissen. Nach drei olympischen Goldmedaillen 1952 konnte sein Werk „die Exportaufträge kaum befriedigen". Der Vorarlberger und sein Tiroler Gegenpol Franz Kneissl suchten bald auf gleichem Weg den Geschäftserfolg, was zu mancher Schnittstelle und Konfliktsituation führte. Als Kästle-Star Toni Sailer nach seinen zwei ersten olympischen Goldmedaillen 1956 in Cortina auch die Abfahrt auf dem Vorarlberger Fabrikat bestreiten (und gewinnen) wollte, veranlasste Konkurrent Franz Kneissl ihn, für den Abfahrtslauf auf Kneissl-Ski umsteigen. Und Toni Sailer gewann auf Kneissl.
Kästle („Der Amerikaner kauft nur die Siegesmarke") führte auf seinen Lohnlisten zeitweise „35 Rennläufer in Scheinstellungen mit Monatsgehältern bis zu 1500 Mark", daneben einen „Hasenstall" für Nachwuchsläufer. (*DER SPIEGEL* 6/1966). Sein Rennstall würde den oberösterreichischen Konkurrenten Fischer im Gegenzug „nahezu

150.000 Mark jährlich" kosten (ebd.). Ein stetig wachsender Markt von damals 50 Millionen Freizeitläufern würde das hinlänglich rechtfertigen, hieß es. Und deshalb seien Rennfahrer auch wie Rennpferde zu halten, deshalb würde man das als Kredit getarnte Baugeld für Pensionen und Eigenheime der Fahrer „gerne zahlen". Selbst Bindungshersteller Marker wusste (*ZEIT* 4/1970), wem man Geschäftserfolge zu verdanken hatte und entlohnte das entsprechend: Seinen beiden Testfahrern, Gertrud Gabl und Karl Schranz, schenkte man sogar ein vergoldetes Modell ihrer Rennbindung; dem Marker-Konstrukteur machte man einen Porsche 911 zum Geschenk. Nur Karl Schranz soll, auf die Sicherheitsbindung angesprochen, humorvoll gemeint haben: „Die sicherste Bremse ist immer noch der Hosenboden." Der Ski-Weltverband, urteilte *DER SPIEGEL* jedenfalls, „deckt die Realitäten. Er entwickelte ein liberales Amateurstatut und gestattete Werbeeinnahmen". Alles erfolgsabhängig? Wenn, wie bei den Winterspielen 1960 in Squaw Valley, der österreichische Skilauf stagnierte, sprach Kästle von einem „fühlbaren Rückschlag". Da half es wenig, dass US-Pin-up Jayne Mansfield während der Winterspiele zu einem Werbefoto überredet werden konnte ...

Kneissl präsentierte bald den ersten Kunststoff-Ski, innerhalb von vier Jahren verzwanzigfachte der Unternehmer in seinem Kufsteiner Werk die Produktion von 5000 auf 100.000 Paar Kunstharz-Ski. In der ersten Hälfte der 60er-Jahre war es dem Selfmademan gelungen, durch diesen völlig neuartigen Ski aus Epoxyharz die Konkurrenz mit ihren Holz- und Metall-Modellen abzuhängen. Dem „Koloss aus Kufstein" (*Ski-Magazin*) bescherten Rennerfolge zusätzlich neue Absatz-Rekorde. Der Konter erfolgte über die Leinwand: Selbst nach seiner Karriere löste Sailer nämlich einen Kästle-Boom in Japan aus, als dort einer seiner Film ausgestrahlt wurde: „Meine Exportquote nach Japan ist um rund 200 Prozent gestiegen." Die Schleichwerbung in „Der König der silbernen Berge" hatte sich bezahlt gemacht. (*DER SPIEGEL* 12/1962). Das Engagement der Sportler bedeutete schon damals Rundumbetreuung und -bezahlung: Neben der sozialen Absicherung in Form eines Grundgehalts wurde das Training unterstützt, daneben erhielten die Fahrer 30, 40 Paar Ski pro Saison und mitunter einen Servicemann für Belagsarbeiten. Karl Schranz, heißt es, habe als erster einen vollbezahlten Kantenschleifer gefordert. Und bekommen. Sein Fabrikant Kneissl sträubte sich zunächst wegen der zusätzlichen Kosten von etwa 500.000 Schilling pro Winter – vergeblich. Er gab bald nach (vgl. auch *DER SPIEGEL* 11/1977). Selbst die Verbände wurden gefördert, die Werbung mit Kaderläufern ganz offiziell honoriert. Man bekriegte sich auf allen Ebenen: Kästle simulierte Testbedingungen auf elektronische Weise, im Gegenzug brachte Franz Kneissl einen „Düsenski" auf den Markt, bei dem der Fahrtwind durch Trichter eingefangen wurde, um an schräggebohrten Löchern wieder auszuströmen. Der Ski sollte dadurch hinten angehoben werden und dadurch schneller laufen. Kästle verwendete für das gleiche Prinzip gar kleine Pressluftflaschen. Der Internationale Skiverband verbot das System schließlich, das Verkaufsinteresse blieb ungebrochen. Zu den neuen Metallskiern von Kästle meinte Kneissl-Betriebsleiter Walter Kneissl: „Die brechen wie Würstl und sind witterungsempfindlich." Selbst setzte man ja auf „eisabweisendes Plastikmaterial". (vgl. *DER SPIEGEL* 13/1960) Und irgendwann in den 60ern hieß es dann doch, dass die Umsätze am Limit seien. Ein Rückzugsgefecht begann, Kästle wurde mit Verpflichtungen in Millionenhöhe in eine Kommanditgesellschaft umgewandelt und die Läufer wurden entlassen. Österreichs WM-Mannschaft 1966 in Chile wurde stark dezimiert, Skiverbandspräsident Steiner trat zurück: „Ich habe es satt, ständig herumzubetteln." (vgl. *DER SPIEGEL* 6/1966) Selbst sein Nachfolger, der Tiroler Karlheinz Klee, drohte nach Kürzungen mit einem Olympia-Verzicht 1968: „Dann starten wir nicht in Grenoble." Lediglich Kneissl selbst mochte bis zuletzt nicht an sein unternehmerisches Ende glauben. Doch der Kommerzialrat verspekulierte sich später mit dem Versuch, Polyurethan-Schaum als Material für den Skikern von morgen anzubieten. Es folgten Fabrikationsfehler, Reklamationen. Rennerfolge blieben aus. Dass mit Ersatzmann Leonhard Stock ein Kneissl-Fahrer Olympia-Gold 1980 holte, bremste die Abwärtsentwicklung, hielt sie aber nicht mehr auf. Kneissl stand fortan für Sprung- und irgendwann für Tourenskier, die Alpin-Ära war einmal. Vorbei waren die Zeiten, als der Milliardär

Karl Schranz auf dem Weg zum WM-Titel in der Abfahrt (Chamonix 1962).

8

Howard Hughes Kneissl aufkaufen wollte und BMW Sonderanfertigungen zur Machtdemonstration der eigenen Marke unters Volk brachte. Eine Zeit, wie sie nie mehr kommen sollte, denn Kneissl wurde in der Folge mehr mit Übernahmeschlagzeilen und öffentlichen Zuschüssen konfrontiert als mit Erfolgsnachrichten. „White Star" Franz Kneissl fiel 1981 der anhaltenden Ski-Rezession zum Opfer, auch der Kurz-Ski „Big foot" bewahrte den Kufsteiner nicht vor dem Konkurs. Das traditionsreiche Erbe des 1994 verstorbenen Franz Kneissl schlingerte zuletzt, auch ein Scheich brachte den Kufsteiner Stern noch nicht zum Glänzen. Die Hoffnung lebt.

Karl Schranz erlebte diese Entwicklung als Beobachter – sein Engagement stand Zeit seiner Karriere niemals zur Diskussion. Kneissl dachte selbst während einer Rezession niemals daran, sich des besten Pferds im Stall zu entledigen. Und Schranz erfüllte gewissermaßen auch eine Doppelrolle: die des Erfolgsgaranten, dessen Medaillen die Skifirma als Marketingerfolg verbucht. Und die des Innovationsgeistes, der sich wegen eines vermeintlich schlechten Wachses schon einmal mit seinem Trainer anlegte. So hielt Karl Schranz etwa an seiner Hocke fest, der Schranz-Hocke, von der Teamchef Franz Hoppichler sagte: „Keiner weiß, was die bringt." Erfolge wie den Weltmeistertitel 1970 in der Abfahrt von Wengen führte Schranz hingegen ausschließlich auf seine außergewöhnliche Position am hinteren Ende der Skier zurück. Oder auf jenen Rennanzug, der Karl Schranz zunächst nur skeptisches Lächeln einbrachte, ein hautenger Dralon-Nylon-Überzug. Oder auf einen Spezialhelm. Oder die flache Schaufel auf den Abfahrtsskiern. Oder auf den Gang in den Windkanal des Wiener Arsenals, der die verblüffende Erkenntnis brachte: Es gibt nichts zu verbessern. Schranz war bereits 1960, als sich noch niemand über die Aerodynamik ernsthaft den Kopf zerbrach, mit seinem Betreuer Egon Schöpf im deutschen Rakentenforschungszentrum Göttingen gewesen, wo ihm der Wind mit weit über 100 km/h um die Ohren geweht war. Der Verband war dagegen, aber Schranz fuhr trotzdem und Kneissl zahlte dafür 250.000 Schilling – er hatte seinen Job gemacht: den als Skitester, wofür man ihn offiziell für 5000 Schilling/Monat schließlich auch angestellt hatte. Helmut Zilk gestand Schranz in seiner ORF-Serie „Lebenskünstler“: „Der Revoluzzer-Geist verbindet uns.“ Auch bei einem verbotenen Skitest in Séstriere ging Schranz an den Start (1962) – unter dem Namen Berger. Als Österreichs Skiverband Wind davon bekam, verhinderte Unternehmer Kneissl seinen Ausschluss aus der Nationalmannschaft.

Schranz lässt sich gerne auch „Pionier der Kunststoffskier“ nennen. „Im Training von Cervinia probierten wir schon 1959 etwas aus“, erzählt er von Bemühungen mit seinem Bruder Helmut. In der Schrägfahrt war man immer langsam, bergab ging es meist sehr schnell. Helmut meinte: „Das liegt an der Seitenwand.“ Einmal sei der Kern zu hart, dann wieder zu weich. Und prompt setzte sich Betreuer Egon Schöpf („Ein Verrückter“) ins Auto, fuhr die 1000 Kilometer ins Werk nach Kufstein, um die Kleinigkeit auszufräsen. Zum Training war er wieder zurück. Und Schranz fuhr allen davon. 1962 wurde Schranz für seine Hartnäckigkeit belohnt – als erster Weltmeister auf Kunststoffskiern (Abfahrt, Kombination).

Werbung sollte sich in der Szene irgendwann durchsetzen, die *BILD* stellte das bereits 1962 fest: „Wenn ein Sieger feststand und die Photographen herbeistürmten, hatten es die Läufer meist verdächtig eilig, die Skier abzuschnallen und senkrecht neben sich aufzupflanzen, so daß die Marke in Richtung auf die Photographen sichtbar wurde.“ Karl Schranz hatte schon lange verinnerlicht, worauf es seinem Arbeitgeber Kneissl ankam. Fotos, am besten vom Sieger Schranz: „Der Karl war hier ein echter Pionier. Der stand immer mit den Skiern vor der Kamera“, erzählte Olga Pall, wie Schranz Kneissl-Fahrerin und in Grenoble überraschend Olympiasiegerin im Abfahrtslauf. Ihr legte man nach der Goldfahrt einen bescheidenen 5000-Schilling-Vertrag vor, Palls Vater und der Überraschungssiegerin war das zu wenig. Die Erklärung von Franz Kneissl lag auf der Hand: Damen-Skirennsport spielte eine untergeordnete Rolle. Das große Geld war mit Schranz zu machen. Der wusste das und revanchierte sich mit Loyalität: „Es gehört sich einfach, dass man seinem Chef treu bleibt.“ Obwohl es schnelleres Material gab und Fischer ihn 1961 mit einem wesentlich besser dotierten Vertrag abwerben wollte.

Doch so sehr sich Karl Schranz auf die damals noch ungeschriebenen Gesetze des Marktes verstand, die Gesetze Olympischer Spiele konnte er nicht beeinflussen. Und je näher die Heimspiele 1964 in Innsbruck kamen, desto mehr schmolz die Hoffnung dahin, es wurde knapp. Für Schranz, denn der laborierte an einer Grippe. Und für Innsbruck, wo es ausgerechnet zwischen 29. Jänner und 9. Februar 1964 am nötigen Schnee für die Winterspiele fehlen sollte. Wie zum Hohn setzte der Schneefall damals erst einen Tag nach der Schlussfeier ein, als es bereits zweieinhalb Monate nicht geschneit hatte. Föhnstürme hatten zuvor das Bundesheer und Heerscharen an Freiwilligen erfordert. Depots mit 25.000 Tonnen Schnee erwiesen sich als unabdingbar, die Kristalle am offiziellen Olympiaplakat wurden der Veranstaltung nicht gerecht. Ein weißes Band zog sich vom Innsbrucker Hausberg Patscherkofel, Schauplatz des Abfahrtslaufs, Richtung Tal. Kein gutes Omen, schon gar nicht die beiden tödlichen Unfälle im Vorfeld der Spiele. Zunächst erlag der britische Rennrodler Kazimierz Skrzypecki den Folgen eines Trainingsunfalls, vier Tage später ereilte den australischen Abfahrer Ross Milne mit einem Aortariss dasselbe Schicksal. Der australische Teammanager John Wagner machte mangelnde Absperrungen an der Strecke für das Unglück verantwortlich, der für die Australier verantwortliche Innsbrucker Trainer Heli Summerauer schränkte jedoch ein: „Es war ein Unglücksfall." (APA, 25. 1. 1964). Kurz nach dem Startschuss sei Milne von Zuschauern behindert worden, habe verkantet und sei in der Folge gegen Baum und Stein geprallt. Ein denkbar trauriger Auftakt für die Skibewerbe, die immerhin 281.000 der 936.000 Olympia-Besucher sehen wollten.

Österreichs Mannschaft rechtfertigte den für damalige Verhältnisse enormen Organisationsaufwand (100 Millionen Schilling) mit Platz drei im Medaillenspiegel, woran allerdings Karl Schranz keinen großen Anteil hatte. Es war Egon Zimmermann, der 25-jährige Koch aus Lech, der in der mit Spannung erwarteten Abfahrt den Sieg davontrug. Schranz hatte mit dem Sieg nichts zu tun, gratulierte dennoch aufrichtig: „Prima für den Egon, fein, dass er gewonnen hat", zitierte ihn die Austria Presse Agentur. Schranz verließ den Patscherkofel im Anschluss an die Abfahrt dem Vernehmen nach still und leise, wollte keinem über den Weg laufen. Nur auf den Plakaten in der Stadt, da lächelte er und so manche Firma pries mit seinem Konterfei allerhand an. Schranz – ein Amateur? *DIE ZEIT* (5/1964) wollte nicht daran glauben: Unter den 1200 Teilnehmer seien wohl „mehr als tausend", denen das Internationale Olympische Komitee eigentlich die Teilnahme hätte verbieten müssen. Schon damals sei manchem Insider „zu Ohren gekommen, dass einige Ski-Nationalmannschaften bereits mehr als zwei Wochen in Trainingslagern leben würden", mehr als drei aber seien ausdrücklich verboten. Der Beginn einer innigen Feindschaft. Es hieß, man würde der Sache nachgehen. Brundage attackierte erneut den alpinen Skisport, von dem man sich trennen müsse, wie damals vom Tennis. Denn Sportler, die drei Viertel des Jahres Wettkampf betreiben oder trainieren würden, seien keine Amateure. Und Brundage beklagte, bei aller Wertschätzung für Innsbruck, den unverkennbaren Trend zur Kommerzialisierung.

Die Spiele 1964 hielt das nicht auf, Österreichs Damen bekamen vorerst ohne Medaille den Druck der Öffentlichkeit zu spüren. Die spätere Olympiasiegerin Christl Haas ärgerte sich: „Die Kritik der Medien war zu hart, es fielen viele unrühmliche Sätze wie: ‚Die Mädchen fahren wie Touristen mit Rucksäcken'." Trainer Hermann Gamon wurde fast in eine handfeste Auseinandersetzung verwickelt, ehe der Triplesieg in der Abfahrt die Gemüter beruhigen sollte. Und auch Karl Schranz, von einem Großteil der 1164 Journalisten aus 34 Ländern zum obersten Gold-Kandidaten gekürt, sollte sich rehabilitieren. Das einzige Mal im Rahmen Olympischer Spiele mit einer Medaille. Mit Silber im Riesentorlauf – für Schranz zählte das kaum, obwohl sich die Leistung sehen lassen konnte: Mit der aufgrund der weichen Strecke praktisch aussichtslosen Startnummer 15 war der immer noch geschwächte Schranz zu Platz zwei gefahren. „Ohne Kraft", wie er meinte. „Aber das war eine Feststellung, die nicht zutraf", befand die APA an jenem 2. Februar 1964. Dem siegreichen Franzosen Francois Bonlieu gratulierte Schranz: „Der hat es wirklich verdient!" Eine kleine Niederlage für Schranz, aber noch hatte der damals 25-Jährige ja Zeit. Bis 1968 oder gar 1972. Noch hatte er mit den Olympischen Spielen eine Rechnung offen.

Karl Schranz
2× Weltmeister

Karl Schranz
Mein »Olympiasieg«
HERBIG

THE KARL SCHRANZ 7-DAY SKI SYSTEM
By KARL SCHRANZ, Winner of World Championships in Downhill, Grand Slalom, and Combined

7
Gaullympia im Nebel

„Wenn ich verliere, dann bin ich von einem großen Champion geschlagen worden."

Jean-Claude Killy vor der Disqualifikation von Karl Schranz im Olympia-Slalom 1968, der ihm seine dritte Goldmedaille bescheren sollte.

„Schranz ist zu alt, er blockiert der Jugend den Weg", glaubte der *Stern* (6/1967) zu wissen. Die Magie schien dem „einsamen Wolf vom Arlberg" (*Express*), dem „Mönch vom Arlberg" (*Die NEUE*) vor den Olympischen Spielen 1968 in der französischen Industriestadt Grenoble abhanden gekommen zu sein. Zwölf Jahre gehörte er bereits zum Nationalteam, ihm standen die dritten Winterspiele bevor, und als fast 30-Jähriger zählte er im Ski-Zirkus zur Altersklasse „Methusalem". Schranz' Umgang mit solchen medialen Seitenhieben, mit Journalisten war schon immer ein rauer, er wusste von jedem Artikel über seine Person Bescheid. Sein langjähriger journalistischer Begleiter Karl Pointner von der *Kronen Zeitung* erzählte in der Schranz-Autobiografie: „Karl Schranz – Begegnung mit einem schwierigen Star. Kaum war ich, der Reporter-Lehrling, in den Skizirkus eingestiegen – schon war der Schranz mir bös. Wie ich später mitgekriegt habe, kein Einzelfall." (285) Fred Steinacher, dem langjährigen Sportchef der *Tiroler Tageszeitung*, begegnete er bei ihrem ersten Aufeinandertreffen 1969 in Kitzbühel mit den Worten: „Was willst denn du?"

Karl Schranz und seine Bücher – Biografie, Lehrbücher und eine Autobiografie.

Andererseits wusste Schranz bereits damals, was er an Redakteuren hatte: „Die Journalisten machen dich groß, sie bauen dein Image auf. Für Journalisten tu' ich einfach fast alles." Das führte so weit, dass er für ein zweiminütiges TV-Interview kurzerhand eine Autofahrt München – Wien auf sich nahm. Dass er bei manchen Journalisten als knorrig verschrien war, stellte er nach Ende seiner Karriere nie in Abrede: „Ich hatte meine Eigenheiten und ich war kein Schleimer. Aber ich wusste, dass ich Journalisten immer was geben muss." Sein viel späterer Nachfolger als Gesamtweltcupsieger, Hermann Maier, erkennt sich darin wieder: „Ich bin immer ich selber geblieben und habe mich nicht verbiegen lassen." Das mache eine Persönlichkeit, einen Star wie Schranz aus.

Unter diesem Rechtfertigungsanspruch, den sich Schranz Zeit seiner Karriere selbst auferlegt hatte, stellten die Olympischen Winterspiele 1968 in Grenoble eine Nagelprobe im Herbst seiner Karriere dar. Die zweiten französischen Winterspiele nach Chamonix 1924 – mit allerhand nationalem Couleur überladen, eine Plattform französischer Selbstdarstellung; eine Entwicklung, die sich bei allen Nachfolgern bis in die heutige Zeit nicht mehr geändert hat. Zwanzig Jahre später erinnerte *DIE ZEIT* (7/1988) daran, dass das Großereignis „offenbar auf den Stundenplänen der Schulen" in der ganzen Grande Nation gestanden sei. Noch 1988 hätten viele Franzosen der Isère-Region beim Thema Grenoble „leuchtende Augen bekommen". Aber auch an so manche Fama erinnerte man sich: „Wenn Killy nicht gewinnt, verordnet Staatspräsident Charles de Gaulle drei Tage Staatstrauer", soll es geheißen haben. Und deshalb hätte man die Spiele auch in „Gaullympische" Spiele umgetauft, bei denen der Auftritt der Mirage-Düsenjäger so manche gigantomanische Spektakel von heute vorweg nahm. Die Jagdflieger malten Olympische Ringe in den Himmel, Hubschrauber ließen 30.000 rote Papierrosen und Olympiafähnchen auf die Zuschauer herunterregnen. „Diese Olympischen Spiele müssen eine nationale Manifestation werden", befahl Frankreichs Staatschef Charles de Gaulle (vgl. *DER SPIEGEL* 4/1968). Höhepunkt: der Fackellauf des früheren Eiskunstlauf-Olympiasiegers Alain Calmat. Als der die steile Treppe mit 96 Stufen emporgeeilt war, übertrugen riesige Lautsprecher den schnellen Herzschlag des Mannes. Die Wirkung vervielfachten die ersten Direktübertragungen der Geschichte, die Fernsehtechnik trat endgültig ihren Siegeszug an. So wie 1972 in Österreich, als Schranz von Sapporo zurückkehrte und die Medien die Aufmerksamkeit überhöhten.

Doch eben diese bewegten Bilder stießen Avery Brundage, Präsident des Internationalen Olympischen Komitees, Gralshüter der Amateurregeln und als solcher künftig der Widerpart von Schranz, auf. Vor den ersten Bewerben in Grenoble hieß es plötzlich, die Skisportler sollten alle Firmenlogos übermalen. Ein Wirbel drohte, Marc Hodler trat in seiner Funktion als Präsident des Weltskiverbands mit zwei Skiern unter dem Arm zum Rapport im städtischen Rathaus an. Die Köpfe rauchten, am Ende blieb es beim kürzesten Statement der IOC-Geschichte: „No comment!" Als man sich der Unmöglichkeit seiner Forderung nämlich bewusst geworden und Killys Antreten plötzlich in Frage gestanden war, als Präsident de Gaulle höchstpersönlich eingegriffen hatte, begnügten sich die IOC-Funktionäre damit, von den Skifahrern eine vornehme Zurückhaltung in Kameranähe einzufordern.

Nicht das erste Mal, dass vor allem Killy Erklärungsbedarf hatte. Schon Wochen vor Beginn seiner Heimspiele stand ein Startverbot im Raum, was der französische Rundfunk noch vor einem Kriegsbericht aus Vietnam und dem Absturz einer Air-France-Maschine mit 63 Toten als nationale Drohbotschaft verkündet hatte. Der Internationale Ski-Verband (FIS) warf ihm vor, er habe gegen die Amateurregeln verstoßen und drohte Killy, falls er sich nicht reinzuwaschen vermöge, mit dem Ausschluss. Per Scheck zahlte der Star schließlich eine strittige Vertragssumme zurück. Und die Versteigerung eines Fotos, das ihn mit seiner Medaillen-Sammlung zeigte, und für umgerechnet 15.000 Euro an die Illustrierte *Paris Match* ging? Das Geld sei in einen guten Zweck geflossen und nicht in einen Porsche, wie die Gerüchte sagten. „Ich habe ein reines Gewissen." Ehrenwörtlich stritt er das Bildblatt-Honorar ab und bekundete, der Sportflitzer sei ein Geschenk seines Papas – des Hoteliers Robert Killy. „Ich glaube ihm", steckte der Schweizer FIS-Präsident Marc Hodler zurück. (*DER SPIEGEL* 11/1968). Unter Freunden gestand Killy später jedoch: „Kein Olympia-Teilnehmer dürfte starten, wenn die Amateurgesetze wörtlich ausgelegt werden." Abseits des Amateurstatuts bekam es Killy mit einem Vaterschaftsprozess am Kitzbüheler Bezirksgericht zu tun: Eine Tiroler Friseuse klagte nach einer Romanze mit Killy auf Alimente, sie hatte 1962 den damals noch unbekannten Rennläufer als Vater angegeben. Im Januar 1968 ließ sie während des Hahnenkammrennens Killys Gepäck pfänden und forderte Geld vom frischgebackenen Kitzbühel-Sieger. Der verzichtete aus Trotz auf die Siegerehrung, weil er eine österreichische Verschwörung vermutete. Österreichs Medien würden ihn aus dem Konzept bringen wollen, was auch gelang: Der Skistar stürzte in eine Krise und gewann bis Grenoble kein Rennen mehr.

Im Zuschauerbereich standen bei der Eröffnungsfeier Größen wie Kaiserin Farah Diba, Audrey Hepburn, Yul Brynner, und 1500 Athleten aus 36 Nationen machten die Runde – und alle dienten scheinbar Jean-Claude Killy, dem Seriensieger auf der Skipiste, als Statisten. „Er beunruhigt viele Österreicher wesentlich mehr als düstere Wirtschaftsprognosen", schrieb *Die Presse* damals über den französischen Nationalhelden. Selbst der stets selbstbewusste Schranz soll schon 1966 nach dessen Seriensiegen gesagt haben: „Brutal, wie der Killy mit uns umspringt." Der Zollbeamte aus Val d'Isère „mit gemäßigter Gammlermähne" (*DER SPIEGEL*) treffe Österreichs Fremdenverkehr und Sportartikelindustrie am empfindlichsten Nerv, hieß es. Dabei war Killy grundsätzlich ein anderer Typ als Schranz, in mancherlei Hinsicht auch wieder nicht. „Ich liebe gutes Essen und Mädchen, aber ich lebe wie ein Mönch." Und an Wettkampftagen, verriet der 23-jährige Jean-Claude Killy, bleibe er 18 bis 20 Stunden im Bett, „lesend und schlafend". Auch Perfektionismus eint die Gesinnung der beiden: „Man darf nichts dem Zufall oder der Tagesform überlassen", sagte Killy. „Wenn ich zu den ersten Wettkämpfen antrete, habe ich schon einige tausend Slalomstangen hinter mir."

Nach ihrem Debakel bei der Weltmeisterschaft 1966 in Portillo

(Chile) mussten die Österreicher anerkennen, dass ihnen die Franzosen in der Entwicklung abermals voraus waren. Vor seinem letzten Auftritt hatte der Teamchef Honoré Bonnet mit „militärischer Präzision" sein Training verfeinert und durch „Gletscherskilauf, Radfahren, Schwimmen und spezielle Sommerkurse" angereichert. (*DIE ZEIT*) Ein kompletter Trainer-Stab brachte jeden einzelnen Rennläufer in Höchstform, darunter hungrige Leute wie Doppelweltmeister Guy Périllat. *Parispresse* koppelte dessen Eifer an den Drang nach Vergessen, denn der frühere Fremdenlegionär hätte als Soldat in Algerien beim Waffenreinigen versehentlich einen Kameraden erschossen. Das äußere sich in einem unaussprechlich harten Training, erst damit sei die revolutionäre „Ei-Fahrweise" möglich gewesen. Deren Zeitvorteil machte Schranz „fast krank". (*DER SPIEGEL* 6/1961) Ein Training, wie es Schranz allerdings auch ohne Trauma zuwege brachte, nur eben zwischenzeitlich weniger erfolgreich. Auch das sollte sich einrenken.

Neben einem eigenen Windkanal stand den französischen Fahrern die damals noch nicht selbstverständliche Unterstützung von Sportärzten zur Verfügung, die Forschungserkenntnisse umsetzbar machen sollten. „Praktisch stehen Frankreichs Ski-Rennfahrer elf Monate im Jahr unter Trainerkontrolle – die Österreicher hingegen müssen sich vor Saisonbeginn mit 20 offiziellen Trainingstagen begnügen", hieß es im *SPIEGEL* (7/1967). Frankreich gab für damalige Verhältnisse unübliche 300 Millionen Schilling für Training, Ausrüstung, Verdienstausfall-Ersatz seiner Ski-Elite sowie Talentsuche aus, allein für die Ski-Weltmeisterschaft in Chile verfügte Teamchef Bonnet über das vierfache Budget der Österreicher. Die erbettelten sich ihr Geld größtenteils mit Spendenaufrufen im Fernsehen. Im Gegenzug wurde die mangelnde Einstellung der Österreicher kritisiert: Schranz etwa habe zugunsten seines Hotelbaus in St. Anton sein· Konditionstraining vernachlässigt. Der wehrte sich: „Mir ist nicht bekannt, daß der Österreichische Skiverband eine Altersversorgung für abgetretene Champions bezahlt." Nachsatz: „Warum wirft man uns vor, daß wir uns um unsere Zukunft kümmern?" Egon Zimmermann, Olympiasieger 1964 in Innsbruck, eröffnete eine Bar, Christl Haas ein Hotel, andere legten die Skilehrerprüfung ab. Die Franzosen kannten das nicht: Ein Teil der als „Verdienstausfall" getarnten Bezüge und Siegprämien wurde auf Sperrkonten für später blockiert.

Die Österreicher wiederum holten mit dem erst 36-jährigen Franz Hoppichler einen neuen, einen rauen Besen. Der Mittelschullehrer für Turnen und Französisch investierte mehr Geld in die Nachwuchsförderung, den Einfluss der Skifabrikanten dämmte er gleichzeitig ein. Rennläuferverträge sollten nicht laufend Rivalitäten innerhalb der Mannschaft heraufbeschwören. Um seinen Regeln Nachdruck zu verleihen, suspendierte er zwei Sportler wegen „gleichgültigen Verhaltens" im Training, geduzt werden wollte Hoppichler auch nicht mehr. Auch er stand in Grenoble vor seiner Feuertaufe, doch dann kam alles anders: Zunächst wurde die 20-jährige Erika Schinegger zur tragischen Heldenfigur, erstmals durchgeführte Geschlechtstests mittels Speichelprobe wiesen sie als Mann aus. Damit war sie disqualifiziert. Die Abfahrts-Weltmeisterin von 1966 entschloss sich entgegen dem Willen des Skiverbands zu einer Operation und der Änderung des Vornamens in Erik. Die von ihr hinterlassene Lücke füllten Damen wie Abfahrts-Olympiasiegerin Olga Pall aus, die sportliche Bilanz schien passabel. Einzig Schranz rannte in Abfahrt (5. Platz) und Riesentorlauf (6.) vergeblich seiner Goldmedaille nach.

Alles spitzte sich auf den 17. Februar zu, dem Slalom am vorletzten Tag der Spiele im Wintersportort Chamrousse. Doppel-Olympiasieger Killy sollte die Hoffnungen der Franzosen erfüllen und sein drittes Gold holen, Schranz das Herren-Gold für Österreich sichern. Das Feld der 101 Starter wurde zunächst in einem Qualifikationswettkampf auf 51 reduziert, der dichte Nebel hielt sich schließlich auch am Finaltag. Killy fand während des ersten Laufs passable Sichtbedingungen vor und führte, Schranz lag auf Platz drei. Was dann passierte, fehlt in keiner Aufzählung von Olympiaskandalen und reiht sich nahtlos in das ein, was man als das Schranzsche Olympia-Trauma bezeichnen könnte: Zwischen dem 13. und dem 15. Tor brach der Arlberger seinen zweiten Lauf endgültig ab, da ein Streckenarbeiter die Piste kreuzte. Er durfte unter Vorbehalt noch einmal starten und schlug sogar Killy. Olympiasieger! Olympiasieger? Die Bestzeit des Norwegers Håkon Mjøen – er fuhr noch schneller als Schranz – wurde wegen zweier Torfehler gestrichen. Der Tiroler wähnte sich am Ziel, gab bereits Interviews. Killy gratulierte trotz Protest und meinte: „Wenn ich verliere, dann bin ich von einem großen Champion geschlagen worden." Die Champagner-Korken knallten im Hauptquartier von Schranz-Ausstatter Kneissl, ehe gegen 19.45 Uhr die Gesichter lang wurden. Disqualifiziert!

„Drei Zeugen haben gesehen, was passiert ist, und unterstützten mich. Aber keinen haben sie gefragt, wie es wirklich war!" poltert Schranz. Der wollte mehr als die anderen gesehen haben, was nicht zuletzt an einer neuartigen Brille Tiroler Herkunft gelegen sein soll. Und auch er sei in der entscheidenden Sitzung nicht zu Wort gekommen, man glaubte nach mehrstündiger Beratung schließlich den Streckenposten: Schranz habe bereits vor der Störung durch den Streckenarbeiter dieselben Tore ausgelassen wie Mjøen, das ominöse Tor 21 sei – Streckenarbeiter hin oder her – nicht mehr von Bedeutung gewesen. Schranz reagierte darauf ungehalten: „Wenn ich so schlau bin, dann müsste ich über euch allen stehen!" Auch das Filmmaterial der Österreicher verfehlte seine Wirkung: Die Jury beschloss mit 3:2 Stimmen, den Wiederholungslauf nicht zu werten, Killy feierte seine dritte Goldmedaille, der Hang solle künftig in „Killy-mandscharo" umgetauft werden. Schranz will einen am Boden zerstörten Teamchef Franz Hoppichler gesehen haben: „Der hat g'weint vor so viel Ungerechtigkeit!" Und der verständnislose IOC-Juror Readhead, der sich u. a. nicht gegen zwei Franzosen im fünfköpfigen Gremium durchsetzen konnte, hätte nur gemeint: „Das ist die größte Ungerechtigkeit, die ich je erlebt habe." Noch am selben Tag sei er zurückgetreten. Dass Silber (Herbert Huber) und Bronze (Alfred Matt) an zwei Österreicher gingen, interessierte in Österreich nur mehr die wenigsten. Die Mär ging um, dass sich der französische Staatspräsident Charles de Gaulle für einen Olympiasieger Jean-Claude Killy eingesetzt haben soll. Jahre später wollte Schranz das in einem Interview nicht kommentieren: „Das weiß ich nicht, aber es ist eine Tatsache, dass eine Gruppe interessiert war, dass Killy alle Goldmedaillen gewinnt.“ (*Kleine Zeitung*) Lobbying vermutet Schranz rückblickend auch von Weltcup-Gründer Serge Lang, der dem Vernehmen nach Killys Generalmanager werden wollte. Der Star sollte seiner Heimat nämlich schon bald den Rücken kehren, um künftig seine Meriten als Profi auszunützen: „Ich habe genug, ich höre auf. Und ich fange an, Geld zu verdienen“, soll seine Erklärung gewesen sein. Eine Erklärung der Jury gab es nicht: Man wolle Schranz schonen und nicht öffentlich des Betrugs bezichtigen, hieß es.

DIE ZEIT (8/1968) meinte, der Nationalismus würde manchmal Kampfrichter zu Entscheidungen treiben, „die nicht mehr dem sportlichen Geist entsprechen oder die sportlichen Regeln doch sehr anfechtbar auslegen“. In Grenoble ging die Presse gemeinhin davon aus, die Disqualifikation nach mutmaßlicher Behinderung durch einen Streckenposten ließe beide Schlüsse zu. Schranz beharrte auf seiner Version. Franz Kneissl bezweifelte offen die Unabhängigkeit der Jury, weil das norwegische Mitglied Andersen Vertreter einer Konkurrenzfirma sei. Was dem Konflikt neue Würze verlieh und die Amateurdiskussion erst recht entfachen sollte.

Rückblickend sagt Karl Schranz: „Grenoble war viel schlimmer als Sapporo. Da habe ich nur zwei Trainingsbestzeiten gehabt, dort haben sie mir Gold gestohlen – ein Komplott.“ Seine Augen verzerren sich bei diesen Sätzen zu schmalen Schlitzen, das ihm offensichtlich erwachsene Unrecht, provoziert durch französisch angehauchte Wettkampfrichter, verliert nicht an Schärfe. Nein, in Schranz kocht es hoch, und immer wieder fallen ihm Leute ein, die ihm das bestätigt hätten. Selbst Jean-Claude Killy, der spätere Sieger, konnte nicht lachen. Die hitzigen TV-Stammtisch-Diskussionen mit Weltcup-Gründer Serge Lang, die folgten, sind ebenso legendär wie die Geschichte vom Auftritt, den Killy und Schranz in einem französischen Studio haben sollten. Der wurde abgesagt – wegen einer Bombendrohung. Was Killy spontan so quittierte: „Überall, wo Schranz auftaucht, gibt es Wirbel!“
Zuhause feierte man Schranz dennoch wie einen Olympiasieger, anlässlich ihres Österreich-Besuchs 1969 wurde er der englischen

Königin gar als einziger Athlet vorgestellt. Ein Karriereende stand zur Diskussion, aber im Gegensatz zu Squaw Valley acht Jahre zuvor dauerte die Entscheidungsfindung diesmal nicht lange: „Zuhause in St. Anton hab ich noch einmal über alles nachgedacht. Dann schlug ich mit der Faust auf den Tisch und sagte: Denen werd ich's zeigen!" Jahre später, bei einem Hahnenkammrennen Ende der 90er, nahm Serge Lang seinen ehemaligen Widersacher Schranz auf die Seite und fragte ihn: „Karl, jetzt kannst du es ja sagen: Wie war das damals wirklich in Grenoble?" Schranz zuckte nicht mit der Wimper: „Und wenn du mich in 100 Jahren fragst: Es war so, wie ich es damals gesagt habe!"

8
Alle sind wir Amateure

„Ein Skifahrer muss seinen Sport lieben, sonst hat er keine Aussicht auf Erfolg. Geld allein ist zu wenig."

Toni Sailer anlässlich der 70-Jahr-Feier der Skifirma Kneissl

„Dass österreichische Skirennläufer schon zu Zeiten der Amateurbestimmungen Geld mit ihrem Sport verdient haben, wusste jeder. Es war logisch, man bekam ja vom Staat nichts." Also sprach Olga Pall, Olympiasiegerin 1968 im Abfahrtslauf, 42 Jahre nach ihrem Erfolg. Das ersparte der Tirolerin zu ihren aktiven Zeiten jedoch nicht, im Sommer an einer Tankstelle zu arbeiten, „sonst wäre ich nicht über die Runden gekommen". Ins gleiche Horn stieß Annemarie Moser-Pröll, die dominierende Figur des Damen-Skisports in dieser Zeit: „Man hat aufpassen müssen, schließlich waren wir nur pro forma bei der Skifirma angemeldet. Wir haben ja das ganze Jahr trainiert." Der Olympia-Zweite von 1960 im Slalom, Hias Leitner, verdingte sich im Sommer als Wasserskilehrer am Wolfgangsee, andere sorgten an Bars, in Gasthäusern oder in Hotels für ihren Lebensunterhalt neben dem Sport. Wenn sich Sportler etwas schaffen wollten, hatten sie es nicht leicht, denn der olympische Amateurparagraf 26 verbot ihnen die wirtschaftliche Verwertung ihrer im Winter aufgebauten Popularität.

Karl Schranz mit seiner Mutter.

Eine Zeit lang münzten die Heimatgemeinden die Erfolge ihrer berühmtesten Söhne und Töchter in Liegenschaften um, die sie sehr günstig kaufen konnten. Doch Geschenke glichen mitunter trojanischen Pferden, manche hatten ihre Tücken. Von Olympiasiegerin Christl Haas hieß es, sie habe ihren Wohnsitz nach einem Streit von Kitzbühel nach St. Johann verlegt, wo man ihr eine Baufläche geschenkt hätte. Toni Sailer wiederum musste sich keine Sorgen machen, Kitzbühel überließ ihm 1000 Quadratmeter Grund. Da spielten jene 5000 Schilling, die er für jede olympische Goldmedaille in Cortina bekam (Schranz: „Sailer bestätigte mir das!") keine Rolle mehr. Auf der Leinwand verdiente er später ohnehin mehr als auf der Piste. Und Leonhard Stock, Olympiasieger 1980? Dem schenkte die Gemeinde Finkenberg ein Jagdgewehr. Der Olympia-Zweite und -Dritte von 1956, Anderl Molterer, wurde von Kitzbühel immerhin noch mit 800 Quadratmetern bedacht. Nicht so sein Ortsnachbar Ernst Hinterseer – ihm überreichte die Stadt zunächst für Olympia-Platz sechs in Cortina eine Musiktruhe, vier Jahre später wurde er für Slalom-Gold in Squaw Valley (1960) ebenfalls mit 800 Quadratmetern Baugrund und zudem mit 20.000 Schilling Prämie von seinem Ausrüster Kneissl belohnt. „Verdient haben wir nicht viel, aber die Welt haben wir gesehen", meinte Hinterseer, der später ins Lager der Berufssportler wechselte. Nach bescheidenen Jahren als Angestellter der Firma Kneissl (3000 Schilling/Monat) bedeutete das Profileben in den USA eine 180-Grad-Wendung. Hinterseer, der Zeit seines Lebens niemals mit dem Amateurparagraf in Konflikt geriet, erinnert sich gerne: „Die Zeit dort war die Entlohnung für all die Entbehrungen in der Zeit davor. Wir verdienten dank eines guten Dollarkurses 450.000 Schilling in der Saison, ein Skilehrer bei uns zuhause bekam vielleicht 50.000."

Für alpine Amateursportler der 50er-, 60er- und 70-er-Jahre blieben Skifirmen bis heute geradezu ein Segen, wenngleich die Anstellung zur Umgehung einer Sponsorschaft dort in den frühen Jahren aus olympischer Sicht nicht rechtmäßig erschien. Wie Schranz (Kneissl) hatten auch Matt (kaufmännischer Angestellter bei Fischer) oder Annemarie Moser-Pröll (Atomic) Ende der 60er-Jahre zumindest ihre

Grundeinkommen. Vom Österreichischen Skiverband indes hatte man nichts zu erwarten: Während eines Rennwochenendes wurden Reisespesen und Unterkunft sowie die Tagesdiäten und täglich zwei Getränke übernommen. Während in anderen Nationen die Anstellungsverhältnisse der Skisportler vom Staat geregelt wurden, Scheinberufe bei der Armee, der Polizei oder beim Zoll als Feigenblatt dienten, bot sich in Österreich nichts Vergleichbares an. Das Heeressport-Wesen entstand erst später, Alternativen fehlten. Annemarie Moser-Pröll fragte sich einmal laut, als es um Olympische Spiele ging und von Hymne, Nationalflagge und Patriotismus die Rede war: „Und was dann? Man hatte ja nichts davon!" Selbst ihre Ausrüstung mussten die Sportler selbst bezahlen, wenige Ausnahmen galten als privilegiert. Für die rund 1000 Schilling teuren Skischuhe der in der Arlberg-Region ansässigen Firma Strolz mussten Leute aus der Umgebung nichts zahlen, alle anderen schon. Da nahm es Olga Pall dankend an, als es hieß: Die Firma Nordica zahlt dem Olympiasieger 1968 in Grenoble Skischuhe und Pelzschuhe als Prämie, das Versprochene kam später über Mittelsmänner. In Grenoble hatte Schranz dem Vernehmen nach auch einen Skistockproduzenten an der Hand. Der würde 1000 Schilling zahlen, sollte man mit seinem Produkt an den Start gehen. Pall: „Natürlich nahmen wir an, wir bekamen ja sonst nichts." Und sollte tatsächlich einmal einer in den Genuss gekommen sein, von einer Ausrüstungsfirma kostenloses Material gestellt zu bekommen, so verkauften die meisten Sportler dieses unmittelbar nach dem Wettkampf wieder.

Karl Schranz hingegen gehörte zur privilegierten Gruppe derer, die für ihr Material niemals zu zahlen hatten und, im Gegenteil, nicht schlecht an ihren Ausrüsterverträgen verdienten. Rückblickend meint er: „Wenn man heute sieht, was die Sportler verdienen, und das mit uns vergleicht, dann muss ich lachen. Dabei steht ihnen das heute voll und ganz zu." Ihm sei das Geld auch zugestanden, sein Werbewert früher glich jenem eines Hermann Maier vor Ende seiner Karriere. Das hatte auch damit zu tun, dass allein im Jahr 1971 4,5 Millionen Paar Ski weltweit über den Ladentisch gingen, davon kam ein Drittel aus Österreich. Bis 2010 schrumpfte der Wert auf 3,4 Millionen abgesetzter Paar Ski, rund die Hälfte aus Österreich. Ein vermeintlicher Rückgang, doch stellt das Segment mit einer Exportquote von 80 Prozent immer noch einen stabilen heimischen Posten dar.

Spätestens seit Toni Sailers Japan-Auftritt wusste man um den unmittelbaren Zusammenhang von Erfolg und Verkauf bestens Bescheid. Also auch jene Funktionäre aus dem Herren-Club Internationales Olympische Komitee, denen die Wahrung des Amateurparagrafen über die Durchführung der ohnehin ungeliebten Winterspiele ging. Das Gesamteinkommen von Karl Schranz galt als das höchste seiner Zeit, man taxierte es am Höhepunkt seiner Karriere auf 3 Millionen Schilling ohne Nebeneinkünfte wie Autogrammstunden (ca. 5000 Schilling) oder Prominenten-Fußballspiele. Wie man darauf kam? Ein Profiangebot für 1,5 Millionen Schilling im Jahr hätte Schranz ausgeschlagen, auch Trainerjobs in Japan oder den USA lehnte Schranz ab: „Damit verdienst du 260.000 Schilling im Monat, kannst aber nichts gewinnen." Aus seiner Liebe zu schnellen Autos (Porsche, Jaguar) machte Schranz gleichfalls kein Hehl, der Ausbau seiner Pension erforderte zudem finanziellen Unterboden. *DER SPIEGEL* (7/1972) resümierte: „Aber fast alle Rennläufer nutzten wie er die Ski-Industrie als sozialen Fahrstuhl, wenngleich wenige die Schranz-Etage erreichten."

Auf die Frage nach dem Geld meinte Schranz nach dem Ende seiner Laufbahn: „Man kann sagen, dass ich riesige Summen verdiene – aber beweisen kann das keiner." Toni Arnsteiner, Chef der Mittersiller Skifirma Blizzard und damit Konkurrent von Schranz, schätzte dessen Verdienst bei Kneissl um 1972 auf 1,5 Millionen Schilling, von Bindungshersteller Tyrolia (700.000) und Henke-Schuhen (800.000) abgesehen. Als Multiplikatoren dienten damals wie heute die Medien. Siegerinterviews mit gezückten Skiern, Fotoreportagen in Sportillustrierten mit den Brettern im Hintergrund. Bildschirme als Plattform – und paradox: Das Internationale Olympische Komitee labte sich seit den Winterspielen in Squaw Valley indirekt am Werbekuchen: 1960 wurden 50.000 Dollar an Lizenzgebühren für Übertragungsrechte überwiesen, für die Olympischen Sommerspiele 1984

Karl Schranz und seine berühmte Ortsnachbarin Gertrud Gabl – 1969 gewann St. Anton zwei Mal den Gesamtweltcup.

in Los Angeles zahlte die US-Anstalt ABC bereits 250 Millionen Dollar. Davon lebte und lebt das Internationale Olympische Komitee, von der Lizenzsumme erhält es ein Drittel. Die Erkenntnis, Amateurbestimmungen zu streichen, kam allerdings erst Ende der 70er: kein Wettkampf ohne die Finanzkraft der Werbewirtschaft. Und die verlangt nach den besten Sportlern, ob nun Amateur oder Profi. Auch das führte in den 80ern zur Reformregel „gegen die Ausbeutung

menschlicher Höchstleistung", die einzig auf den anachronistischen Amateurparagrafen abzielte. (*DER SPIEGEL* 39/1981)
Skisprung-Olympiasieger Toni Innauer wusste über den Wert der Sportberichterstattung, der TV-Lizenzen und deren Einfluss auf das olympische System Bescheid: „Die Medien waren Beschleuniger der Kommerzialisierung, allein die Fernsehrechte brachten so viel Geld, wie ich nie zu träumen gewagt hätte. Man erkannte den Wert des Produktes Skispringen, weil mittlerweile nicht nur die Leistungen, sondern auch die Wettkampf-Formate mitreißend waren, und das konnte man inszenieren. RTL stieg (Ende der 90er-Jahre, Anm.) mit dem Vorsatz ‚Skispringen ist die Formel 1 des Winters' ein und bewies es mit den internationalen Einschaltquoten jedes Wochenende." Schlechtes Gewissen verspürte Schranz jedenfalls mit seinen Marketingoffensiven und dem daraus resultierenden Geldregen niemals: „Von zwölf Monaten im Jahr muss man elf trainieren." Und Österreichs Teamtrainer Franz Hoppichler ergänzte: „Die materielle Seite ist nicht seine Triebfeder." Zur sozialen Absicherung schuf sich Schranz eine Pension in St. Anton, zunächst mit 28, später mit 35 Betten: „Das sollte mir helfen, wenn einmal was passiert." Die Arbeiten verrichtete Schranz mit seinen Brüdern, seine offiziell nicht aufscheinenden Zusatzverdienste sicherten ihm die Bauphasen ab. Mittlerweile verfügt das Hotel Schranz über 90 Betten, die alte Pension hat ausgedient.

DIE ZEIT sah es nüchtern (5/1969): „Es gibt sicherlich niemanden auf der Welt, der behaupten könnte, prominente alpine Skirennläufer seien Amateure. Höchstens vier bis fünf Monate im Jahr stehen die Stars nicht in Training oder Rennen. Von was anderem sollen sie leben, sich Autos kaufen und Häuser bauen, wenn nicht von den Prämien, die sie von der Skiartikel-Industrie für ihre außergewöhnlichen Leistungen erhalten?" Einmal war von 600.000 Schilling die Rede, die ein Skifabrikant seinem Rennläufer während eines Jahres als Prämie zugesteckt haben soll. Marc Hodler, Präsident des Internationalen Skiverbandes und zugleich Mitglied des IOC, gestand darauf in einem ZDF-Interview: „Ich weiß auch, dass wir Schiffbruch erlitten haben mit unseren Bemühungen, den kommerziellen Einfluss der

Ski-Industrie in Grenzen zu halten oder gar zu unterbinden. Die Skifabrikanten waren entweder zu undiszipliniert, zu geschickt oder zu reich." Und ein Berner Rechtsanwalt wollte angesichts des drohenden Konflikts Internationales Olympisches Komitee versus Skisport seinerzeit „nicht viel Geld darauf wetten, dass es 1972 in Sapporo noch einmal Olympische Winterspiele mit dem alpinen Skilauf gibt". Toni Sailer drückte das damals beim Hahnenkammrennen in Kitzbühel so aus: „Ich würde es bedauern, wenn es keine Olympischen Winterspiele mehr gäbe. [...] Aber es ist falsch, wenn der Sportler, der in seiner Gesinnung sauber sein soll, lügt und sich versteckt hinter Handlungen, die offiziell nicht geduldet werden. Ich fürchte, es wird zu keiner Einigung kommen [...]." Avery Brundage, kämpferischer Präsident des Internationalen Olympischen Komitees, kam jedoch nur bedingt gegen „diese lebenden Litfasssäulen" an. *DER SPIEGEL* (21/72) zitierte einen Dialog mit Frankreichs früherem Sportkommissar, Oberst Crespin. „Da sind die meisten französischen Skiläufer ja Profis", sei Brundage entrüstet gewesen. „Nicht die meisten, Herr Präsident", antwortete Crespin, „alle".

Ausgedient – das hatten nach Meinung von IOC-Präsident Avery Brundage auch die Olympischen Winterspiele, denn dem Winter würde er am liebsten „entfliehen", wie er es formulierte. Sportlich betrachtet jedenfalls (*DIE ZEIT* 5/1969). Sein Argument: „Winterspiele sind keine eigentlichen Olympischen Spiele. Was der Skisport für die Idee von Baron de Coubertin geleistet hat, ist gering." Über die Skifahrer, die „Shamateurs", die Schein-Amateure, wolle er diskutieren, aber nicht mit ihnen. Es sei schließlich nicht Aufgabe des Internationalen Olympischen Komitees, mit Sportlern zu reden. Die Fachverbände müssten das tun und gegebenenfalls Sanktionen aussprechen. Vor den Winterspielen 1968 in Grenoble wurde bis in die Nacht zwischen Internationalem Olympischen Komitee und Internationalem Skiverband gestritten, ob Firmenlogos von den Skiern zu verbannen seien. Dann ruderten die Olympier zurück und drohten einzig, allzu offensiv in Zeitung und Fernsehen auftretende Sportler zu bestrafen. Passiert ist nichts, und wenige Wochen später warb die Industrie bei einer Internationalen Sportartikelmesse in Wiesbaden ganz unverhohlen mit Bildern erfolgreicher Sportler. Man überließ es schließlich den Verbänden, und die überließen wiederum den Skifirmen das Wort. Die Tiroler Abfahrts-Olympiasiegerin Olga Pall hielt ihre Goldene unverdrossen für eine Werbeeinschaltung in die Kamera („Verdient habe ich daran nichts, sondern der Verband“). Und Ski-Magnat Josef Fischer ließ wissen, dass Österreichs Skiverband an einer ähnlichen Reklame umgerechnet zwischen 15.000 und 45.000 Schilling verdient habe. Im Sinne des Nachwuchssports.

Der Begriff des „Amateurs“ stammt aus der ersten Hälfte des 19. Jahrhunderts. Er wurde damals eingeführt, um die Klasse der Arbeiter vom Sport der wohlhabenden Gentlemen auszuschließen. Aus dem sozialen Kastendenken entwickelte sich ein olympisches Reinheitsgebot, das vom Internationalen Olympischen Komitee (IOC) bis zu den Winter- und Sommerspielen 1980 hochgehalten werden sollte. Diese „Amateurismus“-Regelung hatte jedoch in früheren Zeiten einen gänzlich anderen Hintergrund: Sport sollte Freizeitbeschäftigung bleiben, hieß es. Aber tatsächlich ging es den Adeligen viel mehr darum, keine Niederlagen gegen Sportler aus nicht standesgemäßen Gesellschaftsschichten hinnehmen zu müssen – Amateurgesetze als Klassenkampf. Finanziell schlechter Gestellte konnten sich ihre Passion oftmals jedoch nur leisten, wenn sie als Instruktoren ihres Sports Geld verdienten. Allein das verstieß jedoch gegen den Amateurparagraphen. Der entsprach schon in den 70er-Jahren nicht mehr dem Zeitgeist, als Staatsamateure aus dem Ostblock oder College-Sportler aus den USA den Umweg nahmen. Und um ihren Sportlern die gleichen Chancen zu eröffnen, reagierte die Bundesrepublik Deutschland mit Sportförderprogrammen. Toni Innauer kannte die Systemlücken hinlänglich aus eigener Erfahrung: „Skispringen mutierte erst 1989/90 zur Profisportart, was auch am Osten lag. Die Sportler dort lebten in ihren Systemen ohnehin wie Millionäre und ihre Topfunktionäre hatten kein Interesse daran, die internationalen Spielregeln zu ändern. Sie saßen bestens positioniert in den maßgeblichen Gremien und behinderten die Entwicklung, während ich nach meinem Rücktritt einer der Hauptbetreiber der marktwirtschaftlichen Entwicklung war. Als sich die Zeiten nach der

Das Hotel Karl Schranz Ende der 60er-Jahre – noch handelt es sich um einen klein dimensionierten Betrieb,

Wende änderten, saßen viele Ost-Trainer, die vorher nicht erkannt hatten, dass sich ihr Staat einen Riesenluxus geleistet hatte, auf der Straße." Der Osten wähnte sich als jener Teil der Welt, der den Amateurgedanken kultiviert, verinnerlicht hatte. Die Definition umging das Wort Profi: „In der Sowjetunion gibt es keinen Berufssport", ließ General Gromow, einst ein einflussreicher Sportfunktionär, wissen. „Die nach dem Sieg gezahlte Geldprämie ist der wohlverdiente Lohn." Als später Eishockey-Stars und Trainer aus der Tschechoslowakei und der Sowjetunion in westlichen Klubs spielten, wurde das unter Kontrolle einer Behörde goutiert. „Dabei kassierte der Staat jeweils seinen Anteil von den Westeinnahmen, zehn bis 15 Prozent [...]." (*DER SPIEGEL* 39/1981)

DIE ZEIT (5/1969) befand schon Ende der 60er nüchtern: „Im modernen Hochleistungssport, der tägliche Trainingszeiten bis zu sieben Stunden erfordert, kann es den Amateur alten Stils nicht mehr geben." Der 83-jährige Millionär Brundage wollte das nicht so sehen, er ging in seinen Forderungen sogar noch weiter: Sportarten, denen

Großen Respekt voreinander

Schranz über Russi: „Wirklich großer Abfahrer" / Russi über Schranz: „Ungewöhnliche Einstellung zum Rennsport"

Die Abfahrtsfavoriten auf dem Prüfstand: Russi ist schmaler, windschlüpfiger, aber …

Bernhard Russi

Geboren am 20. August 1948 in Andermatt, ledig

Größe 1,82 m – Gewicht 71 kg

Bizeps (angespannt) 35 cm

Armlänge 72 cm

Brustumfang: eingeatmet 96 Zentimeter ausgeatmet 84 cm,

Taille 76 cm

Beinlänge 98 cm

Oberschenkel 46 cm lang
Oberschenkelumfang 55 cm

Unterschenkel 50 cm lang
Unterschenkelumfang (Wade) 36 cm

Schuhgröße 42

… Schranz hat den längeren Unterschenkel-Hebel, stärkere Waden und extrem kleine Füße

Karl Schranz

Geboren am 18. November 1938 in St. Anton/Arlberg, ledig

Größe 1,75 m – Gewicht 71 kg

Bizeps (angespannt) 38 cm

Armlänge 74 cm

Brustumfang: eingeatmet 106 cm ausgeatmet 99 cm,

Taille 79 cm

Beinlänge 95 cm

Oberschenkel 42 cm lang
Oberschenkelumfang 55 cm

Unterschenkel 53 cm lang
Unterschenkelumfang (Wade) 38 cm

Schuhgröße 40½

Karl Schranz, 33, der „einsame Wolf" vom Arlberg, dem in seiner wohl einmaligen Trophäensammlung nur noch die olympische Goldmedaille fehlt, hat – wie die deutsche „Sport-Illustrierte" herausfand – die längeren Beine, der um zehn Jahre jüngere Andermatter Bernhard Russi den stärkeren Bizeps. Beide Skiathleten zeichnet aber eines aus: Sie haben Respekt voreinander. Wird einer von ihnen Abfahrtsgold am Mount Eniwa erringen?

Schranz über Russi: „Er ist der Mann, der im alpinen Rennsport am schnellsten nach vorne kam. Nach seinem vielleicht noch ‚glücklichen' Weltmeisterschaftssieg ist er ein wirklich großer Abfahrer geworden." Schranz, der sich selber als eine Mischung aus „Gleiter und Athlet" bezeichnet, nimmt an, daß Russi in Sapporo Chancen in zwei Bewerben hat (Abfahrt, Riesentorlauf).

Russi über Schranz: „Karl muß allein dafür, daß er sich während rund fünfzehn Jahren in diesem sich rasch entwickelnden Sport an der Spitze zu behaupten vermochte, bewundert werden. Der Arlberger verfügt über eine ungewöhnliche Einstellung zum Rennsport …"

Längst keine Amateure mehr: die Alpin-Topstars Bernhard Russi und Karl Schranz „auf dem Prüfstand".

durch olympische Medaillen der Weg zum Professionalismus geöffnet würde, müssten gestrichen werden. Tatsächlich gibt es heute kaum Sportler, die aus dem Gewinn von Medaillen nicht Profit schlagen würden; Eiskunstläufer, denen Showverträge winken; Boxer, denen Profiangebote unterbreitet würden; oder Leichtathleten und Schwimmer, die Sportartikelfirmen ihre Vertragspartner nennen. Wer damals Millionär werden wollte, musste wie ein gedopter Sportler darum bangen, nicht ertappt zu werden. Oder er machte es wie Jean-Claude Killy, der seine drei olympischen Goldmedaillen bereits im Jahr nach seinem großen Erfolg als Berufssportler in den USA zu Geld machte: mit einem Millionen-Vertrag bei General Motors. Heute würde das Unverständnis nach sich ziehen, denn die Veranstalter Olympischer Spiele müssten ohne die Stars aus der Profiszene um Fernsehgelder bangen. Deshalb fanden die nordamerikanischen Profiligen NHL (Eishockey) und NBA (Basketball) Eingang, auch Tennis- und Fußballstars ergänzen die olympische Familie. Und ab 2016 hält auch Golf Einzug ins olympische Sportprogramm.

Den zunehmenden Wandel des Sports heutzutage erklärt in erster

Linie die Forderung nach Medientauglichkeit. Nur so wird das Werbevehikel dem Anspruch gerecht, dem Sponsor eine attraktive Basis zu bieten und damit auch die Vermarktung von Sportübertragungen zu gewährleisten. Sport muss in diesem Sinn berechenbar sein. Die Regeländerungen der vergangenen Jahre drehten sich in diesem Sinn fast ausschließlich darum, Wettkämpfe transparent zu gestalten und zeitlich überschaubar ins Bild zu rücken. Der Biathlon erlebte mit dem Massenstart eine Renaissance, der Skisprung mit der Windregel, auf Volleyball und Tischtennis traf das mit neuer Zählweise zu. Selbst die Sportmode trug dem Wunsch Rechnung, Bekleidungsvorschriften beim Beachvolleyball ergänzten das Bild. Galt in der Vergangenheit außerdem das sportliche Reinheitsgebot, wonach Musik und Show nur in den Pausen Platz fand, so orientieren sich Veranstaltungen mittlerweile am Rahmen. Da muss selbst der Kick-off zur Super-Bowl, dem Finale der amerikanischen Football-Liga, wiederholt werden, um die entsprechende Werbeeinschaltung zu ermöglichen.

1981 wurde der Amateurparagraf 26 endlich aus den IOC-Statuten gestrichen, weil eben diese Trennlinie zwischen Profi- und Amateursportlern in vielen Disziplinen nicht mehr zu ziehen war. Eine Veränderung, die nicht zuletzt auf den damaligen IOC-Präsidenten Juan Antonio Samaranch zurückging. Der soll auch einer derjenigen gewesen sein, die Schranz in Sapporo für unschuldig befunden und gegen dessen Ausschluss votiert hatten. In seiner Ära (ab 1980) hatte der Spanier die Reform von Beginn an angekündigt, damit „Athleten der westlichen Demokratien gleiche Chancen bei ihrer Vorbereitung und gegenüber den Privilegierten“ der östlichen Volksdemokratien hätten. (*DER SPIEGEL* 39/1981) Nachsatz: „Wir müssen nicht mehr definieren, wer ein echter Amateur ist“, erkannte der neue IOC-Präsident Samaranch, „sondern wer ein echter Profi ist“.

Zeigen Sie unserem Karl Schranz Ihre Sympathie!

Schneiden Sie diese Plakette aus und kleben Sie diesen Sympathiebeweis für K. Schranz an die Heckscheibe Ihres Autos oder ins Büro!
(Beachten Sie bitte auch die Rückseite!)

I like Schranz
NZ

Neue Zeit

28. Jg. Nr. 29 ***** Graz, Dienstag, 1. Februar 1972 P. b. b. / Preis S 2.— Lire 100.— Dinar 2.—

Schranz-Sperre empört ganz Österreich

Funktionäre betteln bei Avery Brundage

9

„Branditsch“ gegen „unsern Koarl“

„Wir haben 60 Jahre ohne Fernsehen gelebt, und wir werden auch noch weitere 60 Jahre ohne Fernsehen auskommen.“

Avery Brundage (Präsident des Internationalen Olympischen Komitees, 1960)

Über Avery Brundage schrieb *DIE ZEIT* (5/1972) einmal, er sei ein „griesgrämiger Multimillionär aus Chicago“. Der fünfte Präsident des Internationalen Olympischen Komitees (1952–1972), ein Baulöwe und Hoteleigner, konnte es sich leisten, die Wahrung des Amateurgedankens zu seiner Lebensaufgabe zu machen. Er rief in seiner Ära nicht nur deshalb mehr Widersprüche hervor als alle Vorgänger und Nachfolger zusammen, keiner wurde geschmäht und verhöhnt wie er. Österreich, wo die Wut auf den alten Mann nach dem Schranz-Ausschluss 1972 überbordete, bildete da nur die Spitze des Eisbergs. Nicht einmal Juan Antonio Samaranch, siebenter Präsident, erregte die Gemüter derart – und dem Spanier schrieb man allerhand Schmutz zu. Nachweisen konnte man ihm jedoch nichts oder wenig, obwohl unter seiner Amtszeit (1980–2001) die Korruption innerhalb des Internationalen Olympischen Komitees einen Höchststand erreicht haben soll. Dazu gesellte sich dessen Zusammenarbeit mit dem Franco-Regime, an der Samaranch nichts für bedenklich gehalten haben will. Oder der Vorwurf der Tätigkeit im sowjetischen Geheimdienst KGB. Den Friedensnobelpreis, auf eigene Initiative für das IOC gefordert, erhielt er hingegen nicht. Dafür das Große Goldene Ehrenzeichen mit dem Stern für Verdienste um die Republik Österreich – so verfährt das Land gerne. Sogar der olympische Gründervater Pierre de Coubertin (IOC-Präsident 1896 bis 1925), auf dessen Ideologie sich Brundage gemeinhin berief, unterschied sich vom Amerikaner durch Progressivität. Den Amateur als solchen habe der Franzose nämlich schon seinerzeit eine Mumie genannt, hieß es, er sei „zu beerdigen". Präziser wohl eine andere Aussage Coubertins: „Chauvinismus und Materialismus sind die gefährlichsten Feinde Olympias."

Askese, Zucht, Eifer. Brundages durchaus calvinistische Lebensweise untermauerte eine Tischrede vom 14. August 1952 im Zuge seiner Ernennung zum Präsident des Internationalen Olympischen Komitees: „Wir leben in einer Welt, die sozial, politisch und ökonomisch krank ist. Sie ist krank aus einem einzigen Grund – es fehlt an Fairplay und gutem Sportsgeist in zwischenmenschlichen Beziehungen. Wir müssen die olympische Bewegung an den Höhen dieser Ideale ausrichten, da sie sicher sterben wird, wenn es erlaubt ist, die Ansprüche zu senken." Seine Frau Elizabeth saß bei diesen Worten stolz neben dem Mann mit dem „Monarchengehabe" (*Sports Illustrated*). Doch gerade an ihr, der offiziellen Begleiterin an seiner Seite, manifestieren sich das Doppelleben und die Doppelmoral des Autokraten. Ihr Mann liebte nämlich sie und daneben viele andere Vertreterinnen des weiblichen Geschlechts. Ein IOC-Mitglied beschrieb ihn nach seinem Tod: „Avery war im Grunde ein ängstlicher und sensibler Mensch, der Luxus, Kunst, gutes Essen und die Anwesenheit hübscher Frauen liebte." Im Alter von 81 soll Brundage einer Personalie der *Sports Illustrated* zufolge einen internationalen Harem in Bulgarien, Österreich, Finnland, den USA, Mexiko, der Schweiz und Deutschland angesammelt haben. Seine Frau erfuhr davon zunächst nichts, erst eine anonyme Kleinanzeige im *San Francisco Examiner* (1954) entlarvte ihren Gatten. Darin wurde bekanntgeben, dass ein namhafter Sportfunktionär des Dorfs seiner Freundin, einem Kindermädchen, eine Wohnung besorgt hätte.

Als Elizabeth in der Folge von der Existenz zweier außerehelicher Söhne in Kenntnis gesetzt wurde, brach die kleine Brundage-Welt in sich zusammen. Die Welt eines edlen Kunstliebhabers, der über eine der außergewöhnlichsten Sammlungen orientalischer und asiatischer Herkunft verfügte. Der sich selbst entgegen seinem Besitzstand wenig gönnte. Eine Lebensweise, die vielleicht auf seine schwere Kindheit zurückging. Geboren in der Industriemetropole Detroit, vom zumeist alkoholisierten Vater im Alter von sechs Jahren verlassen. Ein schweres Erbe, meist ein Leben zwischen Verwandten und der hart arbeitenden Mutter. Zwei Olympia-Teilnahmen im Mehrkampf (darunter Platz 5 im Fünfkampf, Stockholm 1912), dazu das Leben eines Außenseiters an der Universität und die Hochzeit im Alter von 40. Daneben die Laufbahn als Sportfunktionär, die mit dem Ausschluss von Karl Schranz 1972 in Sapporo ihren letzten Höhepunkt erreichen sollte. Laut Politikwissenschafter Peter Filzmaier das geringste aller Vergehen: „Wenn wir also Herrn Brundage zum Feindbild machen, gibt es dafür ungleich gewichtigere Gründe als den Fall Schranz." Für Aufregung sorgte der Amerikaner nämlich bereits vor Hitlers Spielen 1936, als die American Athletic Union als größter Amateursportverband einen Boykott aufgrund der antisemitischen Politik Deutschlands in Erwägung zog. Brundage, scheidender AAU-Vorsitzender und Präsident des United States Olympic Committee (USOC), blieb der stärkste Befürworter einer Teilnahme der USA: Für ihn hatte Deutschland unter der nationalsozialistischen Herrschaft „viele Fortschritte gemacht" und kein Land würde „mit der Veranstaltung der Olympischen Spiele aufrichtigere Nationalinteressen" verfolgen. Die USA könnten „vor allem im Kampf gegen den Kommunismus viel von Deutschland lernen". Brundage vermutete hinter dem Ansinnen eine „jüdisch-kommunistische Verschwörung": Höchstpersönlich machte er sich 1934 schließlich nach Europa auf, um die Diskriminierung jüdischer Sportler in Deutschland zu untersuchen. Ausschließlich in Anwesenheit von hohen NSDAP-Angehörigen traf er dabei mit jüdischen „Sportfunktionären" zusammen. Dabei soll er gegenüber seinen Gesprächspartnern argumentiert haben, dass ihnen [den Juden] kein Unrecht geschehe: Schließlich sei der Sport untereinander gestattet, sein eigener Verein in Chicago nehme auch keine Juden auf. Die Vereinigten Staaten nahmen daraufhin die Einladung des Organisationskomitees zu den Olympischen Spielen 1936 in Berlin an. Die Abstimmung fiel mit 58 zu 55

Stimmen für die Teilnahme aus, zwei jüdische Sprinter des US-Teams wurden auf Brundages Betreiben durch Nichtjuden ersetzt. Los wurde Brundage den Ruf des Nazisympathisanten und extremen Rassisten nie, bei den Sommerspielen 1968 in Mexiko forderten schwarze Sportler vor allem deshalb den Rücktritt Brundages als Präsident des IOC.

Zeit seines Lebens blieb Brundage körperlich und geistig ungewöhnlich leistungsfähig. Im Alter von 85 Jahren, inzwischen verwitwet, trat er noch einmal vor den Traualtar. Diesmal heiratete er Prinzessin Mariann Charlott-Stefanie Reuß, eine Frau aus dem deutschen Hochadel. Doch so idyllisch die Trauung auch gewesen sein mochte, mit dem Einzug in ein luxuriöses Appartement in Garmisch-Partenkirchen legte sich ein Schatten über das Leben des Mannes. Brundage-Finanzberater Frederick J. Ruegsegger meinte, die Prinzessin hätte Brundage „ausgenommen, förmlich gemolken". Der Millionär sei ausgeraubt worden und nun nahezu ohne finanziellen Rückhalt. Brundage bekam davon nicht mehr allzu viel mit, eine Augenerkrankung behinderte ihn maßgeblich. Als er Ende April 1975 aufgrund von Atemwegsbeschwerden und einer Grippe ins Krankenhaus Garmisch eingeliefert wurde, neigte sich seine Lebensenergie dem Ende zu. Er starb am 8. Mai an Herzversagen, sein Erbe sollte noch einige Jahre durch die olympische Geschichte geistern. Und nicht jeder wollte dem Professionalismus entgegen dem Vermächtnis des streitbaren Brundage den Weg ebnen, noch immer wehte der hehre Amateurgedanke durch die IOC-Hallen. Vielleicht konnte man deshalb auch die Zeit nach Brundage als „Hommage à Brundage" bezeichnen, wie *DIE ZEIT* (33/73) einmal titelte. Eine Bronzebüste des Gralshüters ist mittlerweile im Vorraum eines Museums in San Francisco zu sehen. Dort gilt Avery Brundage als „edler Spender und Menschenfreund". War er das wirklich? Doch Avery Brundage stand für mehr als nur den beispiellosen Kampf gegen den Professionalismus. Brundage hatte das in sich geschlossene System des Internationalen Olympischen Komitees verinnerlicht, dessen Ausläufer selbst heute noch zu bemerken sind. Die Rolle des weisungsfreien Vereins, der alle positiv besetzten sportlichen Ideale auf sich vereinte und der Politik tun-

MMM hatte vorher gratuliert

Riesenwirbel um Telegramm von Mautner

Wien (Eigenbericht). **Riesenwirbel um ein Glückwunschtelegramm, das der Seniorchef des großen Braukonzerns, Manfred Mautner Markhof, lange Zeit IOC-Mitglied, an IOC-Präsident Brundage gerichtet hat und mit dem Brundage nun in Japan hausieren geht. Das Telegramm hat den Wortlaut: *„Größten Respekt und Sympathie für die letzte Säule der olympische Idee – Mautner Markhof.“* Aber dieses Telegramm ging an Brundage vor der Disqualifikation von Schranz.**

Die Folgen des Telegramms sind böse. In einer Art Sippenhaftung wurden am Dienstag drei Enkelkinder des Firmenchefs in ihrer Schule von gleichaltrigen Schranz-Fans verprügelt – obwohl die jungen Mautner Markhofs durchaus für Karl Schranz und gegen Brundage sind.

Zahlreiche Gastwirte, auch größere Betriebe, haben ihre Bierbestellungen aus Sympathie für Schranz in der Schwechater Brauerei storniert.

Die Familie des Mautner-Markhof-Sohnes – verwechselt mit dem Vater – spürte die Folgen des Telegramms vor allem am Telephon: durch zahlreiche unflätige Beschimpfungen.

Dabei ist MM senior zwar der Meinung, daß Schranz ausgeschlossen gehört, aber auch er meint, daß es falsch war, Schranz allein zu verurteilen. Und ebenso hält er die Brundage-Reklame mit seinem Telegramm für unfair.

MMM: Glückwunsch an Brundage

Jetzt packte Brundage aus

‚Hätten alle feuern können‘

tz Sapporo

Der Sapporo-Zauber ist vorbei — und jetzt rückte der streitbare IOC-Opa Brundage mit der Sprache heraus: „Wir hätten sie alle hinauswerfen können, nicht nur Karl Schranz und Annie Famose. Aber wir konnten den Japanern nicht die Winterspiele zerstören, für die sie ungefähr zwei Milliarden Mark ausgegeben haben. Ich frage mich, ob solche Spiele überhaupt noch einen Sinn haben, die Steuerzahler in den einzelnen Ländern werden sich bedanken!“

Brundage über Schranz: Über ihn gibt's beim IOC einen dicken Ordner, er hat einen neuen Weltrekord in der Kapitalisierung seines Sports aufgestellt. Wir werden uns auch noch Österreichs NOK vorknöpfen, das die Unterschrift für Schranz geleistet hat!“

Avery Brundage, Manfred Mautner Markhof: „Recht hat er“

Hätte Brundage die Einkommenshöhe der Pistenstars zum Kriterium seiner Amateurvorstellungen genommen, hätte er seinerzeit auch den Franzosen Jean-Claude Killy sperren müssen, der im Zenit seines Ruhms ungleich mehr verdiente als sein österreichischer Rivale.

Auch Killys Pistenkameraden und jetzige Sapporo-Fixstarter Henri Duvillard und Jean-Noel Augert zum Beispiel, die pro forma französische Zollbeamte sind, ohne je eine Uniform getragen zu haben und neben ihrem Gehalt auch noch aus dem französischen Skipool üppige Apanagen („Soziale Zuwendungen“) beziehen, hätten nach diesem Prinzip der Rache des Uralten zum Opfer fallen müssen.

Die Rache des „greisen Millionärs“ brachte indes nicht nur die österreichische Volksseele zum Kochen und löste eine Woge der Sympathie für den Bergbauernsohn Schranz aus, sie fand auch ein ungeheures Echo in den Massenmedien der Welt und zog sogar Kreise in der Politik.

Österreichs große Parteien griffen den Fall Schranz auf. Die Sozialisten funktionierten ihre morgendliche Rundfunkbelangsendung vom Dienstag in einen Karl-Schranz-Report um, Bundeskanzler Bruno Kreisky bezeichnete den Ausschluß des Tirolers als „beispiellosen Akt von Heuchelei“ und warf Brund[illegible] starrsinn“ [illegible]

habe, daß er heute die „[illegible] teure“ des Ostblocks [illegible] daß er in Schranz „[illegible] bestrafe“ — auch die [illegible] dem kapitalistischen [illegible] sympathisierenden [illegible] gegen Brundage Stellung. Der [illegible] tische Mannschaftsführer [illegible] Taluanow bezeichnete in [illegible] den Ausschluß von Schranz [illegible] bar vor den Spielen als „[illegible] lich“. „Es ist unfair“, [illegible] now, „einen einzigen [illegible] schließen, wenn es so viele [illegible] dige gibt.“

In Österreich reichte das [illegible] der Stellungnahmen von [illegible] intendant Bacher, der [illegible] *Schritte hinsichtlich der [illegible]* die TV-Übertragungen aus [illegible] *ankündigte, „weil nicht* [illegible] wird, wofür wir schon [illegible] haben“, über Otto Habsburg („Ich bin erschüttert über die [illegible] tracht, mit der man Schranz behandelt“) bis zu Brundages [illegible], dem langjährigen IOC-Mitglied [illegible] fred Mautner Markhof, der, [illegible] „Kronen-Zeitung“, erklärte: „[illegible] *und seine Freunde sind selbst* [illegible] an dem Ausschluß. Jeder [illegible] *weiß, daß er gegen die Regeln* [illegible] stoßen hat.“

Warum ausgerechnet der Österreicher zum Sündenbock von Sapporo gestempelt wurde, ist noch [illegible] unklar. Eingeweihte vermuten, [illegible] Kaffeeinserat des Arlbergers, [illegible] allem aber dessen „unkontrollierte“ Äußerungen, hätten den Olympia-papst zu seinem Schritt [illegible].

Tatsächlich hatte Schranz noch am 14. Jänner erklärt: „Wenn ich gehen muß, wenn ich der Sündenbock sein soll, dann werde ich nicht schweigen. Dann bricht ein Skandal aus, der größer ist als der Skandal im deutschen Bundesligafußball.“

Karl Schranz, der bis Dienstag mittag als Betroffener von seinem Ausschluß offiziell noch nicht verständigt worden war, verwirklichte seine Drohung nicht. Er stellte Teamgeist und Disziplin wie in den 17 Jahren seiner Rennläuferkarriere über persönliche Gefühle [illegible] schwieg. [illegible]

Eine Welle von ÖAMTC Austritten

„Nicht unter Mautner Markhof“

„Unter diesem Präsidenten will ich nicht länger Mitglied des ÖAMTC bleiben.“ Das ist eine der vielen Stimmen, die eine Austrittswelle beim ÖAMTC auslösten, deren Präsident Manfred Mautner Markhof ist. Mit seinem Glückwunschtelegramm an den zur Zeit bestgehaßten Mann der Welt, Avery Brundage, hat Präsident Mautner Markhof die von ihm im ÖAMTC vertretenen Autofahrer vor den Kopf gestoßen. In [illegible] benen Kündigungsbriefen [illegible] haben sich die verärgerten [illegible] Teil bereits Luft gemacht. [illegible] hat mit seinem Telegramm [illegible] nicht nur dem österreichischen [illegible] K.-o.-Schlag versetzt, [illegible] Autofahrerklub, dem er [illegible] sident vorsteht.

Nach dem Olympia-Ausschluss von 1972 rauschte es im Blätterwald.

lichst aus dem Weg ging oder mit ihr gemeinsame Sache machte. Etwas, das sich bis heute nachvollziehen lässt, wie die Sommerspiele 2008 in Peking auf beschämende Weise dokumentierten. Der Kniefall vor dem Regime Chinas passte so überhaupt nicht in das Bild von der politikfreien Institution, die ökonomischen Interessen ließen Kritiker innerhalb des IOC schnell verstummen.

Schon Brundage beharrte darauf, dass das IOC vornehmlich „ein Herrenklub“ sei. Bei den Sommerspielen 1972 in München, nach dem

Attentat der palästinensischen Terroristen, als ein Abbruch der Spiele unvermeidlich schien, stemmte sich vor allem Brundage dagegen. Bei der Trauerfeier im Olympiastadion ließ er keinen Zweifel aufkommen: „Die Spiele müssen weitergehen!“ The games must go on, the show must go on. Am besten ohne Profis, auch wenn es diese längst durch die Bodenplatten des Systems geschafft hatten: Im Osten entstand der Stand des Staatsamateurs, in Europa der des Fabriksamateurs, in den USA wurde der Collegeamateur erfunden. Das letzte Aufbäumen Brundages ergab sich nach den Olympischen Winterspielen 1968 in Grenoble, als Staatspräsident Charles de Gaulle seine schützende Hand über Skistar Jean-Claude Killy gehalten hatte. Die Olympische Bewegung war in ihrem Ansinnen, den Firmensöldnern den Kampf anzusagen, gescheitert. In Sapporo, wo sich die Regentschaft des in die Jahre gekommen Brundage dem Ende zuneigen sollte, ertönte also der Gong zur letzten Runde im Ringkampf zwischen Amateurgeist und Professionalismusbestrebungen: hier Brundage, der Sturkopf aus Chicago; dort Schranz, sein Pendant vom Arlberg. „Wenn es etwas gibt, wogegen ich aufbegehre, dann ist das Ungerechtigkeit und Scheinheiligkeit“, beharrte der Oberländer auf seiner Geisteshaltung. Das galt für Schranz damals wie es heute gilt, wenn Mechanismen des Geschäfts Einzelpersonen in Misskredit bringen. Tiger Woods, den nach einem nicht enden wollenden Sex-Skandal geschiedenen und geächteten Golf-Profi, nimmt der Tiroler gerne in Schutz: „Verdient hat der sich diese scheinheilige Hatz nicht.“

Karl Schranz, am Abend seiner Karriere so etwas wie der Popstar der Wintersportszene, trieb es zu Beginn der 70er-Jahre in jeder Hinsicht an die Spitze. Sportlich im Rahmen der Ski-Weltmeisterschaft 1970 im Grödnertal. Beim Slalom stieg er noch entnervt aus, nachdem ihn ein Zuschauer vom Pistenrand her als „österreichisches Schwein“ beschimpft und ausgepfiffen hatte. Kein österreichischer Fahrer war dabei in Reichweite der Medaillen. „Waterloo für Österreich“, „Das größte Ski- Debakel aller Zeiten“, hieß es. Und der *Kurier* meinte damals: „Wir sind nicht ganz frei von Schuld.“ Es folgte schranztypisch die Auferstehung beim Riesentorlauf am Hang Ciampinoi: Gustav „Nazionale“ Thöni war in Lauf eins gestürzt, Schranz schulterte die

Erwartungen der hoffnungsvollen österreichischen Öffentlichkeit und gewann das Rennen. Im *Kurier* hieß es damals: „Schranz müsste die Mediziner interessieren, denn er demonstriert das Phänomen des Willens und was der Mensch erreichen kann, wenn er sich nur hart genug einsetzt. Die Karrieren der anderen großen Läufer, einschließlich Toni Sailer und Jean-Claude Killy, waren Kometenflüge. Karl Schranz aber ist der einzige Fixstern am Skihimmel." Porzellan war im Vorfeld ohnehin genug zerschlagen worden, nachdem eine Kärntner Zeitung namentlich genannten Trainern und Rennläuferinnen ein Lotterleben zwischen Sex und Ski angedichtet hatte. Ein Betreuer aus dem österreichischen Skilager hätte der *ZEIT* zufolge gemutmaßt: „Es scheint, als wäre so mancher Sportjournalist bei uns von Skifirmen unter Vertrag genommen, um gegen Läufer aus anderen Rennställen einen psychologischen Kleinkrieg zu entfesseln." Ein Krieg der Worte, der bald auf einer weit größeren Bühne die Fortsetzung finden sollte. Als *Sports Illustrated* das Einkommen Schranz' mit 60.000 Dollar taxierte, sei wohl auch „ein gewisser Avery Brundage hellhörig" geworden, meinte der Tiroler in seiner Autobiografie. Was zunächst hinter den Kulissen gärte, sollte im Olympia-Winter 1971/1972 offen zum Vorschein treten und in den Winterspielen von Sapporo gipfeln.

Dabei schwoll jene Lawine, die den besten Skifahrer seiner Zeit wenig später einholen sollte, zunächst nur langsam an. Im Sommer 1971 beteiligten sich die österreichischen Skifahrer wie jedes Jahr an einer Fußball-Tournee durch kleine Gemeinden im Osten des Landes. Der Star am Platz wie auf der Piste: Karl Schranz, Aktivposten in der österreichischen Militär-Fußball-Auswahl und in einer Weltauswahl schon einmal Mitspieler des begnadeten Portugiesen Eusebio. Schranz-Freund Leo Edelbauer, Chef der Firma Aroma-Caffee und als solcher Dressenspender besagter Prominenten-Spiele, wusste um die Zugkraft des Tiroler Weltcupsiegers und Weltmeisters, wenn der gegen kleine Mannschaften auf den Platz ging: „Wenn Schranz mitspielt, marschiert vor ihm die Musikkapelle und Bürgermeister und Gemeinderäte kommen zum Händeschütteln." Bezeichnend – Schranz wollte jedes dieser Jux-Spiele gewinnen. Edelbauer: „Schranz wird sogar zornig, wenn er beim Tischtennis verliert." Binnen zehn Tagen bestritt seine Ski-Auswahl während des Sommers 1971 acht Spiele, unter anderem gegen Regionalligisten (damals 2. Liga) wie St. Johann/Pongau, ihre Kondition ließ die Alpinsportler den Fußballern gegenüber durchaus ebenbürtig erscheinen. Schranz: „Kondition und Kraft hatten wir schließlich bis zum Umfallen." 1000 oder 2000 Schilling sollen die Skifahrer erhalten haben, im Gegenzug lebten die Klubs von den Zuschauereinnahmen jenseits der 1000 Besucher: „Wir haben damit viele Klubs saniert", lacht Schranz rückblickend. Krönung: ein Aufeinandertreffen mit den Schweizer Branchenkollegen vor 18.000 Zuschauern im Berner Wankdorfstadion. Eine Schweizer Zeitung befand damals, der Schranz könne problemlos in der zweiten Liga spielen.

Die Gastspiele – Segen und Fluch gleichermaßen, denn auf dem Rasen eines Landvereins sollte sein späterer Olympia-Ausschluss konkrete Züge annehmen. Fotos, wie Schranz das Firmenlogo von Aroma-Caffee auf der Brust präsentierte, erreichten Avery Brundage allerdings erst wenige Tage vor den Winterspielen in Sapporo. Die Auftritte bescherten Schranz und seinen Kollegen ein ansehnliches Taschengeld, die kleine Kaffee-Firma erwartete sich hingegen keine Umsatzrekorde. Die Popularität schien in den Monaten vor den Winterspielen in Sapporo ihren Höhepunkt zu erreichen. Der damalige ORF-Intendant Gerd Bacher erkannte das bei einem Schranz-Interview von Teddy Podgorski: „Diese Werte erreicht kein Politiker!" Einer Raiffeisen-Umfrage zufolge lag sein Bekanntheitsgrad in Österreich bei 96 Prozent. Mit dem Schranz-Sieg zum Auftakt der Ski-Saison in Val d'Isère ging die Hexenjagd auf die sogenannten Schein-Amateure aus dem Alpin-Lager in ihre Endphase, unmittelbar vor den Skirennen in Kitzbühel und wenige Tage vor Beginn der Winterspiele im Februar 1972 konfrontierte man Schranz schließlich damit: „Du bist auf der Schwarzen Liste des Internationalen Olympischen Komitees", hieß es. Er antwortete gelassen: „Da sind aber mehr oben: Italiener, Franzosen, Schweizer." Hintergrund: Avery Brundage verlangte in einem Brief an den Ski-Weltverband (FIS), die besten Abfahrts- und Slalomläufer von den Winterspielen in Japan zu verbannen, 53 alpine Ski-Stars führte der amerikanische Olympia-Chef sogar namentlich auf. Als Kalkül dahinter vermutete man den geplanten Todesstoß für die Winterspiele, die der Amerikaner nur als lästiges Anhängsel des Olympischen Kalenders empfand. Ohne Skisport wären auch Winterspiele von der Agenda, Brundage betonte seine Beweggründe immer wieder: „Coubertin war gegen Winterspiele, weil Wintersport nicht überall möglich ist. Außerdem wollte er keine Teilung der Olympiade." Und über all dem schwebte der Ärger, dass die Wintersport-Branche alleine im Olympia-Winter 1968 durch die Sportler als Werbebotschafter 40 Milliarden Mark umgesetzt hätte. Brundage übte sich zeitweise sogar in Dramatik: „Unser Büro wurde mit Briefen und Telephonanrufen überflutet. Selbst der abgehärtetste und zynischste Journalist war [nach Grenoble 1968] vom abscheulichen, unverdeckten Kommerzialismus schockiert." (vgl. *DER SPIEGEL* 50/1970)

Im *SPIEGEL* (48/1972) mutmaßte der deutsche Skisportwart Heinz Krecek beim Thema Brundage: „Zuerst macht er alle nervös, dann schlägt er zu. Brundage lässt vor Sapporo noch eine Bombe hochgehen." Er sollte Recht behalten. Beim Rennen in St. Moritz soll der in Alarmbereitschaft versetzte FIS-Präsident Marc Hodler, die Flucht nach vorne angetreten haben. Pflaster auf Firmenlogos – das bewog die Industrievertreter zum Boykottaufruf und der Schweizer musste nachgeben. Schließlich regulierte man die Werbefläche (8 x 3 cm), doch Brundage beharrte auf seiner Drohung: „Falls der Missbrauch nicht ausgemerzt wird, muss der Skisport aus dem olympischen Programm verschwinden." *DIE ZEIT* ätzte anlässlich der Zahnlosigkeit gegenüber den Pseudo-Amateuren: „Die Zeit [der Skisportler, Anm.] daheim hat kaum ausgereicht, um die Wäsche waschen zu lassen, die nötigsten Weihnachtseinkäufe zu machen und im Kreis der Familie Weihnachten zu feiern und – allenfalls, noch die Jahreswende daheim zu verbringen." Nachsatz: „Es soll nur ganz nüchtern festgestellt werden, dass in den letzten Jahrzehnten eine Entwicklung im Sport stattgefunden hat, vor der man nicht die Augen verschließen darf, wenn man sich nicht der Lächerlichkeit preisgeben will." *DIE ZEIT* (17/1971) mutmaßte, dass einzig „eine starke Wintersportlobby" Brundage im Zaum hielte und den Fortbestand der Winterspiele sicherte. Wie lange noch?

KLEINE ZEITUNG

Graz, Dienstag, 1. Feb. 1972, Jg. 69, Nr. 24, P.b.b., S 2.—
Österreichs größte Bundesländerzeitung Unabhängig

WELLE DER EMPÖRUNG

Abreise aus Sapporo, so muß die Antwort auf das Schandurteil des IOC sein

Sapporo. — Es ist einfach erschütternd! Nach dem Schandurteil der IOC-Bosse, die Österreichs Schi-Idol Karl Schranz von den Olympischen Spielen ausschlossen, hat sich das ÖOC noch immer nicht zu der einzig möglichen Entscheidung durchringen können: Sofortiger Abzug der gesamten rot-weiß-roten Mannschaft. Vor der gesamten Weltpresse legten gestern die österreichischen Funktionäre jene Haltung an den Tag, die mit schuld an der Tragödie des Karl Schranz ist: Unentschlossenheit und Laxheit. Und nicht genug damit. Auch im Lager der Aktiven herrscht Uneinigkeit. Vor allem die Nicht-Alpinen wollen unbedingt an den Spielen teilnehmen. (Seiten 36—44)

Ausgeschlossen

Karl Schranz hat soeben den „Richterspruch" des IOC erfahren. Der Schifabrikant Kneissl (links) versucht ihn zu trösten.

nuten nach dem offiziellen Sitzungsbeginn werden die Pressefotografen ersucht, den Sitzungssaal zu verlassen.

10.47 Uhr: Trotz der verschlossenen und streng bewachten Türen zum Sitzungssaal verbreitet sich die Hiobsbotschaft in Minutenschnelle durch das riesige Hotel-Foyer: Karl Schranz ist von den Spielen ausgeschlossen!

11.05 Uhr: Die IOC-Geschäftsführerin, die auch die Agenden der Pressebetreuung wahrnimmt, die Schweizerin Monique Berlioux, tritt aus dem Saal und verliest die IOC-Entscheidung. Schranz wurde in geheimer Abstimmung mit 28 Ja- gegen 14 Nein-Stimmen von der Teil-

-ntscheidung und gibt sich optimistisch. Er habe zwar schlecht geschlafen, sagt Kneissl, aber nicht aus Sorge um Schranz, sondern wegen der Zeitumstellung. Er sähe der Entwicklung durchaus optimistisch entgegen. Der Ausschluß eines einzigen Schirennläufers durch das IOC würde einen Skandal mit internationalen Konsequenzen heraufbeschwören. Welcher Art diese Konsequenzen seien, darüber schweigt Kommerzialrat Kneissl.

11.48 Uhr: Auf den Bildschirmen der japanischen Farbfernseher erscheint minutenlang das Porträt von Karl Schranz. Ein Sprecher verkündet seinen Ausschluß, eine Schriftzeile in Japanisch bestätigt sie.

11.49 Uhr: Karl Schranz passiert

Nordirland: Neue Zuspitzung Devlin ohrfeigt Maudling

London. — Nach dem Blutbad vom Sonntag wird die Hilflosigkeit der Londoner Regierung, den nordirischen Konflikt einzudämmen, immer augenscheinlicher. Die Initiative wurde von der Republik Irland übernommen: sie schickt heute ihren Außenminister zu UNO-General Waldheim. In London ohrfeigte Bernadette Devlin den britischen Innenminister Reginald Maudling. **(Bericht Seite 5)**

10 Der Ausschluss

„Da Branditsch woas, aus USA/da zuanig-wüde Großpapa."

Textzeile aus einem Schmählied über IOC-Präsident Avery Brundage

Es heißt, der Blick von Karl Schranz sei an diesem Montagvormittag des 31. Jänner 1972 leer gewesen. Und die olympische Trainingsfahrt zuvor in Sapporo hätte sich der Tiroler angesichts der ihm überbrachten Nachricht auch sparen können: Ausschluss, Disqualifikation. Die Winterspiele, seine vierten und letzten, sollten ohne den 33-Jährigen stattfinden. Die Felle waren ihm in Sapporo, was übersetzt so viel wie „großer Fluss" heißt, davongeschwommen. Etwas, das lange schwelte, beschwor eine Götterdämmerung herauf: Aufgrund „der Tätigkeit und des Einflusses, den Karl Schranz auf den alpinen Skisport nahm", sowie die „Art und Weise, mit der er seinen Namen und seine Photographie zu Reklamezwecken verwendete", beschloss die Generalversammlung des Internationalen Olympischen Komitees (IOC) seinen Ausschluss. 28 votierten dafür, 14 dagegen. Kaffee-Werbung im Zuge eines Prominenten-Fußballspiels eignete sich als Dolch, den der IOC-Präsident angesetzt hatte. Schranz, weil Österreicher und damit diplomatisch weniger problematisch als vier Jahre zuvor Frankreich, bot sich als scheinbar gefahrloser Kompromiss an. In Grenoble (1968) ging das Internationale Olympische Komitee vor Staatspräsident Charles de Gaulle bekanntlich noch in die Knie.

Das „Schandurteil" von Sapporo: In den Medien fordert man die Abreise der Österreicher

Schranz war sich Jahre später dessen bewusst: „Da ging es nicht um mich alleine. Einen Franzosen, Deutschen oder Amerikaner hätten sie in Sapporo nicht ausgeschlossen. Aber mit dem kleinen Österreich ging das. Es war eine Beleidigung der Österreicher." Mit Edgar Fried, damals Generalsekretär im Österreichischen Olympischen Komitee, saß ein Wiener in der entscheidenden Sitzung. Kein Schranz-Freund, eher sein Gegner.

„Es geht mir gar nicht gut", sagte Schranz am Tag danach zu den Pressevertretern. Er werde jetzt wohl nach Hause fahren. Rotgeränderte Augen zeugten von einer schlaflosen Nacht, in der er genug Zeit fand, ein Buch zu lesen: „Das Buch vom Tee" – ein Buch über philosophische und kulturelle Hintergründe Japans und damit auch die Teezeremonie. Während Schranz um Ruhe bemüht war, gingen anderswo die Wogen hoch. Die Weltnachrichten setzten ihn an die Spitze, einzig ein im Dschungel verschollener japanischer Soldat, der noch nichts vom Ende des Zweiten Weltkriegs gewusst haben wollte, fand ein ähnliches Echo. Und die Mittagsausgabe des Wiener *Kurier* vom 31. 1. 1972 kam oft nicht einmal in die Trafiken, sie wurde den Angestellten förmlich aus den Händen gerissen; die Schlagzeile lautete: „Schranz mit 28 zu 14 Stimmen ausgeschlossen – Österreich kämpft weiter". (vgl. Tantner, 5)

Der Korrespondent der Austria Presse Agentur schilderte seinen Eindruck über den „Schranz danach": „Der Blick wandert kurz nach oben, aber dort hängt ein Spiegel. Der ‚Löwe von St. Anton' starrt sich für zehn, zwölf Sekunden selbst an. Seine Hände beginnen zu zittern, dann finden sie aneinander Halt. Dieser Mann wird weiterkämpfen. Ein Ruck geht durch Karl Schranz, wenn er von der Zukunft spricht: ‚Ich gehe auf den Weltcup, den will ich noch machen.' Drei Rennen in Nordamerika verbleiben Ende Februar und Anfang März zu absolvieren. Auch für sein Recht als Sportler will er kämpfen, die dubiosen Vorwürfe seines Intimfeindes Avery Brundage aufklären. Jedermann hätte Verständnis dafür, wenn Karl Schranz bei diesem Thema in wütende Tiraden explodieren würde." Schranz' Ziehvater und Chef Franz Kneissl nahm die Hiobsbotschaft mit Empörung auf: „Diese Entscheidung dürfte meiner Ansicht nach auch Avery Brundage nicht voll befriedigen. Mit dieser Disqualifikation ist er noch weit von der Realisierung seiner Absichten entfernt." Seiner Marke nützte der Aufruhr in jedem Fall, Kneissl-Bilder mit dem ausgeschlossenen Star zierten nahezu jede Zeitung rund um den Erdball. Auch der Tiroler Landeshauptmann Eduard Wallnöfer meldete sich zu Wort: Die Entscheidung des IOC sei sehr zu bedauern.

Die Fieberkurve stieg minütlich, zwischenzeitlich waren über Eilmeldungen Querschüsse von Brundage zu lesen, der seine Initiative zu rechtfertigen suchte: „Schranz' Tätigkeiten haben der olympischen Idee großen Schaden zugefügt. Er ist schlimmer als alle anderen zusammen, das unterscheidet ihn von einem Durchschnittsläufer", wütete der 84-jährige IOC-Chef. Zu den verpönten Werbebotschaften seien wiederholt Interviews und Erklärungen von Schranz gekommen, die Respektlosigkeit gegenüber der olympischen Bewegung erkennen ließen. Äußerungen, die jungen Leuten eine „irrige Meinung" vermitteln würden. Und dann mischte sich Zynismus in die Stellungnahme des IOC-Präsidenten: „Was wollen Sie denn? Durch die Disqualifikation machen wir Sie zu einem reichen Mann." Hier teilt sich das Volk von Schranz-Befürwortern, -Gegnern und -Skeptikern. Schranz ganz Schranz hätte sich in Interviews weit aus dem Fenster gelehnt, manche Herren aus dem IOC-Gremium als „senil" bezeichnet und seinen Privatkrieg mit IOC-Präsident Avery Brundage auf japanische Zeitungen ausgeweitet. Auch Vergleiche habe Schranz nicht gescheut: „Das Internationale Olympische Komitee muss sich genauso Sachen überlegen wie die Kirche. Die beschreitet augenblicklich einen Prozess der Selbsterneuerung." Ernst Scartezzini, damals im Auftrag der Handelskammer ein Delegierter im Österreich-Haus und später Präsident des Tiroler Skiverbands, wusste: „Der Schranz, das war damals ein sturer Bock. Der wollte den Amateurstatus kippen. Nicht nur für sich, sondern für alle."

Dabei schien seine Olympia-Teilnahme noch wenige Tage vor der Eröffnung der Winterspiele nicht gefährdet, die Zulassungskommission hatte ihre Arbeit nämlich bereits abgeschlossen. Aber als Brundage am Frühstückstisch einer englischsprachigen Zeitung Japans entnahm, was Schranz von ihm hielt, soll der Amerikaner das Verfahren neu aufgerollt haben. Es ging nur mehr um Karl Schranz, nicht mehr um die überkommerzialisierten Skifahrer an sich. Die blieben im Windschatten des Rädelsführers. Auch Slalom-Olympiasieger Ernst Hinterseer, lange Teamkollege von Schranz, blieb nüchtern: „Der Karli hat es ein bisschen rausgefordert. Es ist halt schwierig, wenn du den Präsidenten beleidigst. Er war schon ein bisserl selber schuld, er trickste halt immer ganz gern auf. Sein Chef Franz Kneissl schürte das ein wenig und die anderen haben sich gedacht: Ein Konkurrent weniger." Selbst Schranz-Autobiograf Gerhard Zimmer befand: „Karl macht bis heute einen großen Denkfehler, wenn er sagt, nur Opfer gewesen zu sein. Hätte er nicht schon am Flughafen in Japan gesagt, dass IOC-Präsident Avery Brundage ein seniler alter Trottel ist, dann hätte er starten können. Er und auch ÖSV-Präsident Karlheinz Klee haben die Situation zum Eskalieren gebracht." Schranz wehrt sich: „Das habe ich nie gesagt. Das wurde mir in den Mund gelegt."

Zunächst schien man sich tatsächlich keine Sorgen machen zu müssen, bis Brundage in der entscheidenden Sitzung seinen letzten Joker aus dem Ärmel zog: „Die Mehrzahl der Redner sprach sich gegen einen Ausschluss von Schranz aus", soll das finnische IOC-Mitglied Erik von Frenckel gesagt haben. Solange, bis der IOC-Präsident einen *profil*-Artikel hervorgekramt hätte („Siegkomplex", 1/1972), in dem Schranz mit dem Werbelogo „Aroma-Kaffee" im Rahmen eines Fußballspiels zu sehen war. Plötzlich sei die Stimmung umgeschlagen und die Abstimmung ein klarer Fall gewesen. IOC-Sekretärin Monique Berlioux durfte schließlich den vor dem Saal wartenden Journalisten von der Schranz-Disqualifikation in mehreren Sprachen berichten. Die Reaktionen der Umstehenden fielen zumeist gegen Brundage aus, der zuvor aus „seiner prinzipiellen Aversion gegen die Winterspiele und besonders den Skisport" kein Hehl gemacht hätte (vgl. APA, 31. 1.). Nicht der einzige Affront des Amerikaners in seinem letzten Jahr als IOC-Präsident: In der Eröffnungs-Pressekonferenz bezichtigte er die Veranstaltung der mangelnden Universalität, des Gigantimus und der Kommerzialisierung. Unrecht hatte er nicht: Sapporo finanzierte mit dem Verkauf der Fernsehrechte (8,47 Millionen US-Dollar) die bis dahin teuersten Winterspiele (vgl. Spiegel 6/1996). Und an den Geschenken an die IOC-Vertreter manifestierte sich im Vorfeld der Veranstalter das, was heute als Bestechung erkannt werden würde: Sie wurden mit Perlen bedacht, um für positive Stimmung zu sorgen.

Karlheinz Klee, Innsbrucker Rechtsanwalt und Präsident des Österreichischen Skiverbands, insistierte hinsichtlich des Verfahrens, dass es „allen geltenden Prozedurregeln widersprochen hätte". Der „primitivste Grundsatz der Rechtssprechung sei missachtet worden, „nämlich dem Beschuldigten Gehör zu schenken". Brundage erklärte, es sei „unüblich mit einem Wettkämpfer zu sprechen". Erst nach einer späteren Regularienänderung muss das IOC einen Athleten anhören, bevor es ihn ausschließt (vgl. *DER SPIEGEL*, 39/1981). Auch Rudolf Nemetschke, Österreichs Mitglied im Internationalen Olympischen Komitee, trat beim Einspruch der rotweißroten Delegation als Vermittler in Aktion: Den *profil*-Artikel als „Belastungsmaterial" halte er für unzulässig. Und Schranz übe den Fußballsport im Sommer als Ausgleich aus. Das sei in Österreich durchaus üblich, viele Persönlichkeiten des öffentlichen Lebens würden an solchen Spielen teilnehmen. Die Verweigerung einer Anhörung widerspreche zudem „allen Grundsätzen der Ethik und der Fairness", meinte der Jurist. Er fand kein Gehör, wenig später wurde die Ablehnung auch von offizieller österreichischer Seite bestätigt. Der Einspruch sei abgewiesen worden. Und Karl Schranz musste das Olympische Dorf verlassen, übersiedelte kurz darauf ins Grand Hotel und wollte dort noch einige Tage bleiben. Der Eröffnungsfeier im Makomanai-Eisstadion drei Tage später blieb Schranz fern, wiewohl man ihn erwartet hätte. Er habe es vorgezogen, im Hotel zu bleiben. „Allein mit seinen trüben Gedanken", glaubte die APA zu wissen. Tantner (20) widersprach dem Gerücht, der *profil*-Artikel hätte den Stein ins Rollen gebracht: „Keinen Einfluss auf die Entscheidung des IOC soll allerdings das berühmte, zuerst im *profil* 1/72 veröffentlichte Foto mit Schranz im Dress einer Amateurfußballmannschaft mit der Aufschrift ‚Aroma-Kaffee' – Aromachef Edelbauer war/ist ein Freund von Schranz –, gehabt haben, obwohl es des öfteren fälschlicherweise als Ursache kolportiert wurde." In *profil*-Leserbriefen (3/1972) wollten das die wenigsten so sehen, der Herausgeber Oscar Bronner wurde mit Vorwürfen überschüttet: „Dieser Artikel war wie eine programmierte Zeitbombe", hieß es (© Nowotny, Bad Vöslau). „Sie liefern aus dem eigenen Land mehr Unterlagen für Anschuldigungen als er [Brundage] je selbst dazu imstande wäre. [...] Sie haben als Journalist, vor allem aber als Österreicher versagt", befand Ferdinand Jüttner (Wien 23) Und selbst ÖOC-Präsident Heinz Pruckner meldete sich zu Wort: „Dieser manipulierte Artikel [...] hat seine Wirkung nicht verfehlt."

Österreichs Mannschaftsführung wollte indes das Geschehene nicht wahrhaben, ÖOC-Präsident Heinz Pruckner drohte, „bis zur letzten Patrone" zu kämpfen. Munition sei vorhanden, wie er der Austria Presse Agentur damals versicherte: „Ja, ich glaube schon, wir geben die Sache nicht verloren und werden uns um Wiederaufnahme [des Verfahrens, Anm.] bemühen." Zeitgleich drohte seitens Avery Brundage weiteres Ungemach, der allein die Nominierung Schranz' als Affront empfand: „Wir haben das nicht übersehen und wir haben es auch nicht ignoriert. Aber wir haben noch nicht entschieden, was wir tun werden." Die Anhörung eines Beschuldigten sei indes „nie üblich gewesen", so auch diesmal nicht. Der Wiener *Kurier* zog deshalb Vergleiche zu einem Femegericht und zur Hexenverbrennung. Die in der Zwickmühle steckende österreichische Delegation übte sich von diesem Zeitpunkt an in misslungenem Krisenmanagement. Auf die Solidarität der anderen Alpin-Nationen durfte man nicht setzen, die mit ihrem Boykott zusätzlichen Druck auf das IOC ausüben hätten sollen. Frankreichs Skiverbandspräsident Maurice Martel sprach zwar von einer „sehr bedauerlichen Entscheidung", die einen möglichen Abfahrtserfolg seines Stars Henri Duvillard entwerten würde, Maßnahmen aus Solidaritätsgründen lehnte er hingegen ab: „In St. Moritz habe ich sowohl den Österreichern als auch den Deutschen vorgeschlagen, unsere Skiteams von den olympischen Winterspielen in Sapporo zurückzuziehen, falls auch nur ein einziger unserer Läufer disqualifiziert werden sollte. Aber sie sagten damals bloß, dass dies eine gute Idee und sehr lobenswert wäre, zu einer Entscheidung kam es jedoch nicht."

Eine Welle der Entrüstung schwappte über die Ski-Gemeinde: Der Vorarlberger Karl Cordin, später Olympia-Siebenter im Abfahrtslauf, sprach von einem „Irrsinn". „Alles, was ich im Moment sagen kann, ist, dass diese Entscheidung dem alpinen Skisport keinen guten Dienst erweisen wird." Malcolm Milne, Australiens erster Weltcupsieger, war „sehr, sehr betroffen": „Seit fünf Jahren bin ich auf allen Rennstrecken mit Karl gefahren. Wenn er geht, gehe ich nach den Spielen auch. Es ist zum Heulen." Tatsächlich wechselte Milne, Bruder des 1964 in Innsbruck verunglückten Skiläufers Ross Milne, nach den Winterspielen ins Profilager. Und Weltcupsieger Gustav Thöni stieß ins selbe Horn: „Wir sind alle sehr darüber bestürzt, denn Karl ist ein prima Sportkamerad, ein Gentleman auf Skiern. Sein tadelloses Verhalten ist nicht belohnt worden. Er hätte sich eine Goldmedaille verdient gehabt." Und das französische Slalom-Ass Jean Noël Augert war sich sicher: „Das wird in der ganzen Welt böses Blut machen. Ich glaube nicht, das sich Karl das gefallen lassen wird." Auch der Delegationsleiter der sowjetischen Mannschaft, Sergej Pawlow, fand klare Worte: „Wir sind gegen den Professionalismus im Sport. Aber wir lehnen die vom IOC gegen Karl Schranz unternommenen Schritte ab. Wir sind der Ansicht, dass hier mit zu wenig Aufmerksamkeit, ohne ausreichende Untersuchung des Falles und einfach viel zu knapp vor Beginn der Spiele vorgegangen worden ist." Es sei einfach unfair, einen einzigen Mann auszuschließen, wenn es so viele Schuldige gebe. IOC-Präsident Brundage schob allen Spekulationen jedoch von Beginn an einen Riegel vor: „Gegen die Entscheidung ist kein Einspruch möglich, sie ist endgültig."

Österreichs Versuch, auf Eigenintiative Druck auszuüben und die Trainingseinheiten auf den Olympia-Pisten mit den übrigen Fahrern zu boykottieren, scheiterte kläglich und erwies sich als Bumerang. Die Salzburgerin Annemarie Moser-Pröll, haushohe Favoritin in der Abfahrt, konnte davon ein Lied singen: „Ich bin meinen Konkurrentinnen in den Saisonrennen davor mit zwei bis drei Sekunden Vorsprung davongefahren. Man zog unsere Mannschaft allerdings vom Olympia-Training zurück, um Druck auszuüben, bis man gesehen hat, dass das nicht funktioniert." Eine Vorfreude auf die anstehenden Bewerbe wollte und konnte nicht aufkommen, wie Pröll 38 Jahre nach diesen Ereignissen bekannte: „Die Stimmung in der Mannschaft war fürchterlich! Wir verließen unsere Zimmer im Olympischen Dorf nicht und wussten gleichzeitig, dass die anderen Mannschaften trainierten." Ganz Österreich trauerte mit – bis auf die Mannschaftskollegen. Die übten nur nach außen Solidarität. Ungerührt forderten sie ihren Mannschafts-Chef auf, sie rechtzeitig zu melden. Weltcupsiegerin Annemarie Pröll etwa: „Ich fahre um meine Medaille." Alfred Matt („Schranz ist ein Unruheherd") ließ sich sogar neben Brundage fotografieren (vgl. *DER SPIEGEL* 7/1972). Solidaritätsbekundungen blieben aus, Erinnerungen an 1970 wurden wach: Ein Saboteur sägte damals in Megève Schranz' Skistöcke an, die Bestürzung hielt sich im ÖSV-Team in Grenzen. Ein Betreuer formulierte in Sapporo stellvertretend für die Mannschaft einen offiziellen Brief: Man würde es nicht einsehen, nicht starten zu dürfen. Und Schranz hätte das umgekehrt wohl genauso gesehen.

Gleichzeitig lebte die Hoffnung auf einen Revancheakt des Weltskiverbands, dessen zaghaftes Vorgehen bestraft wurde: Marc Hodler hatte schließlich im Fall einer Disqualifikation angekündigt, eine Ski-Weltmeisterschaft in Europa abzuhalten. Die Bedeutung dieser Worte versandete zusehends, Hodler übte sich Schranz gegenüber in schweren Vorhaltungen: „Er hat sich ungeschickt verhalten, in jüngster Zeit einige Male ungeschickt geäußert." Man wolle Schranz die „Vertrauensfrage" stellen. Wortlaut: „Haben Sie die Absicht, Berufssportler zu werden oder nicht?" Von der Antwort werde es abhängen, ob nun tatsächlich Weltmeisterschaften angesetzt würden. Wenn Schranz jedoch erkläre, nach den Winterspielen ins Profilager wechseln zu wollen, würden die Weltmeisterschaften nicht organisiert werden. Schranz selbst hielt zu diesem Zeitpunkt noch an einer Fortsetzung seiner Karriere fest: „Rennlauf ist für mich alles, ich möchte weiter fahren." Banff, nächste Station im Weltcup, habe er „auf dem Programm, denn ich will unbedingt meine Chance im Weltcup wahren".

die KURIER-redaktion in sapporo berichtet

Oesterreicher hoffen, daß Schranz noch starten kann

[illegible] des Ausschlußurteils vom IOC gefordert / Von einer Solidaritätsaktion ist keine Rede mehr

Sapporo. — Bei einer Pressekonferenz, die gestern im [illegible] Österreichhaus abgehalten wurde, erklärte ÖOC-Präsident Pruckner, daß man unter allen Umständen [illegible] werde, eine Revision des vom IOC beschlossenen [illegible] von Karl Schranz zu erreichen. Dr. Pruckner und ÖSV-Präsident Dr. Klee lehnten es aber ab, sich auf [illegible] Varianten und Konsequenzen — „Was passiert, wenn ..." — festlegen zu lassen. „Abzug des ganzen Teams?" Dr. Pruckner: „Keine Entscheidung vor Dienstag abend!"

ÖSV-Präsident Dr. Klee stellte fest, daß das IOC-Reglement kaum Verfahrensbestimmungen enthalte, daß er aber die Möglichkeit nicht ausschließe, daß der Einspruch Erfolg haben könnte.

„Über eine Solidarität der Alpenländer und anderer Mannschaften würden wir uns freuen", sagte Doktor Klee. „Bindende Vereinbarungen bestehen diesbezüglich allerdings nicht!"

Als einer der ersten hatte übrigens der französische Skipräsident Maurice Martel zum Ausschluß von Schranz Stellung genommen, ihn als „sehr bedauerlich" bezeichnet und eine FIS-Sitzung verlangt. Martel betonte aber, daß das französische Team zu keiner Solidaritätsaktion verpflichtet sei. „Ich habe in Sankt Moritz den Österreichern und den [illegible]

in Sapporo anwesenden entscheidungsberechtigten ÖOC-Mitgliedern, Dr. Nemetschke, Dr. Gerö und Isatitsch, abhängen. Jedenfalls wissen sie, daß ganz Österreich die Ungerechtigkeit Schranz gegenüber verurteilt und für einen Abzug der österreichischen Mannschaft plädiert wird.

Es wird nicht trainiert

Das ganze Verfahren, wurde betont, sei allen üblichen Rechtsgrundsätzen widersprechend auf Hörensagen aufgebaut gewesen. Man werde erst das Ergebnis des Revisionsansuchens, über das das IOC am Dienstag entscheiden soll, abwarten, ehe man endgültige Entscheidungen trifft. Als vorläufige Maßnahme wurde angeordnet, daß die Mitglieder der alpinen Ski-

Bombe ein: Selbst Österreichs Mannschaftsführung war vollkommen überrascht von dieser Maßnahme, denn bei ihrer Einvernahme vor dem Exekutivkomitee hatte sie den Eindruck gewonnen, daß Brundages Beweise, die nur aus einigen Zeitungsausschnitten bestanden, völlig unzulänglich seien.

Die Entscheidung war von der IOC-Session mit 28 zu 14 Stimmen gefällt worden. Als erster war um 0.30 Uhr morgens ÖOC-Präsident Dr. Pruckner von einem japanischen TV-Reporter telephonisch von der Schranz-Sperre verständigt worden.

Dr. Pruckner erklärte, was bisher noch nie von offizieller Stelle geschehen war, die Entwicklung der „Causa Schranz". Am 21. Dezember seien in einem Schreiben des IOC an das ÖOC Schranz und Messner beschuldigt worden, bei der Siegerehrung von Val d'Isere ihre Skier mit Markenwerbung gezeigt und dadurch Werbung betrieben zu haben.

Das ÖOC hatte nach genauer Untersuchung am 31. Dezember dem IOC mitgeteilt, daß einwandfrei feststehe, daß kein Verstoß gegen den Artikel 26 des olympischen Reglements vorliege.

Repräsentative Blitz-Umfrage der BUNTEN: 89 Prozent der Österreicher und 84 Prozent der Deutschen sind empört über das Unrecht an dem „Löwen vom Arlberg"!

So überwältigend für Karl Schranz war das Ergebnis der Befragung, die die Wickert-Institute ...gen) im Auftrage ...NTEN durchführten. ...einer begreift, daß ...berger wegen eines ...-Fotos (unten) ...chlossen wurde. ...iel fand im Mai 1970 statt. Auf der einen Seite kickte der Ziersdorfer Fußballklub, auf der anderen Seite die Prominenten-Elf des Wiener Kaffee-Importeurs Leopold Edelbauer (44). Mit diesem Bild überzeugte Brundage das IOC, Schranz mache Werbung für Kaffee ...

Brundage: „Schranz ist der Schlimmste und Frechste!"

IOC-Präsident gibt zu: Beweise gibt es auch gegen andere

[illegible] Übt er wenigstens jetzt in seinen [illegible] Zurückhaltung gegenüber seinem Opfer? Im Gegenteil: „Karl Schranz ist schlimmer als alle anderen [illegible]", erklärte der IOC-Chef am Dienstag in einer Pressekonferenz. Und: „Die Zulassungskommission hat den [illegible] Skiläufer herausgegriffen, den sie finden konnte – nämlich Karl Schranz."

Mit sichtlicher und hörbarer Genugtuung teilte Brundage persönlich mit, daß auch die österreichische Berufung gegen den Schranz-Ausschluß abgewiesen worden sei.

Der Präsident des IOC sagte jedoch noch etwas äußerst Bemerkenswertes: „Dem IOC liegen Beweise gegen viele Spitzenskiläufer vor." Man hat aber nur gegenüber Schranz die Konsequenzen gezogen.

Brundage weiter: „Schranz hat die Amateurbestimmungen wiederholt verletzt. Er hat durch Jahre hindurch seinen Namen und seine Photos für Reklamezwecke zur Verfügung gestellt. Es liegt auf der Hand, daß er durch den Skisport viel Geld gemacht hat."

Aber nicht nur das habe die Zulassungskommission in Rechnung gestellt, sondern auch „wiederholte Erklärungen von Schranz, die Respektlosigkeit gegenüber der olympischen Bewegung verrieten und bei denen er schlecht beraten war".

Warum hat sich das IOC nicht die Mühe gemacht, Schranz selbst anzuhören? „Es ist nicht die Gewohnheit des Olympischen Comités", antwortete Brundage hochfahrend, „mit Einzelpersonen zu verhandeln." Was das Beweismaterial anlangt: Angeblich soll nun der österreichische IOC-Delegierte „das detaillierte Material" dem ÖOC übermitteln.

Die Hoffnung währte nur kurz, Karl Schranz musste den Traum von einer Goldmedaille bei Olympischen Spielen nach dem Bannspruch begraben.

Das Ersuchen des Österreichischen Skiverbands, die gesamte Ski-Olympiamannschaft von der Teilnahmeverpflichtung im Fall einer Schranz-Disqualifikation zu entbinden, endete in einem Schauspiel erster Güte: In einer gelungenen Inszenierung im Theatersaal des Pressecenters von Sapporo sollte Schranz auf die Solidarität seiner

Landsleute verzichten und diese auffordern, „ihre olympische Chance wahrzunehmen". Der kam der Bitte der Mannschaftsleitung nach, die zunächst von einem Rückzug des Olympia-Teams sprach und angesichts des teaminternen Drucks doch zurückrudern musste: „Soll ich jetzt unsere anderen Läufer animieren, dass sie nicht starten? So etwas kann ich nicht verantworten. Sie haben doch genauso trainiert wie ich." Schranz fuhr vor hunderten Journalisten fort, den ihm vorgelegten Text zu verlesen: „Weil ich heute weiß und fühle, was es für jeden einzelnen Olympiateilnehmer bedeuten würde, nach dieser jahrelangen Vorbereitung an den Spielen nicht teilnehmen zu können, richte ich hier an Ort und Stelle an die Verantwortlichen die Bitte, von diesem Beschluss Abstand zu nehmen." Er dankte für die Plattform und gestand, angesichts des Amateurparagrafen schon früher an Aufgabe gedacht zu haben: „Was mich in letzter Konsequenz aber immer wieder davon zurückhielt, ist sicherlich die Tatsache, dass es kein bedeutendes Skirennen der Welt mehr gibt, das ich in den letzten 17 Jahren nicht mindestens einmal gewonnen habe. Der einzige Erfolg, der mir bisher fehlte, war eine olympische Goldmedaille, auf die ich so versessen bin." Auf diese Saison habe er sich so vorbereitet wie auf keine andere zuvor. Seinen Ausschluss wollte er nicht nachvollziehen, „weil nach den gleichen mir angelasteten Vergehen praktisch jeder andere Teilnehmer von diesen Spielen ausgeschlossen werden könnte. Ich halte mich weder für einen besseren aber auch nicht schlechteren Amateur als alle jene, die an diesem Spielen teilnehmen dürfen, und gerade darum trifft mich diese Ungerechtigkeit besonders schwer." Auch das Österreichische Olympische Komitee hatte er rückblickend im Verdacht, seinen Ausschluss nicht verhindert zu haben: „Das war leider von Österreichern provoziert. Das Material für meinen Ausschluss kam aus dem Österreichischen Olympischen Komitee heraus, wie sonst sollte Brundage zu einem *profil*-Magazin kommen? Ich habe ihnen wohl Sachen gesagt, die sie nicht so einfach akzeptieren wollten. Der Amateurstatus war für viele schon lange ein Problem. Und unsere haben vor dem Brundage immer Angst gehabt und waren untertänig. Die haben halt lieber mit mir etwas gemacht."

Er schloss mit einer Bitte an Brundage: „Denken Sie auch olympisch für die Zeit, in der wir leben." Aufdecken, wie er es einmal im Fall einer möglichen Disqualifikation angekündigt hatte („Es wird ärger werden als der deutsche Bundesligaskandal"), werde er nichts: „Ich möchte nicht den Anlass geben, einem Sportkameraden Gleiches mit Gleichem vergelten zu lassen." Als ihn ein amerikanischer Journalist fragte, ob er denn bei den Winterspielen 1976 starten werde, lachte Schranz: „Es wäre sehr nett, aber da bin ich wohl schon zu alt. So wie Mr. Brundage." Er werde sich zuhause überlegen, ob er vielleicht Profi werde oder ob er daheim bleiben solle. Immer wieder brandete lebhafter Applaus auf. Schranz tröstete das Bad in der Öffentlichkeit über seinen ersten Schmerz hinweg, irgendwann musste er sich dennoch seinen Gedanken stellen. Alleine, das wusste er: „Beim Rennen bist du ja auch allein." Und wie man das alles überstehen kann? „Ich habe zu viel mitgemacht."

Beim Veranstalter herrschte angesichts des österreichischen Antretens Aufatmen: „Ich möchte meinen Respekt vor dieser Entscheidung der Österreicher ausdrücken", zitierte die Austria Presse Agentur den Generalsekretär des Organisationskomitees, Tomoo Sato. Sein Land registrierte das Geschehen, bis heute ist der Fall ein Begriff. Christoph Bieler, Olympiasieger der Nordischen Kombination und immer wieder in Japan am Start, erzählte: „Bei einem Weltcup in Hakuba merkte ich an, mit der Tochter von Karl Schranz liiert zu sein. Die Mutter des Hauses fiel nach Nennung des Namens vor mir auf die Knie." Österreichs Verbandspräsident Klee sprach von einer sehr schweren Entscheidung, das Team in Sapporo zu belassen: „Und es wird sich wohl erst nach den Spielen herausstellen, ob diese Maßnahme richtig war." Der Erfolg werde das Bild in der Öffentlichkeit prägen, glaubte er. In der Heimat wogte zeitgleich die Welle der Empörung, kaum einer hielt Schranz für den Urheber des Ausschlusses (vgl. Tantner): 92 Prozent betrachteten den Ausschluss als ungerecht, der gegenteiligen Ansicht waren vier Prozent. Das deckte sich mit einer anderen Umfrage, wonach Karl Schranz in dieser Zeit der in Österreich am meisten bewunderte Mann war: „Mit 13% rangierte er weit vor UNO-Generalsekretär Waldheim (9%), Richard Nixon (5%), Kreisky, J. F. Kennedy und Peter Alexander (je 4%)." (vgl. Tantner) Der Fall Schranz hatte bald was von einem Andreas-Hofer-Mythos an sich, sogar im Nationalrat wurde er diskutiert. Die SPÖ funktionierte ihre morgendliche Rundfunkbelangsendung vom 1. Februar 1972 in einen Karl-Schranz-Report um; im Nationalrat nützte der ÖVP-Abgeordnete Ofenböck am 2. Februar die Angelegenheit zu einer parlamentarischen Anfrage an den für Sport zuständigen Bundesminister für Kunst und Unterricht Sinowatz. Fragen wie Antworten wurden von Zwischenrufen und Glockenzeichen unterbrochen. Tantner bestätigte den Fall Schranz als Vehikel gesteigerter Popularität: „Minister Sinowatz wurde in diesen Tagen zum Volkshelden: Er sprach sich in einem Telegramm an die Funktionäre eindeutig für eine Rückreise des Olympiateams aus und nahm in einem weiteren gegen deren Ansinnen, die Entscheidung über die Abreise Schranz zu überlassen, Stellung. Nicht nur die *AZ* machte ihn dafür zum „Mann des Tages", auch in der *Kronen Zeitung* wurden „Stehvermögen und eiserne Konsequenz" des „beinharte[n] Burgenländer[s]" gepriesen. Auch die ÖVP hätte die Chance, mediale Aufmerksamkeit zu erregen, genutzt, wenn auch „mit weniger Geschick". Die KPÖ - wiederum forderte: „Hinaus mit denen, die Geschäfte mit dem Sport machen! Weg mit ihren ‚Funktionären'! (...) Die Kommunisten fordern daher: Mehr Förderung des Sports durch den Staat!"

Annemarie Moser-Pröll wurde zeitgleich von der erbosten österreichischen Ski-Gemeinde, die einen Boykott ihrer Landsleute dem Antreten vorgezogen hätten, besonders ins Visier genommen: „Ich erhielt Post mit Exkrementen! Diese Randerscheinungen waren ein Wahnsinn. Ich fragte mich: Was denkt sich so einer? Der muss ja krank sein!" Die Frau von ÖSV-Präsident Klee wurde von Fanatikern telefonisch bedroht: „Meine Frau hat sich sogar entschlossen, unsere Tochter bis auf weiteres nicht zur Schule zu schicken." Am sportlichen Erfolg der Mannschaft war keiner mehr interessiert. Annemarie Moser-Pröll befand rückblickend: „Ich habe menschlich viel dazugelernt. Man ist chancenlos, wenn die Einflüssen von außen zu groß sind." Ganz sei ihr Ärger auch Jahre nach den leidigen Geschehnissen nicht verraucht: „Wenn man darüber redet, kommt nach wie vor Ärger hoch. Man hat jahrelang auf die Winterspiele hintrainiert und dann wird mit einem Schlag alles zunichte gemacht. Ich startete 1976 nicht [aus familiären Gründen, Anm.], jetzt musste ich mir acht Jahre lang immer eines anhören: Sie hat alles gewonnen, nur kein Olympia-Gold." Als es nämlich Tage später um Medaillen gegangen sei, offenbarte sich die Tragweite des vorangegangenen Trainingsboykotts. Pröll: „Ich wusste am Start bereits: Ich habe keine Chance. Ich kannte ja nicht einmal die Streckenführung." Dass die Winterspiele perfekt organisiert, aber für europäische Verhältnisse doch unterkühlt wirkten, ging im österreichischen Lager unter. Unterkühlt empfand man im ÖSV-Lager ohnehin alles. Die Austria Presse Agentur bilanzierte: „Dass die Affäre auf die Aktiven abfärben musste, ist ebenfalls klar und so gesehen ist die Bilanz mit fünf Medaillen (1 Gold, 2 Silber, 2 Bronze) gar nicht so schlecht." Bundeskanzler Dr. Bruno Kreisky plante angesichts der Geschehnisse in Sapporo einen Empfang, allerdings für den Ski-Märtyrer, und nicht für die Medaillengewinner.

Jahre später sollte ein Gerücht die Runde machen: Hatte Schranz seinen Ausschluss provoziert, weil er bei der Olympia-Abfahrt keine Chance gesehen hätte? Schranz, in zwei Trainingsläufen Bestzeithalter, reagiert darauf voller Entrüstung: „Ach wo! Warum sollte ich das tun, wenn ich davor alles gewonnen haben. Das Gerücht ist so dumm, dass es nicht einmal genial ist." Sapporo, ein stets präsentes Thema. Schmerzt es heute noch, Herr Schranz? Er winkt für gewöhnlich ab: „Ich habe kein Problem mehr damit." Doch nicht jeder schließt sich der Meinung an.

So empfingen die Wiener „Kaiser Karl – Triumph und Hysterie

Keineswegs wie ein Held, der aus dem olympischen Paradies gewiesen wurde (so lautete der Aufmacher einer deutschen Zeitung), kehrte Karl Schranz in seine Heimat, besser gesagt nach Wien zurück. Die „Feierlichkeiten" für den Löwen vom Arlberg begannen schon in Frankfurt, wo Schranz, aus Tokio kommend, in eine DC 9 der AUA umstieg. Der Empfang des Helden von Sapporo wollte vorbereitet sein. Schranz, der mit seinem Brötchengeber Franz Kneissl nonstop der österreichischen Metropole entgegenflog, hatte keine Ahnung, was zwölf Stunden später über ihn hereinbrechen sollte.

Die DC 9 der JAL rollte mit Verspätung langsam auf dem Flugfeld aus. Der Sturm begann. Das Startzeichen gab die Flughafenbehörde, die einen Autobus mit Rundfunk- und Presseleuten zur Maschine brachte …

… geblasen. „Einen Kaffee, aber nicht zu stark", ruft er der Stewardeß zu. „Es ist ein Wahnsinn. Was, in Wien kommt der Minister zum Flugplatz? Ich habe doch nichts gewonnen. Und rund 100.000 Menschen werden mich bejubeln?"

Die Fragen sprudelten in Sekundenschnelle über die Lippen des Arlbergers, dem die Illustrierten der gesamten Welt die Türen eintreten, um eine Story zu ergattern. „Ich kann im Moment nichts sagen, die letzten Tage waren zuviel. Eine Pressekonferenz nach der anderen, Empfänge und immer Fragen über Fragen."

Die DC 9 rollte vor dem Flughafengebäude in Schwechat aus. Es wimmelt von Menschen. Schranz verzweifelt zu Bacher und Kneissl: „Komme ich hinten raus? Für …

… hofft auf zukünftige Olympische Spiele ohne Heuchelei.

Schranz sagt nur: „Es ist überwältigend. Ich habe mir das nicht so vorstellen können." Er will weg und kann nicht. Er wird zum Auto geschleppt, hineingesetzt. Doch die Fans denken nicht daran, ihren Karl, dem in Sapporo so übel mitgespielt wurde, so einfach ziehen zu lassen.

Sirenen, Fahnen, Transparente

Sie begrüßten ihn mit Sirenengeheul, „Karli-Karli!"-Sprechchören, mit Fahnen und Transparenten. Tausende (inoffizielle Schätzung: 10.000) …

Gestern war er „Kaiser Karl" Frenetischer Jubel um Schranz

Hunderttausend Wiener jubel…

Das hat Wien schon seit Jahrzehnten nicht mehr erlebt. Ein Mann, der in seine Heimat zurückkehrte, wurde von hunderttausend Menschen bei seiner Ankunft stürmisch gefeiert: Karl Schranz, Österreichs Schiidol, der als einziger Olympiakandidat vom Präsidenten des IOC, Avery Brundage, von der Teilnahme an den Spielen ausgeschlossen worden war. Nun feierte ihn „sein Volk".

An die achttausend Menschen drängten sich im Flughafengelände Schwechat, zehntausend warteten auf dem Ballhausplatz und in Viererreihen harrten die Bewunderer des Karl Schranz *auf dessen Via triumphalis* vom Flughafen zum Bundeskanzleramt aus. Es spielte keine Rolle, daß die AUA-Maschine Verspätung *hatte; trotz* unfreundlichen, naßkalten Wetters warteten die Menschenmassen mit Engelsgeduld. Mehr noch, das Spalier wurde immer dichter.

Man erinnert sich noch an die bisher größten Staatsbesuche der jüngsten Vergangenheit. An jenen des Schah von Persien im Mai 1960, von Königin Elizabeth im Juni 1969 und an den Publikumsandrang beim Gipfeltreffen zwischen Kennedy und Chruschtschow im Juni 1961. Sie halten samt und sonders keinen Vergleich aus mit dem gestrigen Wiener Empfang des „tragischen Helden von Sapporo".

olympia kurier

Politiker setzen alle Hebel in Bewegung

Sinowatz: „Kein Start ohne Karl Schranz!"

Karl: „Nein, nein – warum ich?"

Der 31. Jänner 1972 – schwärzester Tag im Leben des Karl Schranz

Josef Huber aus Sapporo

Sapporo. – Montag, 31. Jänner 1972: Für Karl Schranz beginnt der Tag wie die Tage zuvor. Er fährt mit Heini Messner auf den Mount Eniwa zur Abfahrtsstrecke. Um 12 Uhr telephoniert ein Reporter (der Agentur UPI) mit seiner Redaktion und erfährt die Disqualifikation von Karl Schranz. Kurz darauf ist Karl Schranz im Ziel: Wer sagt ihm die Schreckensnachricht? Dann der UPI-Reporter: „Karl, du bist disqualifiziert!"

Schranz stößt ein „Nein, nein!" heraus. Dann wieder Stille. Die Nachricht lähmt. Doch gleich hat sich Schranz wieder in der Gewalt und will die Gründe seiner Disqualifikation wissen. Wer noch? Warum gerade er? Fragen, die unbeantwortet bleiben.

Skifabrikant Kneissl holt Karl Schranz ab, bringt ihn ins Grandhotel. Währenddessen warten im Olympischen Dorf Scharen von Reportern auf den Disqualifizierten. Endlich: Um 15.30 Uhr kommt ein japanischer Wagen vorgefahren, Schranz und Kneissl springen heraus.

Karl Schranz ist sofort von den Reportern umringt. Er ringt nach Fassung, sieht aus, als habe er geweint. Die Photographen schießen Bild um Bild, und nur zentimeterweise kommt Schranz zum Haus, wo er im Zimmer Nummer 301 mit Heini Messner wohnt. Auf einer Tafel vor dem Haus steht mit Kreide geschrieben: „No press admitted to this house." (Die Presse ist in diesem Haus nicht zugelassen.)

Fragen prasseln auf Schranz nieder, doch der Ausgeschlossene sagt nur: „Abwarten".

Skifabrikant Kneissl bleibt vor dem Wagen stehen, erzählt. „Die Disqualifikation hat Karl sehr schwer getroffen. Er wird jetzt nichts sagen, er braucht Zeit, um sich zu besinnen."

Kneissl ist ruhig, meint nur, damit löse Brundage auch nicht das Problem der Olympischen Spiele, sagt, es handle sich um kein salomonisches Urteil.

Aus dem Nebenhaus kommt OÖC-Generalsekretär Edgar Fried, flüstert Kneissl zu: „Geben Sie hie… Pressekonferenz!" W… widert, ni… eine Presse… Fried.

Seriöser Beweis angeboten

Thöni bekam 72.000 S für einen Sieg!

Sapporo/Bonn/London. – Nach der Disqualifikation von Karl Schranz scheint sich eine Welle von Enthüllungen ähnlich wie im Bundesligaskandal anzubahnen. Der renommierte Sportjournalist und Weltcup-Organisator Serge Lang behauptet, daß Gustav Thöni für seine Weltcupsiege pro Rennen 12.000 Franken (rund 72.000 Schilling) kassierte.

Lang: „Wir alle wissen, was heute Spitzenläufer verdienen." Auch Jean-Claude Killy, dreifacher Olympiasieger von 1968, stieß am Dienstag bei einer Pressekonferenz in Los Angeles ins

Nach Bestätigung des harten IOC-Urteils

Schranz opfert sich für unser Team

olympia kurier

Sapporo (Eigenbericht). Der Ausschluß des Skistars Karl Schranz wird nun zur österreichischen Tragödie. Die letzten Hoffnungen, daß Karl Schranz doch noch starten kann, haben sich zerschlagen. Das IOC hatte am Dienstag morgen einem österreichischen Protest stattgegeben und den Fall Schranz nochmals an das Exekutivkomitee zurückverwiesen. Doch kurz darauf kam bereits die Bestätigung: Schranz bleibt gesperrt. Darauf folgte ein Beschluß des Österreichischen Olympischen Comités, sämtliche Skifahrer aus Sapporo sofort abzuziehen und heimzuschicken. Dieser Beschluß ist jedoch nur eine Farce. Denn hinter den Kulissen ist bereits abgesprochen, daß Karl Schranz heute früh seine Kollegen auffordern wird, trotz allem an der Winterolympiade teilzunehmen. (Berichte auf Seiten 13, 23 und 24.)

11
Die Rückkehr

„Als wir in einer Schleife über Wien-Schwechat flogen, sahen wir aus dem Fenster ein Meer in Schwarz. Leute, wohin das Auge reichte. Wir hatten an einen Erfolg unseres Empfangs gedacht, aber nicht an einen Aufmarsch dieser Größenordnung."

Gerd Bacher (ehemals ORF-Generalintendant, als er 38 Jahre später auf den Schranz-Empfang in Wien zurückblickt)

Die Wochen vor den Winterspielen im Februar 1972: Auf das zunehmende Säbelrasseln des Internationalen Olympischen Komitees hatte Schranz wenige Tage zuvor mit einem Doppelerfolg in Kitzbühel geantwortet. Auf die unmittelbare Ausschlussdrohung ließ er nach seiner Ankunft in Sapporo zwei Trainingsbestzeiten folgen. Die Stunden nach dem Ausschluss: Leere. Und gleichzeitig diese geballte Lawine an Wut, die Schranz in seiner Heimat auslöste. Eine in der Form wohl noch nie dagewesene Welle der Entrüstung schwappte über ein Land, dessen Selbstbild Skitriumphe mitbestimmten. An der Politik konnte das nicht vorbeigehen. Deshalb erschien es wohl auch nicht ungewöhnlich, dass der damalige ORF-Generalintendant Gerd Bacher am Tag nach dem Schranz-Ausschluss noch spätabends um einen Rückruf gebeten wurde: „Kreisky sucht dich, du sollst ihn möglichst noch heute anrufen", richtete ihm seine Gattin aus. Bacher folgte dem Ersuchen gegen Mitternacht, der Kanzler kam schnell zur Sache: „Herr ORF-General, lassen Sie sich etwas einfallen, damit wir Schranz bei seiner Rückkehr aus Japan würdig in Wien empfangen können!" Bacher fragte: „Wie meinen Sie das?" Kreisky fuhr fort:

„Das, was mit Schranz passiert ist, können wir nicht auf uns sitzen lassen." Er schlug einen Termin bei Sportminister Fred Sinowatz vor, am kommenden Morgen, 9 Uhr.

Als Bacher anderntags mit Sinowatz in dessen Büro am Wiener Minoritenplatz zusammentraf, fehlte Kreisky. Bacher schaute verwundert, Sinowatz lächelte vielsagend: „Kreisky? Der kommt nicht." Schweigen. "Und warum?", wollte Bacher wissen. „Da kennst du ihn schlecht. Er wird sich nur zu einem Schranz-Empfang bekennen, wenn er von Erfolg gekrönt ist." Der ORF-Generalintendant war sich sicher: „Das kann nach dem Krawall der vergangenen Wochen gar kein Misserfolg werden." Die Art und Weise, mit der man den Konflikt Brundage vs. Schranz in den vergangenen Tagen behandelt hätte, mit der das Skiidol seitens des Internationalen Olympischen Komitees verunglimpft worden wäre, ließe nichts anderes als einen großen Auflauf am 8. Februar erwarten. Kein Wunder: 92 Prozent der Österreicher betrachteten den Ausschluss als ungerecht – und Karl Schranz war in dieser Zeit laut einer Gallup-Umfrage der am meisten bewunderte Mann Österreichs. Ein paar Tausend Leute hier, ein paar Tausend dort, und wohl eine Menge vor dem Bundeskanzleramt am Ballhausplatz. Sinowatz nickte und deutete auf seinen Schreibtisch: „Setzen Sie sich, benützen Sie mein Telefon und leiten Sie alles Nötige in die Wege." Der Mechanismus setzte ein, der Sportminister selbst hielt Kanzler Kreisky auf dem Laufenden.

Anton Pelinka, Professor für Politikwissenschaft und Nationalismusstudien in Budapest, erinnert sich an diese ersten Februar-Tage 1972: „Bacher hat den ORF ganz bewusst als größte Orgel des Landes massiv eingesetzt, um der nationalen Empörung Ausdruck zu verleihen und sie damit zu stärken. Die Regierung machte ebenfalls mit – es wagte offenbar niemand, sich diesen Emotionen zu entziehen: Eine Welle von Sport-Patriotismus überrollte das Land. Der Österreich-Patriotismus dieser Zeit war ja auch ein von Sporterfolgen mitgetragener, siehe 1956 Cortina und die Toni-Sailer-Begeisterung. 1972 war es freilich insofern anders und problematischer, als mit Brundage und dem IOC ein Feindbild da war, das 1956 gefehlt hatte." Eine

6
ARLBERG-KANDAHAR

Karl Schranz und die Autogrammkarten im Wandel der Zeit. Seine Trophäensammlung erlangte im Lauf der Zeit eine unvorstellbare Größe.

arl Schranz, 3facher Weltmeister u. 2facher Weltcupsieger

1972 spendeten die Leser der „Wunderwelt" im Zuge des Olympia-Bannspruches mit Sympathiebekundungen Trost.
Die österreichische Postverwaltung ehrte Karl Schranz zu seinem 70. Geburtstag mit einer Sondermarke der Grafikerin Renate Gruber.

IOC-Hetze setzte ein, wie Pelinka kritisch feststellt, als personifiziertes Feindbild eignete sich dessen Präsident Avery Brundage. Pelinka: „Ich erinnere mich an den Ausspruch, den ich 1972 in privatem Kreis von Alois Mock (der war gerade ÖAAB-Obmann geworden) gehört habe: ‚Jetzt fehlt noch, dass irgendjemand behauptet, der Brundage wäre ein Jude' (der er bekanntlich nicht war). Mock machte damit auf die potenziell gefährlichen Aspekte einer nationalen (Sport-) Hysterie aufmerksam."

Erstmals offenbarte sich die Macht der Massenmedien anhand eines Anlassfalls, wie Politikwissenschafter Peter Filzmaier anmerkt: „Es hat 1972 keinen Teletest gegeben, der mit der heutigen Zeit vergleichbar exakt Reichweiten und Marktanteile misst. Doch das ist gar nicht notwendig, weil der Unterschied zum 21. Jahrhundert ohnedies auf der Hand liegt: Die 70er-Jahre waren sowohl vom endgültigen Aufstieg des Fernsehens mit immer größerer Breitenwirkung gekennzeichnet als auch stand das ORF-Monopol nicht in Frage. Kabel- und Satellitenfernsehen waren absolute Zukunftsmusik, lediglich deutsche Sender in grenznahen Gebieten eine Mini-Konkurrenz. Das jedoch nicht bei Sportübertragungen, welche ja aus dem nationalen Blickwinkel erfolgen sollten. Und den bestimmte damals eben monopolistisch der ORF. Durchaus auch im Eigeninteresse, denn man profitierte ja selbst von Schranz und anderen Inszenierungen. 1976 löste eben Franz Klammer den Schranz-Mythos ab, nur war es diesmal eine Erfolgshysterie und vier Jahre vorher eine ebenso hysterische Empörungswelle. Mit der jetzigen Multimedia-Landschaft mit ihrer Informationsflut und gesellschaftlichen Entwicklungen bis hin zu EU-ropäisierung und Internationalisierung ist das schlicht und einfach nicht vergleichbar."

Gerd Bachers Plan war schnell geschmiedet: Er würde Schranz, der aus Japan ankommen sollte, bei dessen Zwischenlandung in Frankfurt empfangen und ihm Geleit nach Wien geben. Vom Flughafen Schwechat aus wollte man mit einem Auto in die Hauptstadt fahren, über die Simmeringer Hauptstraße und den Ring zum Ballhausplatz. Das teilte Bacher auch Sinowatz mit, der mit dem Plan einverstanden war. An den folgenden Tagen wurde die Route über Rundfunk und Fernsehen regelmäßig durchgesagt, noch hatte man ein paar Tage Zeit. Dem Vorschlag von ORF-Sportchef Teddy Podgorsky, der eine Helikopterlandung von Schranz auf dem Heldenplatz ins Spiel gebracht hatte, erteilte man indes eine Absage. Bacher: „Das hätte Assoziationen geweckt, die wir nicht haben wollten [Hitlers Einmarsch, Anm.]." Schranz selbst sollte später gestehen: „Den Heldenplatz wollte ich nicht. Denn ich wusste, da war was. Irgendwas, was genau, das wusste ich nicht. Aber eben irgendwas."

Am Morgen des 8. Februars nahm Bacher wie geplant die Sondermaschine der Austrian Airlines nach Frankfurt, wo ihm Schranz, eben dem Flugzeug aus Tokio entstiegen, entgegenkam. Der olympisch Geächtete umarmte seinen langjährigen Wegbegleiter und fragte etwas perplex: „Was machst denn du hier, Gerd?" Der antwortete: „Ich muss dir erzählen, was dich erwartet. Du musst dich in Wien auf was gefasst machen." Schranz schien dem nicht sonderlich viel Bedeutung beizumessen: „Ich möchte das alles schnell hinter mich bringen und mit der Nachmittags- oder Abendmaschine nach Innsbruck zurückfliegen." Als das Flugzeug kurz nach Mittag über Wien kreiste, trauten Schranz und Bacher ihren Augen nicht: „Als wir eine Schleife über Wien-Schwechat flogen, sahen wir aus dem Fenster ein Meer in Schwarz. Leute, wohin das Auge reichte. Wir hatten an einen Erfolg unserer Aktion gedacht, aber nicht an einen Aufmarsch dieser Größenordnung", staunt Bacher noch heute: „Ich bin von diesem Empfang noch immer gerührt." Schranz schien etwas beunruhigt: „Und was muss ich jetzt tun?" Bacher lächelte: „Freundlich sein und winken, sonst nichts. Das kannst du gut."

Am Flughafen? Die Schätzungen reichten von 7500 Leuten bis hin zu 30.000, die auf Schranz gewartet hätten. Und als er, „Kaiser Karl", wie ihn die *Kleine Zeitung* nannte, er, „Karli der Große" (*Die Presse*), aus der AUA-Maschine „Niederösterreich" stieg, soll er gestammelt haben: „Aber wieso? Ich habe doch gar nicht gewonnen." Die Zeremonienmeister gingen indes nach Protokoll vor: Reden wurden geschwungen und Hände geschüttelt, der Sapporo-Held bildete die

Plattform politischer Positionierung. Sportminister Fred Sinowatz blieb in seiner Tonlage der eingeschlagenen Richtung treu, zumal er bereits im Vorfeld den Olympia-Boykott der Alpenländer gefordert hatte: „Millionen von Österreichern haben an ihrem Schicksal teilgenommen und bewundern Ihre mannhafte Haltung", zitierte die *Tiroler Tageszeitung* (9. Februar) den Burgenländer. Selbst der niederösterreichische Landeshauptmann Andreas Maurer bekam seinen Auftritt. Schranz, sichtlich gerührt, blieb am Mikrofon wortkarg: „Ich konnte mir so etwas gar nicht vorstellen." *DER SPIEGEL* (8/1972) berichtete damals: „Die euphorisierte Menge erging sich in Liedern wie ‚Ja der Karli soll leben' oder ‚Da Branditsch', dazu wurden ‚I like Karli'-Plaketten feil geboten. Brundage sollte wohl auch etwas mitbekommen, wenn er sich im fernen Japan den Österreichischen Rundfunk zu Gemüte zog. Heimat, du warst schon größerer Söhne und Töchter." Wobei selbst der Teenager Toni Innauer damals außer sich geriet: „Und wenn dann noch, wie im Fall Schranz, die bösen Großen einen Volkshelden ausschließen, regt sich der Zorn im Volk. Mir erging es damals (im Alter von 12 Jahren, Anm.) genauso, du hattest keine Chance, dich dieser Mobilisierung zu entziehen. Lawinenartige Emotionalisierung, funktioniert immer, wenn man die Details und Hintergründe nicht berücksichtigt. Die werden oft erst Jahre später bekannt." T-Shirts, Poster, Fan-Klubs. Die *Süddeutsche Zeitung* führte in ihrer Reportage die Tiroler Landeshymne an: „Zu Sapporo in Banden der treue Hofschranz lag."

Schließlich nahm man für die Fahrt nach Wien – diese sollte 90 Minuten dauern – im Auto von Fred Sinowatz Platz; Schranz und der Fahrer vorne, Bacher hinten: „Ich wollte nicht in Erscheinung treten. Es sollte nicht heißen, ich hätte den Empfang als Plattform meiner Selbstdarstellung benützt. Ich sah meine Aufgabe zu diesem Zeitpunkt als erfüllt an." Vom ersten Meter an war die Straße mit Menschen gesäumt. Schon nach 200 Metern sagte Bacher zu Schranz: „Erheb dich doch aus deinem Sessel und wink' den Leuten aus dem Schiebedach heraus zu. Die Leute wollen dich sehen!" Schranz folgte der Aufforderung, zunächst unsicher, dann kehrte sein altes Selbstbewusstsein zurück. Und der plötzlich nicht mehr einsame Wolf vom

Arlberg schien die Fahrt vor Tausenden von Menschen sichtlich zu genießen. Es waren so viele, dicht gedrängt, dass wohl keiner hätte wohl umfallen können. Aber alles blieb im Jubel vereint, die Stimmung war friedlich, die Inszenierung lief ohne Zwischenfälle ab. Und einmal mehr erwies sich, wie beliebt Schranz in Wien war; die Stadtbewohner erwiderten die Zuneigung des Arlbergers zur Bundeshauptstadt, die er gerne sein „zweites Zuhause" nannte. Nur: Dort war er beliebter als zuhause in Tirol, wie sein Freund Bacher meinte. Der Salzburger wollte schon damals ein Ost-West-Gefälle erkannt haben: „Wiener sind ein begeisterungsfähiges Volk, die zeigen Zuneigung und Abneigung. Das merkt man allein, wenn man in anderen Landeshauptstädten ein Theater besucht – nirgendwo ist der Applaus spärlicher als dort." Schranz schien die Barriere des Klischee-Tirolers zu Wien niemals zu verspüren, er biederte sich auch nicht in der Rolle eines Skirennfahrers an seine „zweite Heimat" an. Ebenfalls ein Verdienst der Mutter, wie sich Schranz erinnert: „Sie sagte immer zu mir: ´Du musst dich nirgends fürchten, nur immer aufrichtig sein, dich entsprechend benehmen, dann ist alles in Ordnung´." Von ihr bekam er die Liebe zum Osten Österreichs mit. „Mutter hat in Wien gearbeitet. Vielleicht habe ich auch deshalb meine Verbindung dorthin." In der Bundeshauptstadt bewegt sich der Tiroler seit je her wie auf der Skipiste, ein Ausrutschen gab es auf dem glatten Parkett der Staatsoper genauso wenig wie beim Heurigen. Den Schranz, den mochte und mag man, den kannte und kennt jeder. Selbst Fiakerfahrer drehen sich seit 40 Jahren nach dem Mann um. Die Frau an Schranz' Seite, Evelyn, nannte den Empfang 1972 einen „Rummel", kannte aber den Grund: „Diese Hysterie herrschte hauptsächlich im Osten. Aber in Wien liebten sie ihn immer. In der Kärntner Straße sagen sie jetzt noch: Unser Koarl. Oder: Schau, da Koarl. Er wird zwar älter, aber das blieb gleich."

Selbst in den Stadtrandgebieten gab es am 8. Februar 1972 keine 100 Meter, die nicht von Menschen gesäumt waren. Und hinter dem Schranz-Auto formierte sich bereits eine Schlange, denn hunderte Autofahrer bildeten einen Konvoi, der manchmal mehrere Kilometer lang gewesen sein soll. Tantner (138 f.) erhob Kurioses: „Die Wienerin Hermi Strunz: Sie wollte dem verhinderten Sieger die Eheringe ihrer verstorbenen Eltern überreichen. [...] Von einem Lautsprecherwagen aus wurde die Platte ‚Der Karli soll leben' gespielt, der Tiroler Otmar Novak aus Imst hielt den Fernsehkameras eine Tafel entgegen, auf die er mit Kreide ‚1809: Andreas Hofer 1972: Karl Schranz' geschrieben hatte; auf der Rückseite stand: ‚1972: ÖOC-Mafia'". Schranz selbst beschreibt seine Eindrücke in seiner Autobiografie (35 ff.): „Caesar mag es so ergangen sein oder Nero. [...] Sie denken, nicht, ich wurde disqualifiziert, ganz Österreich ist disqualifiziert worden. Jeder einzelne von Ihnen." Und in der *Kleinen Zeitung* erzählte Schranz Jahre später: „Feuchte Augen habe ich gehabt, aber daran war der Fahrtwind schuld. Natürlich berührte es einen, denn aus Eis und Stein ist man ja nicht." Ob er mit 87.000 – in manchen Medien war von 200.000 Menschen die Rede – gerechnet hätte? „Nein. Ich habe gemeint, dass ich zum Herrn Bundekanzler gehe und Grüß Gott sage und danach gleich den nächsten Flug nach Tirol nehme. Aber das war nicht der Fall." Auch Toni Sailer hatte nach seinen olympischen Goldmedaillen 1956 einen Empfang am Wiener Westbahnhof. Bundeskanzler Raab empfing ihn damals, ein Triumphzug geleitete ihn zum Rathaus. An die Schranz-Dimension reichte dieses Spektakel indes nicht heran.

Karl Schranz stand die ganze Fahrt über, wie Bacher ihm geraten hatte, im Schiebedach und schüttelte Hände. Das schlechte Wetter (2 Grad, Nieselregen) tat der Begeisterung keinen Abbruch: „Die Straßenbahnen fuhren vollbesetzt zum Ring und leer zurück, Betriebe verlängerten ihre Mittagspause, manche Schüler schwänzten, andere hatten schulfrei bekommen." (Tantner 145) Und Tantner führte auch einen Vergleich an: „Bei der letztjährigen Demonstration zum 1. Mai hatte die SPÖ nur zwischen 25 % und 30 % dieser Zahl mobilisieren können." (148) Gegen 14 Uhr erreichte Schranz schließlich den Ballhausplatz, wo Bruno Kreisky bereits im Bundeskanzleramt auf ihn wartete. 10.000, möglicherweise auch mehr, sollen dem auf dem Balkon stehenden Ski-Helden zugejubelt haben. Kreisky hatte beim

Nächste Doppelseite: Wien, Ringstraße, 8. Februar 1972 – Schranz wird wie ein Nationalheld empfangen.

POLIZEI

POLIZEI
W 6

Eintreffen Schranz' schon lange warten müssen und mimte zunächst den Entrüsteten: „So lang' habe ich noch nie auf einen gewartet." Er hat es wohl gerne getan, schließlich garantierte ihm diese Wallfahrt mehr Stimmen als jede andere Wahl-Fahrt. Dass Schranz, wie er es eigentlich vorgehabt hätte, nicht schon mit der nächsten Maschine nach Innsbruck heimgeflogen war, machte ihm Sinowatz buchstäblich schmackhaft: mit dem Besuch eines Nobelrestaurants. Aber der Arlberger hatte wohl schon früher kapituliert. Er wurde instrumentalisiert, er instrumentalisierte. „Am Anfang wunderte ich mich, was man denn von einem wollte, der nichts gewonnen hat. Und dann dachte ich mir: Warum sollte ich denn keinen Nutzen daraus ziehen? Die haben mich benutzt und ich habe das zugelassen."

Zunächst trat Schranz allein auf den Balkon des Kanzleramts vor die Menge, irgendwann begleitete ihn Kreisky. „Sekunden lang hörten die beiden den ‚Kreisky'- und ‚Karli'-Rufen zu." (Tantner 149) Kreisky sog die Stimmung auf, und als ein Autogrammsammler auf ihn zukam, bemerkte er: „In Ihrer Wertung bietet man wahrscheinlich 50 Bundeskanzler für einen Schranz." Als der Regierungschef Tage später meinte, es sei ihm an jenem 8. Februar angesichts des Menschenauflaufs „kalt über den Rücken gelaufen", da konnte Bacher nicht anders als zu sagen: „Davon hab ich nichts gemerkt, als Sie mich um die Organisation gebeten hatten." Schranz sei, wie er heute meint, „damals von den Roten politisch missbraucht worden. Das stieß vielen im schwarzen Tirol, auch am Arlberg, sauer auf". Die Initiative zur Veranstaltung, darauf legt Bacher bis heute Wert, sei jedenfalls nicht von ihm ausgegangen: „Ich als ORF-Mann hätte das nie gemacht. Ich bin ja kein Veranstalter." Deshalb hatte *DER SPIEGEL* (8/1972) damals nur bedingt Recht, als er meinte: „Gerd Bacher bediente die Medienorgel, Grund dazu hatte er in seinem Naheverhältnis zu Schranz und dessen Chef Franz Kneissl. Jenem Kneissl, der Schranz' Sperre genauso auf dem Gewissen hatte und der Exposition seines Angestellten darüber hinaus großen Werbewert verdankte."
Schranz-Biograf Gerhard Zimmer wusste jedenfalls um das wirksame Zusammenspiel der beiden Mächtigen des Landes, die im Grunde

nie an einem Strang zogen: „Das war eine große Inszenierung von Gerd Bacher und Bruno Kreisky. Obwohl die einander politisch gar nicht nahegestanden sind, haben sie gewusst, welche Chance sich ihnen da bietet. Der ORF hat ganz Österreich vereint." Johannes Naderhirn meint in seiner Dissertation „Schranz und kein Ende" (206 f.): „Hier der Kanzler, der das Licht der Öffentlichkeit suchte und auch das Fernsehen zu benutzen wusste, da der „Spieler auf der größten Medienorgel des Landes", Gerd Bacher, der ebenfalls das Besondere suchte. An diesem Beispiel ist zu erkennen, dass es die Aufmachung und weniger der Inhalt ist, der schon zu dieser Zeit das TV-Geschehen bestimmte." Kaum jemand stieß sich an dieser Inszenierung, die ORF-Generalintendant Bacher auf Geheiß der roten Reichshälfte angekurbelt hatte: „Wenige Tage danach hieß es von ultralinker Seite: ‚Ein Wahnsinn, wie viel Macht der Bacher hat.' Und auch Anspielungen auf faschistische Assoziationen machten die Runde." Er hätte darauf stets geantwortet: „Das ist doch eine Ausnahmesituation, wie wir sie vorher nie hatten und nie mehr haben werden." Und gebetsmühlenartig erklärt Bacher heute: „Das kleine Land Österreich fühlte sich ungerecht behandelt, das Gefühl des kollektiven Unrechts brach aus. Motto: Das trauen sich die Herren nur mit dem kleinen Österreich." Sie sei ein Riesenskandal gewesen, diese Doppelbödigkeit: „Das IOC war seit jeher in den Händen der Aristokratie, denen ging eine freche Pippn wie der Schranz auf die Nerven." Mit dem Empfang setzte Gerd Bacher jenen Aktionismus fort, den er zuvor von seinem ZDF-Pendant Holzbauer vergeblich eingefordert hatte: „Wenn Schranz nicht startet, überträgt Europa nicht", soll er angekündigt haben. Davon blieb nichts.

Karl Schranz schien den Wert dieses Auftritts damals erkannt zu haben, wie er auch später meinte: „Ich wollte den Medien immer etwas geben, weil ich ja wusste, dass die was brauchen. Meinen Marktwert beeinflusste schließlich auch der ORF, im Gegenzug profitierten auch Bacher und Keisky von der Annäherung zum Sport."

Nächste Doppelseite: Auf dem Balkon am Ballhausplatz – Karl Schranz ist sichtlich gerührt.

Er habe „diese Leute" kennenlernen wollen, meinte er rückblickend. „Wenn ich das nicht gewollt hätte, wäre ich wohl nicht dort gewesen. Und als ich sah, was los war, da war mir die Situation auch nicht unrecht. Ich war zur richtigen Zeit die richtige Person." Die Angst vor Parallelen zum Hitler-Auflauf realisierte auch Schranz („Kreisky ist erschrocken, als so viele Leute vor seinem Balkon standen"), vier Jahre später wollte ihm das der Moderator einer ARD-Abendshow indirekt zum Vorwurf machen: Talkmaster Reinhard Münchenhagen, per Eigendefinition „gelassen und unverkrampft", schien an diesem Abend des 19. Jänners 1976 in der Sendung „Je später der Abend" mit provokanter Frageweise als Punktesieger hervorzugehen. Er stellte zunächst klar, dass er Skirennläufer für „bekloppt" halte; dann kommentierte er jenen Schranz-Unfall 1960 in Kitzbühel, als den Tiroler eine Slalomstange im Unterleib verletzte: „Ach, du dickes Ei." Doch Schranz gab sich nicht geschlagen. Eine Chance noch, die wollte er nützen. Die gewährte ihm Münchenhagen, quasi der Zielschuss für Schranz. Was er denn dazu sage, dass er ja wie Hitler in Wien einmarschiert sei. Das war's, ein Elfmeter ohne Torwart. Schranz nahm Anlauf und holte aus: „Etwas unterscheidet Hitler und mich grundlegend." Münchenhagen schaute herausfordernd. Dann vollendete Schranz: „Ich konnte besser Ski fahren." Gelächter, der Sieger hieß Schranz.

Zum Empfang am Ballhausplatz meint Bacher heute: „Mit einem Politiker hätte ich das nicht machen können." Und für Politiker, glaubt Bacher rückblickend, wäre jedenfalls keiner auf die Straße gegangen. „Deswegen ist dieser immer wieder angestellte Vergleich vom Schranz-Empfang mit Hitlers Einmarsch geradezu idiotisch." Die Analogie zum Empfang von Hitler im März 1938 wurde schon damals gesehen. Selbst Michael Jeanée meinte jetzt zu verstehen, was es mit dem Heurigenzitat von Qualtinger auf sich habe (Tantner 150) und nicht wenige Regierungsmitglieder zogen diese Parallele (151). Am 15. März 1938 standen allerdings mehr Menschen auf dem Heldenplatz, ca. 250.000 sollen es gewesen sein. (vgl. 152) Erwin Ringel, der renommierte Psychiater und Neurologe, sah das in einer Rede anders. Es handelte sich um die erste „makabre Massenkundgebung seit Hitlers Einmarsch", da gebe es viele Parallelen: „Es war dieselbe geistige Verfassung, die zeigt, dass wir seit dieser Zeit um keinen Millimeter weiter sind. [...] Die Leute schrien nur nicht ‚Sieg Heil!', sie schrien Karl, Koarl und Karli – das war der Schlachtruf der modernen Massenhysterie." Es habe wie die Sehnsucht nach verlorenen Söhne geklungen, die aus der Fremde kommen und die man wieder in der Schoß der Heimat aufnehmen wollte. Karl, so riefen die Hofräte und Beamten, Koarl die Gäste aus dem Bundesländer [...]." Irrationale Ausbrüche wider die Zivilisation: „Man glaubt wirklich, den Report eines Irrsinnigen zu lesen, wie der verlorene Sohn in Luis Trenkers gleichnamigem Heimatroman. So gesehen waren es 87.000 Mütter, die ihn empfingen." Diese Lächerlichkeit sei entsetzliche Wirklichkeit bis zum heutigen Tag. Unter dem Titel „A Hetz" zog *DER SPIEGEL* (8/1972) einen düsteren Vergleich: „So wie ihr verhindertes Ski-As von Sapporo haben die Österreicher bisher nur einmal einen Menschen empfangen – Hitler, als er vor 34 Jahren nach Wien kam." Die Anspielung auf Qualtingers Miesling „Herr Karl" saß den Wienern im Nacken. Der *Süddeutschen Zeitung* zufolge galt es nach dem „Gröfaz", dem „Größten Führer aller Zeiten", den „Gröskaz" zu feiern, den „größten Skifahrer aller Zeiten".

Ähnlich empfand es der Schriftsteller Thomas Bernhard, wie sein Ohlsdorfer Nachbar Karl Ignaz Hennetmair in einem Tagebucheintrag vom 8. Februar 1972 vermerkte: „Um 19 Uhr kommt Thomas zu mir. Als vom Empfang von Schranz die Rede ist, wird Thomas immer verstimmter. Er meint, er werde einen Artikel schreiben, wie blöd das alles ist ... Er könne es nicht mehr länger unterdrücken, zu solchen Ungeheuerlichkeiten zu schweigen. Die Leute sind ja ganz verblödet. Als wir später vor dem Bildschirm sitzen und den Rummel am Ballhausplatz sehen, sage ich: Es ist nichts anderes, als wenn man einen in Ried preisgekrönten Stier feiern würde ... Thomas ist bleich vor Ärger über diesen Schranz-Empfang ..." Gerd Bacher indes habe sich stolz erinnert, wie es Johannes Naderhirn (206 f.) zu Papier bringt: „8/10 war es mein Werk. Kreisky bedankte sich ausdrücklich bei mir in seinem Büro. Keiner sagte zu mir, dass es fürchterlich war." Seiner Schlussfolgerung zufolge habe Kreisky jedoch daraufhin „eine starke, emotionale Ab-

neigung“ entwickelt, die durch die politischen Kontroversen mit Gerd Bacher nur noch verstärkt wurden.
Politikexperte Peter Filzmaier widerspricht: „Der Vergleich mit dem Bejubeln eines Diktators und Massenmörders ist letztlich absurd. Was sich jedoch gezeigt hat, ist die mangelnde Vergangenheitsbewältigung und das Fehlen jedweden Gespürs für Geschichte. Wenn schon Schranz ein solch jubelnder Empfang geboten werden sollte, hätte man dafür jede Menge Plätze in Wien finden können, es musste nicht ausgerechnet dieser sein. Vermutlich war bei der Wahl des Platzes keinerlei Absicht dahinter, doch die offensichtliche Gedankenlosigkeit macht es genauso schlimm.“ Auch Philosoph Konrad Paul Liessmann winkt ab: „Politisch bedenklich war es natürlich nicht, denn Schranz war ja kein Führer, er wollte nur getröstet werden. Und beliebig wiederholen lassen sich solche Inszenierungen auch nicht. Und angesichts der Professionalisierung des Spitzensports heute, angesichts von Sportlern, die von oben bis unten mit Firmenlogos zugekleistert sind, gewinnt Schranz ja noch im Nachhinein die Aura eine tragikomischen Helden. Er wurde für ein Vergehen bestraft, dass wenig später zur Norm erhoben wurde.“

In Innsbruck fiel der Empfang am Tag darauf nicht weniger enthusiastisch, wenn auch kleiner dimensioniert aus: Diesmal war es der Balkon am Landhaus, wo Schranz zugejubelt wurde. Landeshauptmann Eduard Wallnöfer konnte wegen der Lautstärke seine geplante Rede nicht halten, sein Schwiegersohn und Nachfolger Herwig van Staa erinnert sich: „Wir haben den Karl Schranz als einen Märtyrer gesehen. Unserer Meinung nach hat man unseren Landsmann um eine Medaille gebracht. Zuerst war die Disqualifikation in Grenoble, dann folgte Sapporo. Das Land war in seiner persönlichen Ehre getroffen, das traf mitten in die Seele der Österreicher.“ Ob er die Hysterie für gut befand? „Solche Empfänge wie in Wien oder Innsbruck wird es immer geben. Und es ist gut, wenn sich Emotionalitäten entladen. Besser, als wenn es andere Ausschreitungen gibt.“

Der Sport eignete und eignet sich als Aphrodisiakum und als Ventil gleichermaßen. Treffend drückte es Herbert Weissenberger in seinem Artikel in der *Kleinen Zeitung* (9. Februar) damals aus: „Man sieht es wieder, Österreicher darf man nicht reizen, sie brauchen einen Helden und Schranz ist der Prototyp des ewig unterdrückten Österreichers." Ähnlich formulierte es Sabine Hochschwarzer in ihrer Diplomarbeit: „Im Gegensatz zum Fußball, ließ sich im Skisport bereits in frühen Jahren der Zweiten Republik Nationalstolz tanken." Eine Rolle, die nach Meinung von Universitätsprofessor Konrad Paul Liessmann zunimmt: „Ich gehe davon aus, dass die Bedeutung des Sports zunehmen wird. Einerseits symbolisiert er die Grundprinzipien der kapitalistischen Wettbewerbsordnung – er dient sozusagen zum Einüben in das Spiel von Sieg und Niederlage, er macht jedem Jugendlichen das Grundprinzip unserer Gesellschaft klar: The winner takes it all. Und zum anderen verlangt gerade die Globalisierung nach nationalen Identifikationsangeboten, die allerdings von ihrer politischen Dimension tendenziell entkoppelt sein müssen. Und dafür eignet sich der Sport in hervorragender Weise, weil er in letzter Instanz natürlich nur ein Spiel ist, kein Ernst. Und auch wenn Europa zusammenwächst: Wer möchte auf England–Deutschland oder Frankreich–Italien wirklich verzichten? Und auch im Skisport, wenn auch in viel kleinerem Maßstab als im Fußball, gilt dies: Gäbe es die Schweiz nicht, wir müssten sie im Interesse unserer Abfahrer erfinden."

Es fiel am 8. Februar 1972 nur wenigen ein, hinter die Kulissen zu blicken. Die Fassade sollte an diesem Tag wohl stehen bleiben, Österreich war Opfer. Wieder einmal. Nur die Auslandskorrespondenten schüttelten den Kopf. Solche wie der Mitarbeiter der *Neuen Zürcher Zeitung*, der das „weltbekannte ‚Wienerherz' als schales Produkt der Fremdenverkehrswerbung" anprangerte. „Ein Land verstörte, seine Kriegsmetaphorik in den Medien hatte ihren Ursprung in aufnahmebereiten Konsumenten, die das forderten. Henne, Ei und umgekehrt." Die Metaphorik stellte für den *SPIEGEL* noch Jahre später „Österreichs wirksamste Waffe im Ski-Krieg dar."

Die Kohle: Ein kostspieliges Denkmal / Seite 3

Belgien 10,00 … Niederlande … Schweiz 0,80 … 17 Pts, Portug…

DIE WELT

UNABHÄNGIGE TAGESZEITUNG FÜR DEUTSCHLAND

Nr. 26/6.W.-…

… der CDU

…icht …rf für …-Moskau

…pondenten

…pff./St. München, 31. Januar

…nen eigenen Vertragsentwurf …er Bundesrepublik und der …n der Bundesregierung abge…ntlicht. In dem CSU-Entwurf …l die Einheit der Nation einem … vorbehalten.

Staatssekretär Conrad Ahlers, der die …itiative der CSU in einer ersten Stel…ngnahme als begrüßenswert bezeich…ete, wies darauf hin, daß die Bundes…egierung das Selbstbestimmungsrecht …uf andere Weise gesichert habe, näm…ich durch eine einseitige Erklärung, „der von der Sowjetunion nicht wider…sprochen worden ist". Für die CDU/CSU-Bundestagsfraktion, die den Entwurf erst am Montag in Bonn zu Gesicht bekam, erklärte Olaf von Wrangel, die darin niedergelegten Gedanken würden in die Überlegungen der Fraktion mit einbezogen.

Auf einer Pressekonferenz in München sagte der CSU-Vorsitzende Franz Josef Strauß, die Vorlage enthalte Vorstellungen der CDU und CSU, die die Kontinuität der deutschen Ostpolitik gewährleisteten und sie in Formulierungen fortentwickelten, die „keinem der Vertragspartner Unzumutbares auferlegen".

Die Initiative für die Ausarbeitung des Textes kam aus der Landesgruppe der CSU in Bonn, sagte Strauß. Der Entwurf sei nicht im Detail mit der CDU abgesprochen worden, aber der Fraktionsvorsitzende und CDU-Parteichef Rainer Barzel habe von den monatelangen Vorbereitungen gewußt. Strauß erklärte, die CSU habe hier als Partei und nicht als Teil der Fraktion gehandelt. …

Bestürzung in Österreich über die Sperre des Skistars Schranz

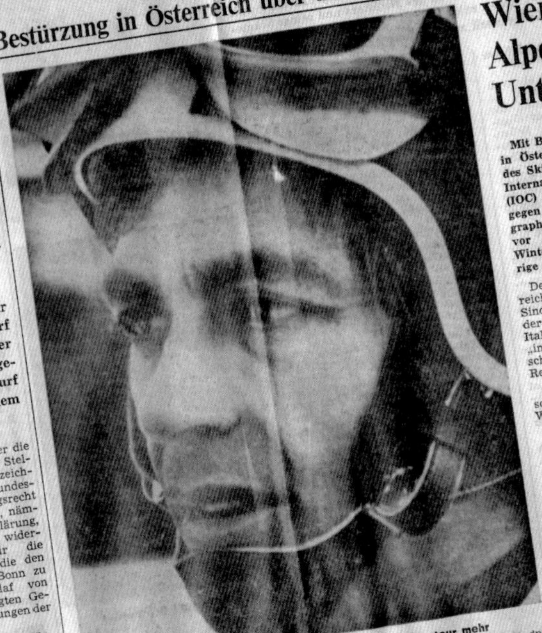

Abfahrtsläufer Karl Schranz: Für das IOC kein Amateur mehr

Funkbild: dpa

Wien bittet Alpenländer um Unterstützung

DW. Wien/Sapporo, 31. Januar

Mit Bestürzung hat die Öffentlichkeit in Österreich auf die Disqualifikation des Skiläufers Karl Schranz durch das Internationale Olympische Komitee (IOC) reagiert. Wegen des Verstoßes gegen die Regel 26, den Amateur-Paragraphen, hat das IOC Schranz vier Tage vor dem Beginn der Olympischen Winterspiele ausgeschlossen. Der 33jährige war Favorit für den Abfahrtslauf.

Der für den Sport zuständige österreichische Unterrichtsminister Dr. Fred Sinowatz hat seine Minister-Kollegen in der Bundesrepublik, in der Schweiz, Italien und Frankreich um Solidarität „im Sinne eines zeitgemäßen olympischen Geistes" und sie um Hilfe für die Revision des Urteils ersucht.

Die österreichische Olympiamannschaft plant, auf einen Start bei den Winterspielen zu verzichten, falls die Disqualifikation aufrechterhalten … Vorerst hat der österreichische Sk… band alle Aktiven vom Trainin… rückgezogen.

Nach einer zweistündigen Ve…lung in der IOC-Vollversammlu… die Abstimmung ein 28:14 Schranz ergeben. Karl Schranz war vom IOC nicht zu den Vo… gehört worden; nach den Statu… handelt das IOC nur mit Grem… Institutionen.

Entscheidend für die Disqua… soll eine Zeitungsannonce … sein, in der Schranz für Ka… Dies erklärte das finnische … glied Baron von Frenckell na… stimmung. Die vom IOC-…

Blutbad von Londonderry wirft den Frieden in Ulster weit zurück

Von unserem Korrespondenten

wth. London, 31. Januar

Der „blutige Sonntag von Londonderry" hat bei den Regierungen in London …

… für Verletzte und Tote verhindert zu haben. Es trifft nicht zu, daß zuerst auf die Soldaten geschossen worden ist, und … nicht, daß auch nur einer der …

12
Ein Land sieht Rot

„‚Wehrte Vaterlanz Ferräderin' ...‚ein ganzes Land in Dreck ziehen wahrscheindlich sind sie auch so eine Ferräderin und solche Menschen gehören hinaus aus dem Land.'"

(profil 3/1972: „Als schritte ein Apostel vorüber ..." – Reaktion auf einen kritischen Leserbrief zum Aufruhr rund um Karl Schranz)

In der Heimat schwappte an den ersten Februartagen des Jahres 1972 die Welle der Empörung über. Verschwörungstheorien machten im Zuge der Schranz-Disqualifikation die Runde, Funktionäre des Österreichischen Olympischen Komitees (ÖOC) galten als mitschuldig am Skandal und schienen sich deshalb als Blitzableiter zu eignen. Hinzukam ihr von den Medien kolportierter Lebenswandel: Die Delegierten reisten nach Meinung der Öffentlichkeit erster Klasse und genossen daneben allerhand Annehmlichkeiten, während die volksnahen Sportler einen asketischen Lebenswandel führen müssten. Das ungeschickte Krisenmanagement unmittelbar nach Schranz' Bannspruch in Sapporo passte ins Bild. Denn auch die Pressekonferenz der heimischen Delegation verkam zum Desaster, „zur Schaustellung von sich in Verlegenheit windenden Funktionären", bei der man burgenländischen Wein, Wiener Kaffee, Tiroler Speckbrote und Manner-Schnitten serviert [bekam]" (Tantner 114). Das darauffolgende Scheinmanöver, die Entscheidung einer Abberufung des gesamten

„Eine „beleidigte Nation": Die Korrespondenten der Auslandspresse berichten mit Kopfschütteln ...

heimischen Olympia-Teams überhaupt Karl Schranz selbst zu überlassen, goutierte die Mehrheit noch weniger. Selbst ORF-Generalintendant Gerd Bacher war damals der Meinung, „dass die österreichische Olympia-Mannschaft ohnehin nach Hause fahren sollte". Heute zeigt er sich eines Besseren belehrt: „Rückblickend war es richtig, dass die Mannschaft geblieben ist."

Der anhaltenden Wut verliehen einige Triebfedern und Multiplikatoren laufend neue Kraft. Journalisten wie Heinz Prüller oder Politiker wie Kanzler Bruno Kreisky, die Avery Brundage, Präsident des Internationalen Olympischen Komitees und wohl hauptverantwortlich für die Schranz-Disqualifikation, „Altersstarrsinn" (Tantner 97) unterstellten. Der damalige ÖVP-Generalsekretär Herbert Kohlmaier alarmierte laut *Kronen Zeitung* gar die christlich-demokratischen Bruderparteien Westeuropas wegen des „Willkürakts" und bat um Schützenhilfe.

Der Volkszorn äußerte sich in vielerlei Hinsicht: Einige sprachen Drohungen aus, deren Ernsthaftigkeit die Exekutive nicht einzuordnen wusste. In Innsbruck sollte eine 50-Kilo-Bombe detonieren, auch das Wiener „Haus des Sports" wurde zum Anschlagsziel erklärt. Vor der Wohnungstür Heinz Pruckners, des unglücklich auftretenden Präsidenten des Österreichischen Olympischen Komitees, wurde Benzin angezündet; das Feuer sorgte für einen Sachschaden. Ein weiterer Vandalenakt traf die Wiener US-Botschaft: Zerbrochene Scheiben sollten den Hass auf Avery Brundage zum Ausdruck bringen, auch eine anonyme Bombendrohung soll eingegangen sein. Brundage allein hätte schließlich das Ausschluss-Komitee in der Hand gehabt, wie auch Olympiasiegerin Olga Pall meinte: „Der Brundage war damals schließlich so etwas wie der Bernie Ecclestone in der Formel 1 heute."

In Japan, Schauplatz der Winterspiele, schätzte man die Lage hingegen völlig anders ein. Palls Ehemann Ernst Scartezzini, damals als Delegierter der Handelskammer Verantwortlicher im Österreich-Haus von Sapporo, erinnert sich: „Wir bekamen das Ganze zunächst gar nicht mit." Und die vernünftigen Landsleute vor Ort hätten damals gesagt: Unschuldig ist er nicht, der Schranz. Scartezzini: „Schon in seinen ersten Interviews in Japan stellte er den Brundage als senilen Trottel hin, der lässt sich das natürlich nicht gefallen. Und Schranz hätte wohl niemals damit gerechnet, ausgeschlossen zu werden.“ Davon ist auch sein langjähriger Zimmerkollege Hias Leitner überzeugt: „Wenn er diplomatischer gewesen wäre, dann wäre das vielleicht auch nicht passiert.“ Schranz selbst wehrt sich dagegen, Brundage attackiert zu haben: „Das wurde mir von einem mir wohl gesinnten Journalisten leider in den Mund gelegt. Der fragte mich beiläufig: ‚Ist schon ein seniler Trottel, der Brundage, oder?‘ Und ich sagte: ‚Ja.‘ Das war es.“

Slalom-Olympiasieger Ernst Hinterseer konnte mit dem Schranz-Rummel fernab der Heimat wie viele andere wenig anfangen: „Wir haben darüber gelacht, wie es in Österreich zugeht.“ Gründe für die Aufregung glaubte er zu kennen: „Sein Ausstatter Kneissl schürte die Situation ein wenig, und Karli trickste schon immer gerne auf.“ Auch die internationale Presse, die *Neue Zürcher Zeitung* etwa, meinte, „dass sich zum ersten Mal seit 1945 die Gefühle einer beleidigten Nation ausgewirkt“ hätten. Einer Nation, die „als Nation in der Welt nicht ernst genommen“ werde und „ihren dumpfen Gefühlen gegen eine vermeintliche ‚Verschwörung des Auslands‘ Ausdruck [...] geben“ wollte.“ (Tantner 174)

Außerhalb der Grenzen musste man den Eindruck gewonnen haben, Österreich sei ein Land von Chauvinisten. Toni Innauer pflichtet in seiner Bestandsaufnahme bedingt bei: „Wenn man eine dominierende Zeitung im Land hat, die dem Volk systematisch ‚auf den Mund schaut‘ und erwartete Klischees bedient, dann ist das aus ausländischer Wahrnehmung wohl so. Umgekehrt vermittelt uns ein Blick zu deutschen und Schweizer Massenblättern eine ähnliche Ausrichtung.“ Klaus Leistner, damals Generalsekretär des Skipools und heute in selber Position für den Österreichischen Skiverband tätig, glaubt indes zu wissen: „Im Grunde war Schranz ein Opfer, kein Provokateur.“ Sicher, der Arlberger sei ein Unbequemer gewesen, aber einer zwischen den Fronten. „Da war auf der einen Seite Ski-Hersteller Franz Kneissl, der sich Werbung versprach. Und dort war IOC-Präsident Avery Brundage mit einem Amateurparagrafen, der nicht

zu halten war. Karl wurde motiviert und zugleich instrumentalisiert." Ein Leidtragender der Hysterie war auch der wohlhabende Manfred Mautner Markhof, lange Jahre Mitglied des Internationalen Olympischen Komitees und Freund von Avery Brundage. Dessen Telegramm an den IOC-Präsidenten sollte die Lage für Schranz vor der entscheidenden Ausschluss-Sitzung eigentlich entschärfen, in Österreich wurde das Ansinnen nach Bekanntwerden missverstanden. Es hieß, Mautner Markhof hätte Brundage darin zum Ausschluss gratuliert (vgl. Tantner), in der *Arbeiterzeitung* war von einer „Schanddepesche" die Rede. Und aus Sicht vieler standen Produkte aus der Unternehmensgruppe Mautner Markhof nun plötzlich auf dem Index: Senf oder Schwechater Bier galten als verpönt, auf der Tafel eines Gastwirts hieß es etwa: „Prima-Würstel ohne Mautner Senf!" Schwechater-Bier wurde als „Judas-Bier" bezeichnet, dabei soll Manfred Mautner Markhof einer Aussendung des Unternehmens zufolge an der Firma „Th. und G. Mautner Markhof" seit über einem Jahrzehnt gar nicht mehr beteiligt gewesen sein. (vgl. Tantner 125) Als schließlich drei Enkel von Mautner Markhof – allesamt Anhänger von Schranz – in der Schule verprügelt wurden, regte sich zumindest mancherorts der Widerstand. (vgl. *DER SPIEGEL* 8/1972)
Leute wie Hugo Portisch mahnten zur Vernunft: Die Heimat habe sich nicht besser verhalten als die Funktionäre. Und Manfred Scheuch war in der *Arbeiterzeitung* der Ansicht, dass der „Blick für das rechte Maß verloren" gegangen sei". Josef Schmid, heute Pressechef des Österreichischen Skiverbands, kann bei der Erinnerung an den Schranz-Empfang in Innsbruck nur den Kopf schütteln: „Die Hysterie war unglaublich! Ich fuhr mit meinem Schwiegervater, einem Landesrat, vom Flughafen Richtung Stadtzentrum, da sprangen die Leute auf unser Auto und schrien. Da wurde mir erstmals richtig bewusst, was sich hier abspielt und welche Macht die Medien eigentlich haben."

Von einem österreichischen Trainer hieß es, er hätte Schranz beim Internationalen Olympischen Komitee denunziert. Morddrohungen folgten, der Mann habe sich nach Veröffentlichung seiner Adresse in einer Zeitung sogar in seinem Haus verbarrikadieren müssen.

Schriftliche Unmutsbekundungen prasselten auch auf Karlheinz Klee, Präsident des Österreichischen Skiverbands, und dessen Familie nieder. Drohungen erreichten die Familie in Rum bei Innsbruck über Telefon und Telegramm, Tochter Katharina blickt Jahre später auf das Unfassbare zurück: „Ich war damals erst sieben Jahre alt und weiß von der Zeit nicht mehr viel. Papa war viel im Fernsehen zu sehen, und auf einmal durfte ich nicht mehr in die Schule. Wir hatten Polizeischutz, immer wieder drangen Anrufe zu mir durch. Einer sagte: ‚Wenn dein Papa heimkommt, dann kratzen wir ihm die Augen aus.' Die Leute haben uns Exkremente nach Hause geschickt!" Aufgrund der plötzlich auftretenden Feindseligkeit legte man sich eine Geheimnummer zu, eine Zeit lang wohnte Katharina Klee bei ihrer Seefelder Tante. Rückblickend kann sie nur mehr den Kopf schütteln: „Ich fand später Zeitungen, etwa einen alten *Stern*. Und ich war entsetzt, wie wunderbar man mit Bildern manipulieren kann." Ihren Vater, mittlerweile verstorben, habe das Geschehen sehr getroffen, „denn er hätte nie ein schlechtes Wort über Schranz oder sonst wen verloren". Im Gegenzug hätte, Schranz „keinen eleganten Ton angeschlagen". Der ÖSV-Präsident sei jedenfalls froh gewesen, als ihm Helmut Zilk im Österreichischen Rundfunk („Stadtgespräche") die Chance zur Rehabilitation eingeräumt hätte. Die Ereignisse von Sapporo 1972 beeinflussten die spätere Berufswahl von Katharina Klee: „Die Medienhetze damals hat wohl eine Rolle gespielt, dass ich Journalistin geworden bin." Heute passiere so etwas wie Sapporo 1972 nicht mehr, das Internet ließe keine verzögerten und einseitigen Meldungen mehr zu. (Wenn es auch eine Plattform für jede Art von Verschwörungstheorie ist.) Ihren Vater hätten die Olympischen Winterspiele 1976 in Innsbruck über viel hinweggetröstet. Katharina Klee: „Sapporo 1972 war eine bittere Stunde für meinen Vater, aber sicher nicht die einzige."

Auch über Telefon tat man damals seinen Unmut kund: So registrierte der Kundendienst des Österreichischen Rundfunks 400 An-

Nächste Doppelseite: Flughafen Schwechat, 8. Februar 1972: Unterrichtsminister Fred Sinowatz (2.v.l.) empfängt Karl Schranz – der Beginn seiner Triumphfahrt ins Zentrum der Bundeshauptstadt.

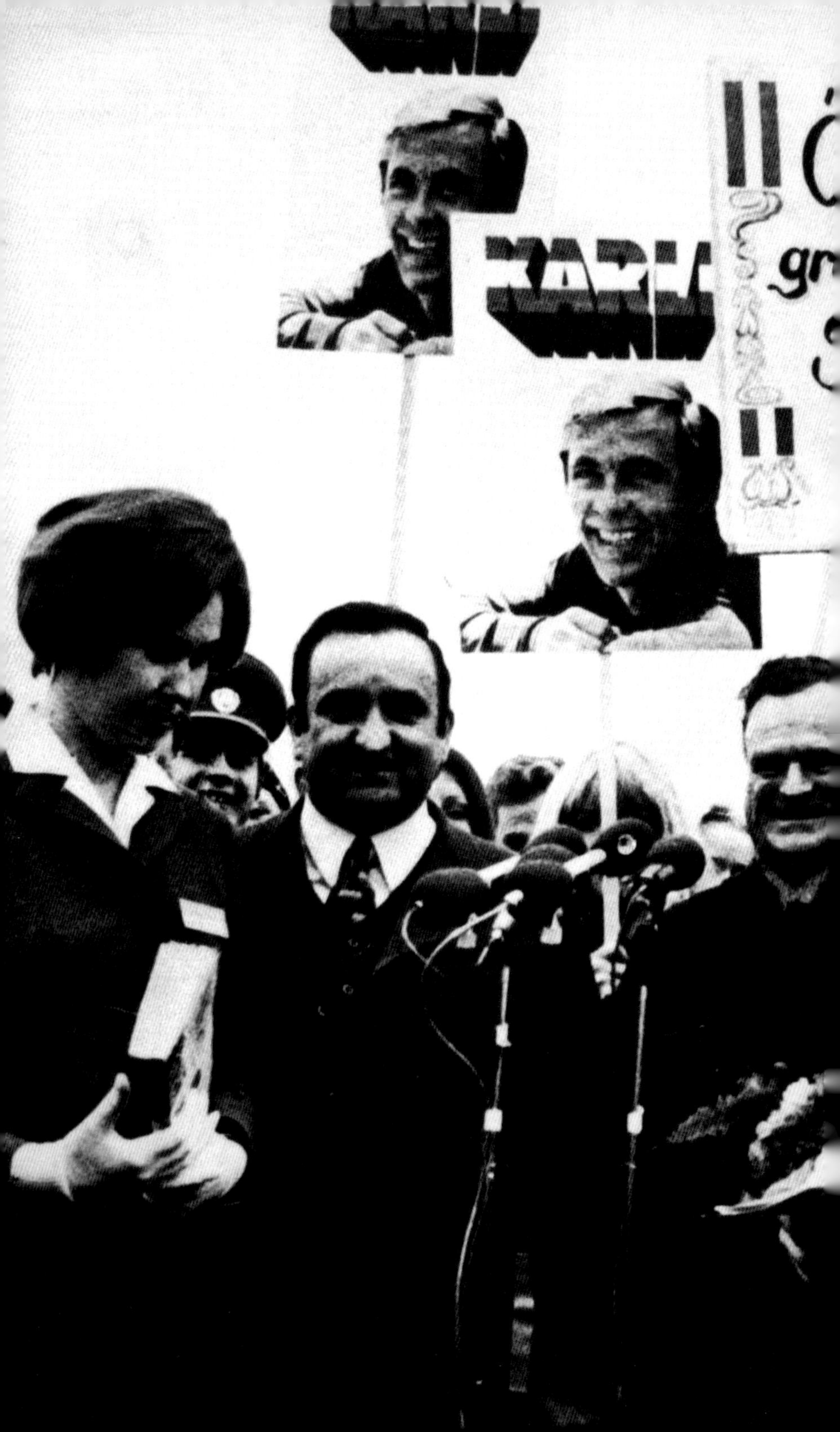

TERREICH
seinen größten
iläufer
ten!

rufer täglich. Als Verräter wurde in gewissem Maß auch das damals noch junge Monatsmagazin *profil* erachtet. „Sie haben als Journalisten, vor allem aber als Österreicher versagt!“ formulierte ÖOC-Präsident Heinz Pruckner in Anspielung auf den Artikel „Sieg-Komplex“, in dem von Karl Schranz' Einkünften die Rede ist. Auf der anderen Seite fand sich eine reichhaltige Palette redaktioneller Kritiken: „Olympia“ sei ein „nationalistischer Interessenverein“, „in dem die Kleinen das Nachsehen haben und die Großen bestimmen, was ihnen eben passt“, schrieb Walter Smekal in der *FURCHE* (5. Februar 1972) und „Auf den ‚Kleinen‘ will man herumtrampeln – auf uns Österreichern“, befand Kurt Wimmer in der *Kleinen Zeitung* (1. Februar 1972). Tantner analysiert, dass der aggressive Ton der Berichterstattung in anderen Zeitungen durchaus den Nerv der Leser traf: „Die RezipientInnen wussten sehr wohl, was sie lesen bzw. sehen wollten: Als es manchen von ihnen nach dem ersten Tag bzw. nach den ersten Tagen der Empörung schien, dass eben diese Empörung im Abnehmen begriffen war, verlangten sie nach mehr: „Bitte unternehmen Sie etwas, um die Ungeheuerlichkeiten gegen Karl Schranz aus der Welt zu schaffen oder zu sühnen, wenn ersteres zu spät ist! Rütteln Sie unsere selbstgefällige Regierung wach, etwas zu tun, nicht nur Reden zu halten! Rufen Sie alle Österreicher auf, die noch einen Funken Ehre, Vaterlandsliebe und Mumm in den Knochen haben, ihre Fernsehgeräte abzumelden. Die Welt soll sehen: Karl Schranz ist nicht allein, hinter ihm steht sein Volk! Beschwören Sie eine Massenhysterie herauf. Die Presse allein kann so etwas bewerkstelligen. Kann man mit uns denn alles machen? Eine zornbebende Leserin.“ (Tantner 91) Ein anderer hätte geschrieben: „Bitte, mobilisieren Sie die öffentliche Meinung, damit Karl Schranz nun nicht auch noch von seinem eigenen Land geopfert wird.“ (Tantner 92) Karl Schranz, darauf angesprochen, meinte in einer Retrospektive: „Ich war kein Märtyrer. Aber ich gab den Österreichern das, was sie wollten: Ich war ein tragischer Held, ich habe gewonnen und verloren. Und meistens haben sie mich aus einer Ungerechtigkeit heraus geliebt, das wollte der Österreicher nicht. Das war 1968 in Grenoble so und 1972 in Sapporo auch.“

Hart traf es die in Japan verbleibenden österreichischen Sportler vor allem während der ersten Tage der Winterspiele. Einerseits ging ihre sportliche Leistung im Aufruhr unter, andererseits wurde ihnen so etwas wie Verräterstatus zuerkannt. Für Österreichs einzige Goldmedaille, die von Eiskunstläuferin Trixi Schuba, wurde in einem Leserbrief gar ein biblischer Vergleich angestrengt: „Auf dein Judasgold sind wir nicht neugierig." Die Wienerin bekam von der Proteststimmung rückblickend wenig mit: „Ich habe das Ganze um Schranz ziemlich verdrängt und mich mehr um mein Training gekümmert. Wie die Entscheidung gefallen ist, dass wir nicht heimfahren würden, war ich sehr froh, weil ich auf dem Standpunkt stand: Was hat ein Skifahrer mit einer Eiskunstläuferin zu tun?" Von einem „Judasgold" wollte Schuba nichts gehört haben, es hätte sie auch kaum berührt: „Ich sehe das absolut gar nicht, das eine hatte mit dem anderen nichts zu tun." Sie sei mittlerweile eher entsetzt, „was da bei der Schranz-Heimkehr stattfand. Wenn einer ausgeschlossen wird, zählte das auf einmal mehr als eine Goldmedaille!" Sie habe dieses Kapitel ihrer Karriere trotzdem als schön empfunden: „Mein Gott, so war das Leben." Auch ihr Leben schlug nicht lange nach Sapporo eine neue Richtung ein. Als Eiskunstläuferin habe sie vor den Winterspielen 1972 nichts verdient („Meine Mama hat alles bezahlt"); dafür später, als sie zur Eis-Revue ging. „Karl öffnete damals mit seiner Disqualifikation Türen, aber ich war auch als Amateur glücklich: Mehr als zwei Schnitzel am Tag kann ich auch nicht essen, wenn ich viel verdiene." Und Karl Schranz selbst? Schuba: „Dem hätte nichts Besseres passieren können als der Ausschluss, so populär war er nach dem Ärger."

Der Tiroler konnte sich damals einer wahren Flut an Zusendungen gar nicht erwehren – 700 Briefe, in erster Linie Mitleidsbekundungen und Unterstützungskarten, erhielt er täglich; insgesamt sollen es 30.000 gewesen sein. Auch in St. Anton teilte man damals die Enttäuschung, Bürgermeister Tschol meinte gar: „Wir überlegen, ob wir den ganzen Ort mit Trauerfahnen beflaggen sollen." Und Anna Schranz, die Mama, war nach den Geschehnissen einfach nur traurig. „Wie kannst du das verkraften?", fragte sie ihren prominenten Sohn. Die Enttäuschung wurde schon Tage später in Tonstudios aufgegriffen und in Vinyl gepresst, vier Protestlieder kamen innerhalb der nächsten zwei Wochen auf den Markt. „Der Karli soll lebn", hieß die Platte von Georg Danzer, Rene Reitz, André Heller und Marianne Mendt, die schon am 3. Februar im Radio gespielt wurde. Da hieß es unter anderem: „Karli pass auf, Karli sei gscheid, du kaunst di oseun, wauns di ned gfreid. Karli pass auf, Karli sei gscheid, loss di ned aufeun, las di ned eiteun von de Leit." Über Nacht, hieß es, seien 5000 Exemplare abgesetzt worden.

Eine Nachdichtung von Wolfgang Ambros' „Da Hofa" wies erkennbar rassistische Züge auf; die „Freunde des Skisports der Firma Böhler, Wien 1" warteten schließlich mit einer originellen Parodie auf, indem der „Da Branditsch" besungen wurde. Tantner stellte fest, dass der Zorn in den darauffolgenden Tagen „verebbt sei": „In ihren Faschingsausgaben [der Zeitungen] wurde die zuvor todernste Angelegenheit dadurch, dass sie in unernste Zusammenhänge gestellt und ironisiert wurde, verharmlost. Als das Olympiateam am 15. Februar in Schwechat gelandet sei, wären nur mehr verstreut Pfiffe unter den 300 Besuchern zu hören gewesen. Einzig ein großes Polizeiaufgebot erinnerte an Drohgebärden im Vorfeld. Der damalige Pool-Generalsekretär Leistner erinnert sich an die Ankunft in Schwechat: „Als wir in Wien landeten, überlegten wir angesichts der feindseligen Stimmung: Wenn wir die Sportler mit den roten Dufflecoats der olympischen Delegation vorne aussteigen lassen würden, dazu Olympiasiegerin Trixi Schuba an der Spitze, könnten hinten die Funktionäre mit den schwarzen Anzügen das Flugzeug verlassen. So war es dann auch." Doch der Ärger ging nur langsam zurück, wie Leistner auf der Rückfahrt feststellte: „Als wir mit ÖSV-Präsident Klee im Auto heimfuhren und in Linz auf einen Kaffee gingen, mussten wir das Lokal bereits nach zehn Minuten wieder verlassen. Die Leute stierten ihn bereits an." Klee fuhr dann mit dem Nachtzug nach Hause, um nur ja keinen Ärger auf sich zu ziehen.

Tantner bemühte sich bei einer Einordnung des Schranz-Rummels von 1972 um eine „Darstellung der Ereignisse, eine Beschreibung der Klischees und Feindbilder", und derer gab es damals zuhauf. Erster Denkansatz: Sport als „Fortsetzung der Geschichte mit effizienteren

Mitteln": Sportreporter sollten an die Stelle der Historiker treten: „Im Vergleich zu Geschichte war Sport in seiner nationsbildenden Kraft noch wirkungsvoller, da er nationale Identifikationen auch für jene – zumeist männlichen – Fans attraktiv machte, die ansonsten politisch desinteressiert waren." Sportliche Bewerbe wurden zu „Wettkämpfen" zwischen Nationen hochstilisiert, und vor allem die Sprache des Sportjournalismus verknüpft den Sport immer noch mit dem Krieg. Da ist von Brettern als Waffen die Rede.

Dieter Seefranz meinte, dass „Schranz [...] zu den Identifizierungen des Herrn Österreichers mit seinem Staat [gehöre]". (Rausch 175) In diese Kerbe schlägt Jahre später auch Karl Schranz selbst. Und er bringt nicht nur seinen Ausschluss, sondern auch die Sanktionen im Zuge der Regierungsumbildung im Jahr 2000 ins Spiel: „Das, was man mit Österreich aufgeführt hat, ist nicht zulässig. Habt ihr gesehen, wie sie uns g'watscht haben mit den Sanktionen?" Sapporo 1972 weist Sport als integrativen Bestandteil der politischen Geschichte aus. Anschluss (1938) und Ausschluss (1972) vermochten den Helden- bzw. den Ballhausplatz zu füllen. Über den Heldenplatz von 1938 sprach man nicht gern, aber der Ballhausplatz 1972 hat rückblickend etwas von dem legendären Fußballspiel Österreichs gegen Deutschland in Córdoba 1978 an sich, etwas zutiefst Heldenhaftes.

Österreichische Sportgeschichte. Österreichische Geschichte. Daten einer Meinungsforschung belegen „diese nationenschaffende Bedeutung des Sports": „1980 war Sport sowohl diejenige Leistung, auf die am meisten der Österreicher – nämlich 90% – stolz waren (für Leistungen der Wiener Medizin bzw. auf dem Gebiet des Walzers und der Volksmusik konnten sich 82% bzw. 81% erwärmen), als auch der stärkste ‚Nationalisierer' von Jugendlichen. In den folgenden Jahren allerdings fiel der Sport in der Rangliste der Objekte des ‚Nationalstolzes' dramatisch zurück: 1985 ist er an der zweiten Stelle (77 %) hinter Walzer & Volksmusik (83 %) zu finden, 1987 an der sechsten (66 %), und 1992 an der achten (nur mehr 17%)." Im Oktober 2010 erhob das Linzer Marktforschungsinstitut market Daten zum Patriotismus der Österreicher (ab 16 Jahre). Man sei auf Natur (87 %) und

Küche (81 %) stolz, die sportlichen Leistungen rangieren mit 45 % nur mehr im Mittelfeld.

Tantner relativiert: „Selbstverständlich müssen diese Daten vorsichtig betrachtet werden. Noch immer seien 94 Prozent der Österreicher stolz, wenn ‚Österreich' eine Goldmedaille bei den Olympischen Spielen gewinnt." Einem Entzug der Anerkennung würden heftige Reaktionen auf Seiten der Enttäuschten folgen. Diese zeigten sich im „Schranz-Rummel" genauso wie rund um die Affäre Waldheim. Und im gleichen Maß scheinen die Medien von dieser Emotionalisierung zu profitieren. So kostete der Österreichische Rundfunk seine Quasi-Monopolstellung als Öffentlich-Rechtlicher lange Zeit aus, die Position garantierte eine anhaltend große Quote. Mit zunehmender Konkurrenz aus dem kommerzialisierten Fernsehen und der Aufteilung der Rechte sinkt auch die Bedeutung des ORF in seiner früher marktbeherrschenden Rolle als Sporttransporteur. Noch klammert man sich am Küniglberg an jenes Vehikel, das Einschaltziffern garantiert: den Skisport, der seit Karl Schranz nur marginal an Bedeutung verlor.

Siegen und verlieren – ein in Österreich überbordendes Spiel zwischen Himmel und Hölle? Der Tiroler Benjamin Raich, Weltmeister und Olympiasieger im alpinen Skilauf glaubt: „Das sicher, schließlich berichtet jeder gerne über Siege." Erinnerungen an die Olympischen Spiele 2010 in Vancouver werden wach, bei denen das heimische Herren-Team trotz guter Leistungen um Haaresbreite ohne Medaille nach Hause fuhr: „Da war ein bisschen Pech dabei, ein paar Hundertstel fehlten, und schon wird von den Medien über teilweise starke Leistungen schlecht berichtet. Das klang dann fast ein bisschen schadenfroh nach dem Motto: Gottseidank können wir sie in die Pfanne hauen! Das finde ich schade. Es fehlt mitunter die richtige Einschätzung, auch wenn es nicht immer für ganz oben reicht. Es schläft halt kein Gegner, und in solchen Fällen muss man irgendwann sagen: Die anderen waren besser, wir gratulieren." Das glaubt auch Stephan Eberharter, der mittlerweile zurückgetretene Seriensieger vergangener Jahre: „Es gab Zeiten, da war es irgendwie normal,

Erfolg zu haben. Der Journalismus trägt das Seinige dazu bei, man darf das als Athlet nicht so eng sehen." Allerdings sei es nicht nur gut, einen Erfolg nach dem anderen zu feiern, „da verliert man den Bezug".

Peter Schröcksnadel, Präsident des Österreichischen Skiverbands, hält nichts von der These, die Österreicher könnten sich im Weltcup tot siegen („In anderen Sportarten verlieren wir ohnehin genug") und dadurch Tourismus und Ski-Industrie schädigen. Doch warum ist es vornehmlich der Skisport, an dem sich Österreich aufrichtet oder reibt? Philosoph Liessmann glaubt: „Jedes Land liebt den Sport, den es glaubt zu beherrschen. Da wir seit geraumer Zeit nicht besonders gut Fußball spielen, aber uns einbilden, gute Skifahrer zu sein, schlägt im Schnee das Herz höher." Chauvinismus könne er darin jedoch keinen erkennen: „Die Gelassenheit, mit der die Österreicher das peinliche Abschneiden ihrer Ski-Herren bei den letzten Olympischen Spielen erduldeten (Vancouver 2010, Anm.), widerspricht jeder These vom Sportchauvinismus in diesem Land." Politikwissenschafter Anton Pelinka bezeichnet den erfolgreichen Skisportler als „nationsstiftende Skilegende", Sportjournalist Johann Skocek nennt ihn sogar Wunderheiler: „Toni Sailer ist der Mensch gewordenen Gründermythos, der Mann, der von den Bergen herunterstieg und den Österreichern verkündete, sie können sich ab sofort selbst wieder in ihre schweißnassen Gesichter sehen."

Vornehmlich ausländische Medien pflegen einen kritischen Zugang, *DER SPIEGEL* etwa befand: „Skirennen, gewonnene wie verlorene, sind Naturereignisse in Österreich, auch am Fernsehschirm." Dazu würden der TV-Jargon passen, Ausdrücke wie: „Tua in Oasch owe." (Skiübertragung mit Armin Assinger) Oder: „Wann der uns noch panieren tät, um Gottes willen. [...] Platz zwei wäre auch genug." (Robert Seeger). Dann wieder „tscheppert's eina wia in an Klupperlnsackerl" (Assinger). Und Seeger schließt: „I bin stolz, a Österreicher zu sein." Und er bittet, das nicht falsch zu verstehen. Die Anziehungskraft von Ski-Erfolgen hätte die österreichische Politik schon lange erkannt, wie *DER SPIEGEL* im Zuge der Ski-Weltmeisterschaft 2001 feststellte: „Auch Bundespräsident Thomas Klestil tritt auf in St. Anton, stark hirschhornknopfbesetzt, samt wächsern lächelnder Gattin, die den Maier Hermann unlängst sanft erbebend ‚so stark' genannt hat, dass sie ihn nun im Haus Austria abbusseln muss, kurz und trocken, links, rechts." Es sei der „klassisch österreichische Spagat, die bis zur Vervollkommnung perfektionierte Daseinsform des austriakischen Normalbürgers, das Gegenteil der hysterischen Reaktion deutschen Kalibers. Geht's nicht so, geht's auch anders; gibt's kein Gold für die Rennläufer, gibt's Geld für Fabrikanten und Hoteliers." (vgl. *DER SPIEGEL* 6/2001)

Eine durchaus differenzierte Sicht hat der österreichische Medienwissenschaftler, Journalist und Buchautor Peter Plaikner.

Madl: Dem ORF wird im Zusammenhang mit dem Schranz-Empfang eine Einpeitscherrolle zugeschrieben, der frühere ORF-Generalintendant meint in einem Gespräch, so etwas sei heute nicht mehr möglich. Wie denken Sie darüber?

Plaikner: Das ist eine Frage der Perspektive. Unter dem Gesichtspunkt von Reichweiten und Marktanteilen mag der einstige GI Recht haben. Denn allein von 1990 bis 1994, der dritten und letzten Amtsperiode von Gerd Bacher, sanken die TV-Marktanteile des ORF von 80 auf 62 Prozent. In seiner ersten Dienstzeit – 1967 bis 1974 – herrschte allerdings noch das volle Monopol. Fernsehen war ORF schauen. Heute hat der ORF weniger als 40 Prozent Marktanteil. Seine meinungsbildende Macht ist deutlich geringer. Aber Skisportübertragungen sind immer noch Quotengaranten. Und die Kommentierung dieser Ereignisse ist alles andere als objektiver geworden. Schon die ständige Präsenz von Ex-Rennläufern als Co-Kommentatoren macht klar, wie sehr hier der – sagen wir es vorsichtig – Patriotismus bedient werden soll. Der ORF ist dem ÖSV auf vielfältige Weise – nicht nur durch die Übertragungsrechte – auch wirtschaftlich verbunden. Wie sehr das in Kombination mit dem ÖSV-Partner Kronenzeitung hilft, hat zuletzt die heimische Wahrnehmung der Dopingaffäre 2006 in Turin gezeigt. Eine Einpeitscherrolle wie einst bei Schranz sei heute nicht mehr möglich? Das glaube ich nicht. Ich glaube, die Kampagne wäre sogar noch intensiver. Doch sie würde auch mehr in Frage gestellt. Damals fehlte der starke Gegenpol. Den gibt es heute – durch die Möglichkeit, umzuschalten.

Madl: Welche Rolle nimmt der Skisport im heimischen Fernsehen ein? Kann der ORF vor der Akquise der Ski-Rechte zu Recht davon sprechen, es handle sich bei diesem Sport um ein Kulturgut, das hohe Übertragungskosten rechtfertige?

Plaikner: Mich stört die Bezeichnung Kulturgut. Diesen Begriff gönne ich lieber den Tourengehern – selbst dann, wenn sie neben oder auf Pisten aufsteigen. Die Übertragungskosten werden durch den Wirtschaftsfaktor und die Einschaltquoten gerechtfertigt. Österreich bezieht seinen Status als Tourismusland in hohem Maße aus dem Skifahren, das durch die Skisportler popularisiert wird. Im Gegensatz dazu wird der alpine Pistenskilauf als allgemeines österreichisches Kulturgut vielleicht nicht immer unpopulärer, aber ständig unerschwinglicher. Dass kaum mehr als zehn Prozent unserer Landsleute regelmäßig Ski fahren, ist eine vielfach belegte Quote, deren Nennung dennoch als Nestbeschmutzung gilt. Als Trost bleibt dem Sportsfreund bloß, dass die Zahl der aktiven Fußballer nicht einmal halb so groß ist. Wir sind also eher ein Volk der Passiv- bzw. Fernsehsportler. Schließlich kann ja nicht jeder Formel-1-Fahrer werden. Und Skisport garantiert Bestquoten: Unter den zehn meistgesehenen ORF-Sendungen des Jahres waren 2005 zwei, 2006 zwei, 2007 drei, 2008 zwei, aber 2009 schon sechs Skisport-Übertragungen. Es handelt sich also um die letzte Konstante, mit der der Medien-Öffi noch rechnen kann. Allerdings – und kaum etwas zeigt den Passiv-Charakter so gut: Bei zwei der sechs Straßenfeger ging es ums Skispringen.

Madl: Wie haben Sie die Person Schranz aus Ihrem Tiroler Kontext heraus wahrgenommen, wie veränderte sich Ihr Bild im Laufe Ihrer beruflichen Laufbahn und mit zunehmender Erfahrung?

Plaikner: Für mich als Jahrgang 1960 war er ein Idol, obwohl ich erst

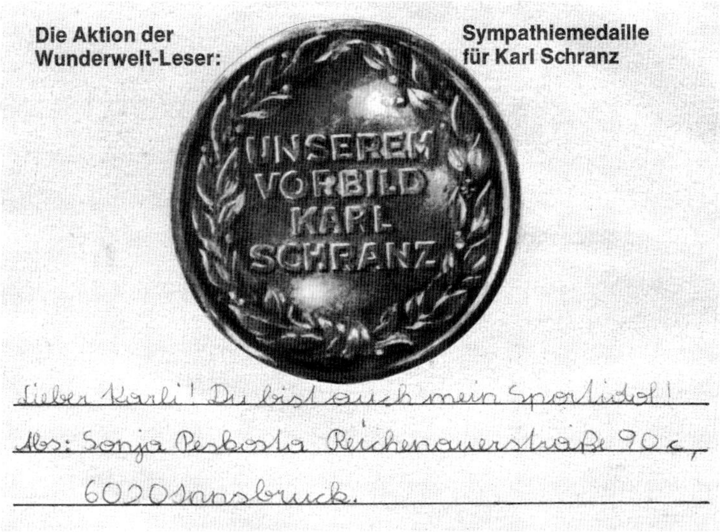

Unterstützung durch große und kleine Fans: An die 30.000 Briefe und Karten gehen nach Sapporo bei „Vorbild" Schranz ein.

im Schulskilager 1972 das erste Mal einen Lift benutzt habe. Ungeachtet dessen, dass wir sogar am Dodl-Bichl die Schranz-Hocke imitiert haben, war er für mich vor allem wegen jener Unbeugsamkeit faszinierend, die andere Sturheit nennen. Auch wenn ich ihn nie persönlich kennengelernt habe, schätze ich das bis heute. Ich höre viel Negatives über ihn, das sich bei kritischem Nachfragen oft als purer Neid entpuppt. Aus der Distanz glaube ich, dass er als ausgewiesener Extremist unter der uneingestandenen Durchschnittlichkeit seines Landes leidet. Für mich hat sich das Bild von ihm kaum verändert, weil a) ich mich nicht intensiv mit ihm beschäftigt habe, b) ich es für eine ziemliche Auszeichnung halte, wenn hierzulande einer viele Feinde hat, c) er ja vielleicht wirklich jener Ungustl ist, als den ihn viele darstellen. Aber das ist mir dann immer noch lieber als die vielen Anbiederer, die sich nicht zu blöd sind, das auch noch als aufrechtes Tirolertum vermarkten zu wollen. Der Schranz hat jedenfalls mehr erreicht, als sie alle jemals erreichen werden.

Was am Ende des Schranz-Rummels in den Februartagen 1972 blieb, war dessen neu gewonnene Popularität und die Frage, ob er denn mit seiner aktiven Karriere nach dem Ausschluss von den Winterspielen weitermachen würde: „Die Vermarktungsagentur IMG hätte mich am liebsten inhaliert, aus Japan, Italien, Deutschland und Österreich kamen Trainerangebote. Aber ich wollte weiterfahren, schließlich hatte ich im Weltcup noch Chancen." Dann überschlugen sich neuerlich die Ereignisse: Am 12. Februar teilte FIS-Präsident Marc Hodler mit, dass es wider sein Versprechen keine eigene Ski-Weltmeisterschaft in Europa für Schranz geben werde. Die hätte man im Fall eines Ausschlusses versprochen, unüberbrückbare „Terminschwierigkeiten" wegen der internationalen Zollmeisterschaften würden das verhindern. Möglicherweise lag es am Siegeszug seiner Schweizer Landsleute, die ihn unter Druck brachten. Karl Schranz reagierte, am 15. Februar beendete der Arlberger mit einem offenen Brief an Skiverbandspräsident Karlheinz Klee schließlich seine Karriere: „Den Ausschlag dazu gab der Wortbruch des Weltskiverbands FIS", hieß es darin. Und weiter: „Dann soll man glauben, dass das alles mit Skisport noch etwas zu tun hat. [...] Sehr geehrter Herr Präsident, ein solches Intrigenspiel ist einem Kampfsportler nicht zuzumuten. [...] Ich möchte meine Laufbahn in Würde beenden und nicht als Freiwild der internationalen Sportpolitik." Ein Wechsel ins Profilager kam nicht in Frage, andere Funktionen schlug er gleichfalls aus. Karl Schranz trat von der Ski-Bühne ab. Für immer.

Österreichs größtes Nachrichtenmagazin
NR. 49 • 4. DEZEMBER 2003
SZENE • LEUTE
NEWS
€1,90

Die Grasser-Trennung
Das private Pech des Ministers

Hermann Maier im großen Interview

Super-mann Maier

HOFBURG
Ferreros Frühstart

SCHUL-CHAOS
Der Lehrer-Skandal

NACH DER PLEITE

SPORT

SUPERHERMANN

Hermann Maier: Was ihn unschlagbar macht

PHÄNOMEN HERMINATOR. In Lake Louise demolierte er die Konkurrenz wie in alten Tagen. 28 Monate nach dem fatalen Motorradcrash hat Hermann Maier die Rangordnung im Skizirkus wiederhergestellt.

NEUER HÖHENFLUG. Hermann Maier, noch 30, will am Wochenende in Beaver Creek wieder zuschlagen. Auf der „Birds of Prey"-Piste steht er bereits siebenmal in den Siegerlisten.

HERMANN MAIER
Der Herminator ist endgültig zurück, feiert in Lake Louise nach Traumlauf seinen 18. Sieg im Super-G.

MAIER SCHLÄGT ZURÜCK Hermann Maier führt unsere Skiasse zum Vierfachtriumph im Super-G von Lake Louise. Topquote im ORF: Bis zu 1,5 Mio. Österreicher fieberten mit.

HERMINATOR-INTERVIEW Am Wochenende startet der Herminator auf seiner Lieblingsstrecke in Beaver Creek. Im TV-MEDIA-Talk sagt er: ‚Erwarte mir noch mehr als in Lake Louise!'

Herminator siegt in Lake Louise
MAIERS TRIUMPH

13 Mythos und Erbe

„Nach dem Brundage-Rücktritt schrumpften die zehn Gebote für Olympia-Amateure von 131 auf 60 Zeilen."

DER SPIEGEL 39/1981

Mit knapp 40 Jahren Abstand geht der Blick zurück nach Sapporo: „Ich wurde für alle geopfert, aber es hätte schlimmer kommen können", erklärt Schranz heute. Noch schlimmer? Es hat fast den Anschein, als feile der olympische Märtyrer an seinem Mythos, dem ihm nicht in erster Linie seine lange Liste von 100 Rennerfolgen beschert hat. Seine drei Weltmeistertitel und zwei Gesamtweltcupsiege, die bis zu Hermann Maier jeden erfolgreichen Ski-Österreicher aus der Ski-Historie heraus verfolgten: „Karl Schranz war mein ständiger Wegbegleiter. Immer hieß es: ‚Wie lange wird es wohl dauern, bis wieder einer den Gesamtweltcup gewinnt'", erzählt Maier, der diese Lücke 1998 schloss. Nur Olympia-Gold hat der Flachauer dem Mann aus St. Anton voraus; und wie Maiers Husarenritt nach dem unglaublichen Sturzflug zuvor in Nagano nimmt sich auch das Japan-Abenteuer von Schranz aus wie eine unendliche Geschichte. Noch heute spricht der Tiroler über seine Sapporo-Reprise, als wäre sie gestern passiert: „Aber der Amerikaner, der Oberg'scheite (IOC-Präsident Avery Brundage Anm.) hat gemeint, ich hätte viel Geld verdient." Geld hat Schranz damals nämlich zweifelsohne verdient, viel auch

Erst „Supermann Maier" schloss die Lücke ... (Faksimiles: News, 4. 12. 2003, News, Nr. 49, 2003, TV-Media, Nr. 50, 2003)

noch, und das wider das damals bestehende Regulativ. Nur stand er mit seiner Definition des Amateurwesens eben nicht alleine da, andere Skifahrer wie Jean-Claude Killy versteckten ihren Geschäftstrieb nur besser – auch hinter Schranz. Der wird nicht müde zu betonen: „Das Ganze war ein Witz, einfach lächerlich und leider von Österreichern provoziert. Eine Verschwörung aus dem Österreichischen Olympischen Komitee heraus. Ich habe manche Sachen gesagt, die sie nicht so einfach akzeptieren wollten. Und unsere (Mitglieder des ÖOC, Anm.) haben vor dem Brundage immer Angst gehabt und waren untertänig. Die haben halt lieber mit mir etwas gemacht." Die, das waren nach Schranz' Meinung Leute wie Edgar Fried, der Generalsekretär des Österreichischen Olympischen Komitees. Die *Kronen Zeitung* vermutete schon damals (18. Jänner 1972), dass Fried eine „undichte Stelle" und möglicherweise ein Spion des Internationalen Olympischen Komitees (IOC) gewesen sein könnte, um Schein-Amateure zu entlarven. Der Wiener hätte dem Vernehmen nach anstößige Interviews von Schranz gesammelt, um sie Brundage zuzuspielen.

Der Arlberger wähnt sich als Wegbereiter des Berufssports. Und auch als Retter der Olympischen Winterspiele. Mit seinem Klagsverzicht im Anschluss an seinen Ausschluss 1972 habe er diese Veranstaltung „am Leben gelassen": „Ich hätte das Internationale Olympische Komitee klagen können, die prominente US-Anwaltskanzlei Melvin & Pelli wäre kostenlos für mich angetreten. Ich hätte 10 Millionen Dollar verdienen können, aber damit wäre der Wintersport kaputt gewesen. Eigentlich habe ich das IOC damit gerettet, die Entschuldigung kam aber erst viel später." Auch auf pikante Enthüllungen („Das *LIFE*-Magazin hätte mir eine Million Dollar gezahlt, die *BUNTE* eine Million Mark") verzichtete er nach Sapporo. Schranz, das hätten ihm auch der heutige IOC-Präsident Jacques Rogge und der damalige FIS-Präsident Marc Hodler bestätigt, rettete auf seine Art die Olympischen Winterspiele. Indem er nicht klagte. Es sollte aber 16 Jahre dauern, bis Schranz am 8. Dezember 1988 Rehabilitation erfuhr – aus den Händen von IOC-Präsident Juan Antonio Samaranch nahm er bei einer Tagung in Wien die goldene Teilnehmermedaille der

Winterspiele 1972 entgegen. Doch war wirklich Schranz der Schlüssel, der die Winterspiele vor Ungemach bewahrte hatte und die Professionalisierung des olympischen Sports einleiten sollte? Hatte er wirklich recht, als er sagte: „Ich habe dazu beigetragen, dass Sportler heute Geld verdienen dürfen; darauf bin ich immer noch stolz!"?
Politikwissenschafter Peter Filzmaier, ein profunder Kenner der olympischen Geschichte, schränkt ein: „Karl Schranz ist eine österreichische Überschätzung, die Reduktion seines Feindbildes Brundage auf seinen Ausschluss übrigens auch. Es mag uns treffen: Die Welt interessiert sich für verhinderte Olympiasieger im Abfahrtslauf weit weniger, als wir es in Österreich tun. Die Debatte rund um den Amateurparagrafen schlug durchaus Wellen, doch müsste sie in einen ungleich größeren Kontext eingebettet werden, zum Beispiel in Bezug auf diese Lebenslüge der Olympischen Bewegung – Jesse Owens (dreifacher Leichtathletik-Olympiasieger 1936, Anm.) trat angeblich nach seinem Sieg in Show-Wettrennen gegen Pferde an, um etwas Geld zu verdienen –, sowie vor allem in Zusammenhang mit dem Kalten Krieg und den Staatsamateuren des Ostblocks."
Entschieden weist Karl Schranz diese Sichtweise zurück. „Zeitungen aus England, den USA und Japan haben mir sehr wohl diesen Stellenwert eingeräumt. Ich bin keine österreichische Überschätzung."

In seiner Diplomarbeit „Der Einfluss früherer ‚Schihelden' und der medialen Berichterstattung auf die nationale Identität der österreichischen Schifans" schreibt Jürgen Puchner 2010: „Fakt ist: Schranz wird erst jetzt, 1972, durch diese ‚Niederlage' zu dem, was er seine ganze Karriere lang schon werden wollte, nämlich ein österreichischer ‚Schiheld'." (51) Anders als im Leben des Toni Sailer, der ausgehend von seinen großen Erfolgen zum Superstar wurde, sind es bei seinem Arlberger Pendant die Umstände von dessen größten Nichterfolgen. Die patriotischen Gemüter in Österreich werden vor allem durch diesen, von den meisten als ungerechtfertigt empfundenen Ausschluss in Sapporo erhitzt: „Dennoch verdankt Karl Schranz seinen Heldenstatus zuallererst sicher der Sapporo-Disqualifikation und dem traurigen Umstand, dass ein so erfolgreicher Rennläufer wie er niemals Olympia-Gold gewann", glaubt Labitsch (99). Die olympische Verbannung – nach Meinung vieler Folge des Aufbegehrens. Akte der Auflehnung, wie sie Schranz Zeit seiner Karriere begleiten: Einmal trat er mit einer Unterschriftenaktion im Vorfeld der WM 1970 gegen einen internen Qualifikationslauf auf. Dann wieder organisierte er einen Rennboykott, da die Witterungsbedingungen keinen gefahrlosen Wettkampf zugelassen hätten. Immer zum Leidwesen der Funktionäre. Schranz: „Jeder ÖSV-Präsident wollte mich in seiner Amtszeit einmal raushauen. Ich sagte immer: Wenn du dir das leisten kannst, dann mach das."

Schranz personifizierte in seiner Zeit den Widerstand gegen überkommene Strukturen. Das galt für den Innovationsgeist des niemals müden Tüftlers wie für den ungewöhnlichen Trainingsplan des Arlbergers. Und nicht zuletzt für denjenigen, der die bis dahin brotlose Kunst des Spitzensports offen in Frage zu stellen wagte. Spitaler (141) befand: „Zu einem Zeitpunkt, als der alte Amateurethos der olympischen Bewegung immer weniger mit der Professionalisierung des Sports in Einklang zu bringen war, wurde Schranz zum Symbol für diese Entwicklung. Damit wurde ein Konflikt spektakulär sichtbar, der bereits zehn Jahre zuvor bei Toni Sailers Karriereende seinen Anfang genommen hatte." Und eben das hebt ihn aus Sicht Puchners (51) auf jenen Schild empor, den ihm die skiverrückten Österreicher zugedacht haben: „Karl Schranz gilt als identitätsstiftender Verlierer, der durch seinen Ausschluss in Sapporo den, in der österreichischen Gesellschaft tief verankerten, Opfermythos reaktiviert und so zu einem Idol wird." Spitaler (143) ging in seiner Betrachtung gar noch einen Schritt weiter, indem er dessen Karriereverlauf mit einer „spezifisch österreichisch-katholischen Passionsgeschichte verglich. Der tragische Held habe „seine Skier bzw. das Kreuz der Nation" auf sich genommen und in Sapporo die Sünden des gesamten Profi-Skisports getragen. Der Tiroler fungiert dieser Folgerung nach als Transporteur, als Vehikel, weniger als Akteur. Der Mechanismus ließ sich auch auf Schranz' Skifirma ummünzen: „Der Ausschluss nützte Kneissl mehr als ein möglicher Olympiasieg: Tagelang erschienen Schranz und Arbeitgeber Kneissl auf allen TV-Kanälen", kommentierte *DER SPIEGEL* (6/1976). Zum gleichen Schluss kommt Sporthistoriker Rudolf Müllner (55), der den Fall Schranz in der öffentlichen Wahrnehmung als symbolische Opferung des damals besten Skirennläufers erachtet. Der Opfermythos sei ein „Konglomerat der damaligen Umstände, Rechtfertigung, Verdrängung, Konsensdemokratie und ein reflexartiger Zusammenschluss ob des Angriffes von außen". Dieser Umstand sei dadurch gefördert worden, „dass dieser Reflex in Österreich jahrzehntelang eingeübt werden konnte" (Müllner 161/Labitsch 113). „Der Rennläufer wusste, dass er dadurch mit dem kollektiven ‚Wir' verschmolz (und auch dafür missbraucht wurde)", glaubt Labitsch (112). *DER SPIEGEL* (2/1997) war Jahre später ähnlicher Auffassung: „Seither gilt er [Schranz] in der Alpenrepublik als lebender Beweis, daß der große Rest der Welt das kleine Land benachteiligt."

Vor allem in nationalen Medien sei der Tiroler als Opfer dargestellt worden. Etwas, das der Innsbrucker Sporthistoriker Elmar Kornexl bis heute feststellen kann: „Wir Österreicher sind emotional in der Betrachtung, andere Nationen verhalten sich hier etwas sachlicher. Wir neigen zur Begeisterung und zur Depression gleichermaßen." Erfolge seien schnell vergessen, die heimischen Medien würden diese Achterbahnfahrt forcieren: „Vor allem Rundfunk und Fernsehen tragen dazu bei. Ich erhalte oftmals Rückmeldungen von ausländischen Studenten, die meinen: ‚Euch kann man nicht ernst nehmen. In vielen Fällen übertreibt ihr und eure Übertreibung überschreitet die Grenzen der Wertschätzung.'" Es sei aus dieser Sicht heraus wünschenswert, „wenn man da ein bisschen nivellierender vorgehen würde". Der frühere ORF-Generalintendant Gerd Bacher, seit Beginn von Karl Schranz' Karriere ein Freund des Tirolers, stimmt dem nicht zu: „Was den Nationalismus in den Medien anbelangt, sind Deutsche und Franzosen viel schlimmer, die Schweizer sind richtig grimmige Nationalisten. Ich finde vielmehr, dass wir in einer übertriebenen und hysterischen Zeit leben. Hauptschuldig an diesen Strömungen ist das Pop-Zeitalter, in dem jeder sagt, was er sich gerade denkt."

Konrad Paul Liessmann, Professor für Philosophie an der Universität Wien, pflichtet ihm bei: „Ich denke nicht, dass sich die Österreicher hier von anderen Nationen sonderlich unterscheiden. Überall dort, wo eine Sportart für eine Gesellschaft eine besondere symbolische oder identitätsstiftende Bedeutung hat, jubeln die Menschen bei Siegen, verzweifeln bei Niederlagen oder machen sich lustig beim Versagen großmäuliger, selbsternannter Stars. In Österreich herrscht ja eine höchst ambivalente Einstellung zu seinen Sportlern, von Chauvinismus kann doch keine Rede sein, wenn bei einem schlechten Spiel der Nationalmannschaft vor heimischen Publikum dieses nach 20 Minuten auf Seiten des Gegner wechselt und die eigene Truppe verhöhnt. Brasilianern oder Deutschen würde das nie einfallen. Oder man denke daran, wie lange die spanischen und italienischen Fans an ihren gedopten Rad-Idolen festhalten. Bernhard Kohl wurde wie eine heiße Kartoffel sofort fallen gelassen. So gesehen sind die Österreicher vielleicht sogar weniger chauvinistisch als andere Sportnationen." Ob der Österreichische Rundfunk hingegen die Grenzen zum Nationalismus überschreitet? Philosoph Konrad Paul Liessmann stimmt dem teilweise zu: „Die Sportberichterstattung in den Medien, vor allem im öffentlich-rechtlichen ORF ist sicher übertrieben, vor allem einseitig, nicht unbedingt nationalistisch im bösen Sinn, denn ein bisschen Nationalismus gehört schon auch zum Spiel des Sports dazu. Wohl aber ist die Berichterstattung oft peinlich. Man muss aber zugeben, dass vor allem für das Fernsehen, das sich ja einer zunehmenden Konkurrenz durch das Internet ausgesetzt sieht, die Übertragung von Sportereignissen ein Glücksfall ist. Hier kann nämlich das Fernsehen zeigen, was in ihm steckt. Die Live-Übertragung ist, das wusste schon der Philosoph Günther Anders, das eigentliche Wesen des Fernsehens. Kein Wunder, dass die Lizenzen für attraktive Sportübertragungen hoch gehandelt werden. Es ist aber immerhin erstaunlich, dass es für den ORF außer Fußball, Skifahren und die Formel 1 keine anderen Sportarten zu geben scheint."

Die Tendenz der Österreicher, sich eine Opferrolle zuzuerkennen, ließ sich auch nach der Causa Schranz feststellen. So war die Aufregung im Jahr 2000 groß, als sich das Land im Zuge der Bildung einer schwarz-blauen Regierung an den Rand der Europäischen Union gedrängt sah. 14 Mitglieder stellten damals angesichts des befürchteten Rechtsrucks unter Jörg Haider die Verhängung von Sanktionen in

Innsbruck, 9. Februar 1972: Auch seine Tiroler Heimat erweist dem „olympischen Märtyrer" die Ehre.

den Raum, was Martin Strauß und Karl-Heinz Ströhle in ihrem gleichnamigen Buch („Sanktionen", Studienverlag Wien) zur Feststellung bewog: „Österreichs liebste Rolle neben Skitriumphen ist - die des Opfers." Politikwissenschafter Anton Pelinka untersuchte dabei jene Opferrolle, die Österreich schon bei der Beurteilung seiner Verwicklung in den Nationalsozialismus gespielt und in der Waldheim-Debatte (umstrittene Wahl zum Bundespräsidenten im Jahr 1986, Anm.) unter dem Motto „Jetzt erst recht" erneut inszeniert habe. (vgl. *DER STANDARD*, 25. Jänner 2010). Eine Aussage von Otto Habsburg, Enkel des letzten österreichischen Kaisers, zur Schranz-Affäre im Jahr 1972 in der *Volksstimme* verdeutlicht diesen Standpunkt: „Diese skandalöse Tat gegen einen würdigen Vertreter Österreichs war nur möglich, weil wir ein kleiner Staat sind [...] Würden wir zu einem Großraum gehören, hätte Brundage sich das nie getraut." Universitätsprofessor Liessmann glaubt hingegen an einen überholten Erklärungsansatz: „Irgendwann muss man aufhören, den Zerfall der Donaumonarchie für alles verantwortlich zu machen. Die meisten, vor allem jüngeren Sportfans, müssten wahrscheinlich erst den Begriff ‚Donaumonarchie' googeln, um diese Frage überhaupt zu verstehen. Es stimmt, dass es in bestimmten politischen Konstellation eine Kompensation politischer oder sozialer Probleme durch den Sport geben kann – man denke an die legendäre Eishockey-WM 1969 in Schweden, als die CSSR ein halbes Jahr, nachdem die sowjetischen Panzer den Prager Frühling niedergewalzt hatten, die UdSSR besiegte und es daraufhin in der Tschechoslowakei zu antisowjetischen Demonstrationen kam. Aber das sind eher punktuelle Ereignisse, und wenn der Sport für politische Zwecke in Dienst genommen wird, dann sind das eher totalitäre Systeme, die dies versuchen – nicht kleine Demokratien wie Österreich. Die DDR war vielleicht das beste Beispiel für eine Auffassung von Sport als Kompensation für politische Minderwertigkeitsgefühle. Nein, mit den heutigen Erfolgen, oder besser: Misserfolgen der heimischen Sportler hat der Zerfall der Donaumonarchie nichts mehr zu tun."

Nahezu unterging, dass Schranz ob seiner Einkünfte auch mit der heimischen Finanz in Konflikt geriet. Nicht zuletzt die Äußerungen von Blizzard-Chef Toni Arnsteiner hätten Jahre nach den Winterspielen 1972 die Beamten auf den Plan gerufen: „Der Schranz verdient Millionen", soll der Mittersiller gesagt haben. Der Arlberger kontaktierte nach einer Vorladung den in Lech auf Urlaub weilenden Kanzler Bruno Kreisky. Der hätte gesagt: „Das trifft sich gut, weil der Androsch (Finanzminister, Anm.) auch da ist." Nach Klärung der Sachlage habe Schranz die Causa mit einer Nachzahlung von 1 Million Schilling bereinigt. Vom später eingesetzten „Skifahrer-Paragrafen", der heimische Pisten-Asse nur mit 25 Prozent ihrer Gewinne besteuert, habe er hingegen nicht profitiert. (*DER SPIEGEL* 41/1977) Eine weitere Parallele zu Sapporo 1972 tut sich auf, „denn der Skifahrer-Paragraf half mir nicht mehr. Der nützte den anderen, denen ich den Weg bereitet habe." Ein Wesenszug, den auch der Innsbrucker Sporthistoriker Elmar Kornexl feststellen konnte: „Schranz war Zeit seines Lebens ein Mensch mit herausragender Persönlichkeit. Er war einerseits ein Opfer, leitete damit aber positive Entwicklungen ein. Es ist oft so, dass diejenigen, die Schiffbruch erleiden, diejenigen sind, die einen positiven Prozess ins Rollen bringen." Eben diese

Funktion, das geht auch aus einer Umfrage Puchners hervor, verleihe der sporthistorischen Rolle Schranz' Kontur: „Bei Karl Schranz zeigt sich ein fast noch einheitlicheres Bild. Ausnahmslos alle nennen den Olympiaausschluss von den Spielen in Sapporo 1972, [...]." Weitere Assoziationen zu Karl Schranz seien „Arlberg", die „gelungene WM in St. Anton 2001", deren Organisationskomitee-Chef Schranz war.

Die Person Karl Schranz enthob sich stets einer ausschließlich sportorientierten Betrachtung. Ja, er eignete sich zeitweise sogar für geflügelte Worte. So meinte *DIE ZEIT* (52/2009) einmal, Ex-Kanzler Wolfgang Schüssel sei ob seiner Rolle als Sanktionsbrecher „gewissermaßen der Karl Schranz der Innenpolitik". Er wüsste, was Ungerechtigkeit heiße. Und im Fall von Kurt Waldheims Einreiseverbot in die USA (*DIE ZEIT*, 5/1987) sprach man von einem Karl-Schranz-Effekt in Österreich. Eine Anspielung darauf, dass man im Zuge des Sapporo-Ausschlusses offen zum Boykott von „Mautner Senf" aufgerufen hatte, da man dem Unternehmer als Mitglied der österreichischen Olympia-Delegation 1972 den Ausschluss des Internationalen Olympischen Komitees angelastet hatte. Mautner sei demnach „zu wenig kämpferisch" gegen Brundage und dessen Kollegen aufgetreten. „Es schien offensichtlich das Schlüssigste, den Senf des Nestbeschmutzers aus den Küchen zu verbannen."
Lange Zeit wähnte sich IOC-Präsident Avery Brundage, Widerpart von Karl Schranz, als Heilsbringer. Sechs gesamtdeutsche Olympia-Mannschaften bis 1964 setzte der Amerikaner gegen den Willen der DDR-Politiker durch und sprach vom „großen Sieg des Sports über die Politik". Die „Olympische Bewegung" sei als „bedeutendste soziale Macht in der heutigen Welt" zu werten. Beim Kreuzzug gegen die unaufhaltsame Kommerzialisierung scheiterte der Millionär jedoch in seinem letzten Amtsjahr, der Bann gegen Ski-Star Karl Schranz brachte diesen Stein scheinbar erst ins Rollen. Dessen ist sich auch der ehemalige ORF-Generalintendant Gerd Bacher knapp 40 Jahre später sicher: „Die Granate, die Brundage gezündet hatte, hatte sich ins Gegenteil verkehrt, die ging nach hinten los." *DIE ZEIT* (22/1974) meinte: „Seit diesem Tag (Schranz' Ausschluss, Anm.) leben die Olympier mit einer aus allen Proportionen geratenen Publizität des omi-

nösen Amateurparagraphen. Das Gegenteil wäre ihnen lieber: Je weniger darüber geredet wird, desto besser." Es mag an seiner Lebensgeschichte gelegen sein, dass Brundage die Professionalisierung bekämpfte: „Ich habe oft zwölf Stunden täglich gearbeitet und trotzdem trainiert. Eine Olympia-Teilnahme verlangt von den Athleten Opfer." Kurios: Der Halbindianer Jim Thorpe gewann eben im Jahr 1912 jene olympischen Mehrkämpfe, an denen auch sein Mannschaftsgefährte Avery Brundage teilgenommen hatte. Verbandsfunktionäre fanden jedoch heraus, dass Thorpe für 360 Dollar in der Baseball-Liga der Farbigen gespielt hätte, er wurde nicht zuletzt aufgrund seiner Hautfarbe und mit Brundages Billigung nachträglich disqualifiziert.

Thorpe war nicht der einzige, der für seine Erfolge Geld erhielt, doch nicht jeder kam an den Pranger: Die Herren des Internationalen Olympischen Komitees hätten nur in den Annalen blättern müssen, um Unschärfen im Amateursystem zu erkennen. Der erste Marathonsieger, der griechische Hirte Spiridon Louis, erhielt 1896 vom Zaren ein Cognac-Service, von einer Verehrerin eine goldene Uhr und von seinen Landsleuten ein wahres Vermögen (20.000 Drachmen). Den neunfachen finnischen Olympiasieger Paavo Nurmi ereilte der Ausschluss erst vor seinen letzten Sommerspielen 1932, als ihm im Zuge einer Spesenabrechnung die Verletzung des Amateurstatus vorgeworfen wurde. Eine lebenslängliche Sperre folgte (vgl. *DER SPIEGEL* 21/1972). IOC-Mitglied Willi Daume präzisierte: „Schon Coubertin höchstpersönlich hielt nicht viel vom hehren Amateur-Gedanken. Auch im antiken Olympia wurde schon reichlich verdient." Kommerzialisierung setzte gemeinhin früher ein, als Avery Brundage das befürchtet hatte. *DIE ZEIT* zog einen ähnlichen Vergleich mit Adolfs Hitlers Propaganda-Winterspielen, die Garmisch 1936 für fünf Millionen Mark Einsatz „vom verschneiten Kuhdorf zur Metropole des Winters" katapultierten. 500.000 Zuschauer hätten sich zu den Kampfstätten begeben, Skihosen fortan zur Winteruniform der Hitler-Jugend gehört. Oder das „Dorf Lake Placid" nördlich von New York, das anlässlich der Winterspiele 1932 1,2 Millionen Dollar investierte. Es sei durch Olympia „mehr als nur ein Fleck Fliegendreck

Sapporo scheint überwunden – Karl Schranz mit „Modemädchen" am „HÖRZU"-Cover der Silvesterausgabe 1973.

auf der Karte Amerikas" geworden, wie es das US-Sportmagazin *Sports Illustrated* formulierte. Bei den zweiten Winterspielen im Jahr 1980 hätte Lake Placid bereits 50 Millionen Dollar ausgegeben. Brundages Parolen verebbten gegen Ende seiner Ära (1972), man brachte ihnen allenfalls Ironie entgegen. „Falls der Missbrauch nicht ausgemerzt wird, müssen die Skiläufer aus dem olympischen Programm verschwinden", verkündete er einmal. Ein Industrievertreter soll das nur belächelt haben: „Dann können die Fahrer künftig in Socken und Unterhosen die Hänge runterrutschen." (*DER SPIEGEL* 6/1976). Das sah auch *DIE ZEIT* (2/1972) in den Wochen vor dem Ausschlusses von Karl Schranz so. Unter dem Titel „Olympia: Markt oder Tempel?" zitierte die Wochenzeitung englische Sportjournalisten: „Avery – slavery", „Avery – Sklaverei". Bei seiner Abwahl, hieß es, werde man Brundage keine Träne nachweinen; insgeheim würden aber auch manche dem alten, knorrigen Mann ihren Respekt „nicht versagen". Er wollte in einer „Welt im Wandel", wo fast alle Maßstäbe über Bord gegangen seien und die Mitte verloren wurde, noch bestimmte moralische Maximen hochhalten. „Vielleicht als eine Art Don Quichotte, der vergebens gegen die Windmühlen des Kommerzes ankämpfte." Im Zulassungsartikel 26, Absatz 1, hieß es damals noch: „Er (der Sportler) darf seinen Lebensunterhalt nicht aus Einkommen aus sportlicher Tätigkeit bestreiten oder auf Einkünfte aus dem Sport angewiesen sein [...]. Er darf in keiner Sportart ein Professional, Halbprofessional oder sogenannter Nichtamateur sein." Erst 1981 sollte dieses Regulativ endgültig fallen. In einem *SPIEGEL*-Gespräch (1/1986) erinnerte sich IOC-Mitglied Willi Daume Jahre später an einen der letzten Auftritte des Avery Brundage: „Ich sehe ihn noch 1972 auf Kontrollgang im Münchner Olympischen Dorf: Er ging von Haus zu Haus und beanstandete sogar Reisetaschen mit Symbolen von Luftlinien." Was der Amerikaner wohl über die Gegenwart der der Olympischen Spiele sagen würde? „Heute würde er sich, wenn er alles wüsste, im Grabe herumdrehen wie ein Ventilator."

Spätestens bei den Olympischen Spielen in Innsbruck und Montreal (1976) schien man sich mit der Industrie arrangiert zu haben, 31 Unternehmen kauften sich beim Organisationskomitee Werbelizenzen. Symbolträchtig ein Foto von IOC-Präsident Lord Killanin, der sich mit dem Gefährt eines offiziellen Ausstatters durch Montreal (Sommerspiele 1976) chauffieren ließ. Die Geldgeber kamen bereits damals für Einkleidung der Kampfrichter, Zeitmessung, Getränke und Unkosten einzelner Sportarten auf, als Gegenleistung erhielten sie kostenlose

Fernsehwerbung. *DER SPIEGEL* wusste es schon vor Beginn der Olympischen Winterspiele 1976 in Innsbruck mit Verweis auf die „niveale Wachstums-Branche": „Der Winter wird verkauft." Sieg oder Niederlage beeinflussten demnach das Wintergeschäft mit einem Volumen von 50 Milliarden Mark. Die Schlussfolgerung: „Am Anfang steht der Meineid. Denn wer sein olympisches Amateur-Gelöbnis hält, der wird es in der kalten Branche nie zu etwas bringen." Die 1500 Olympia-Vertreter aus 36 Ländern warben schon bald ganz unverhohlen für die Ausrüster ihrer Nationalmannschaften, in weiterer Folge um Wintertouristen für ihr Land. Dass 1976 in Innsbruck 2 Milliarden Schilling für Infrastruktur, Bauten und Organisation investiert wurden, begründete der österreichische Wintersport-Experte Martin Maier nüchtern: „Es ist Krieg: Wirtschaftskrieg." Sollten die Österreicher leer ausgehen, wäre Napoleons Waterloo „dagegen eine kleine Wirtshausrauferei". Denn ohne das Wintergeschäft stünde man vor dem Ruin: 1974/75 buchten Ausländer 20,2 Millionen Übernachtungen, von etwa 1,8 Millionen Paar Ski, die Österreichs Fabriken jährlich ausstoßen, wurden 80 Prozent im Ausland abgesetzt. „Vorausgesetzt, Österreichs Rennläufer schinden die siegbringenden Hundertstelsekunden heraus, ohne zu stürzen", schloss *DER SPIEGEL*. Den zulässigen Vergleich ergänzt ein Zahlenspiel der Winterspiele 1964, ebenfalls in Innsbruck: „Im Olympiajahr waren 30.000 Amerikaner angereist. Danach kamen fast dreimal soviel."

Man geht allerdings fehl in der Annahme, die Jagd auf Kommerzialisierung habe sich ausschließlich auf Olympische Spiele beschränkt. Zu Beginn der 70er-Jahre wollte man diesen Trend nämlich in jedem publikumsträchtigen Sport Mitteleuropas eindämmen, Fernsehsender und Funktionäre nahmen förmlich die Rolle Brundages als Bekämpfer der Kommerzialisierung ein. Ein geradezu historisches Kapitel schrieb dabei die Fußballmannschaft von Eintracht Braunschweig, damals noch in der ersten deutschen Liga. Am 24. März 1973 trat die von „Jägermeister" gesponserte Mannschaft als erstes Team mit Trikotwerbung an. Das Verbot des deutschen Fußballbunds umging der Verein, indem er das Firmenlogo als Vereinswappen übernahm. Die Deutsche Sporthilfe drohte Sportlern aller Sparten in der Folge mit Streichung der Unterstützung, ARD und ZDF mit Rückzug. So verzichteten die Sender auf Übertragung der Schwimm-Europameisterschaft aus Wien, auch der Große Automobilpreis von Österreich wurde abgesetzt (*DER SPIEGEL* 36/1974). Die verantwortlichen TV-Redakteure sollten im Allgemeinen vor Ort entscheiden, ob die Schleichwerbung über Banden eine Direktsendung zulassen würde.

Der Trend der Veranstaltungsvermarktung setzte sich unaufhaltsam fort, die Olympischen Spiele von Los Angeles 1984 stellten schließlich so etwas wie den Urknall dieser Entwicklung dar. Offizielle Sponsoren warben mit der Rückendeckung des progressiven IOC-Präsidenten Juan Antonio Samaranch, Soft Drinks und Fast-Food-Ketten schmückten sich fortan mit den olympischen Ringen und gehörten zur Familie. Die Kritik, Olympia würde von den Amerikanern als ein „beliebiges geschäftliches Unternehmen" vermarktet, relativierten alle folgenden Ausrichter Olympischer Spiele mit derselben Strategie. *DER SPIEGEL* (52/1999) wusste: „Los Angeles war [...] nur Auftakt für einen schwerwiegenden Strukturwandel im Sport, der akut abläuft: die Aufspaltung in Arme und Reiche, die Organisation nach Angebot und Nachfrage, Sport als Teil des Showbiz." Die Versuche von Verbänden, sich mit Regeländerungen den Massenmedien und anderen Geldgebern anzubiedern, nahmen ihren Ausgang. Mittlerweile unterliegen selbst die Bikinihöschen von Beachvolleyballerinnen einem Regulativ.

Der Verkauf des Sports findet schrittweise statt, augenscheinlich anhand der Werbeplattform Nummer eins, dem Fußball. Der Verkauf der Namensrechte an der Heimstätte der Wiener Austria soll dem Traditionsverein künftig eine Million Euro in die Kasse spülen. Dass man in der Generali-Arena spielt und das „Franz-Horr-Stadion" bald Geschichte sein wird, daran stößt sich kaum jemand. Schließlich findet sich in Österreich bereits eine „Bullen-Arena" in Salzburg, eine „UPC-Arena" in Graz und eine „Keine-Sorgen-Arena". Nicht anders der Trend in Deutschland wo „Allianz-Arena" (FC Bayern) und Signal Iduna Park (Dortmund) keinen Platz für Nostalgie lassen. Einzig die Aufnahme des Sponsors in den Vereinsnamen wurde beeinsprucht, Puristen fin-

In seinem Element: Karl Schranz mit dem Wiener Bürgermeister beim Opernball 2004.

Beim Opernball 2004 mit dem austrokanadischen Unternehmer Frank Stronach.

Bundeskanzler Franz Vranitzky im Gespräch mit Karl Schranz im Rahmen des Kanzler-Sommerfestes im Gartenhotel Altmannsdorf, 1996.

Karl Schranz mit seinem Nachfolger Hermann Maier und dessen Kristallkugel für den Gesamtweltcup in Crans Montana, 1998.

den sich europaweit kaum mehr. Der FC Barcelona setzt als einer der wenigen Top-Klubs im Fußball auf werbefreie Trikots, der Auftritt für das UNO-Kinderhilfswerk UNICEF erfolgt unentgeltlich. Englands Fußball indes hängt ausschließlich an der Gunst von Sponsoren: Der FC Chelsea ist dem russischen Öl- und Gasmilliardär Roman Abramowitsch ausgeliefert, Manchester United der Familie Glazer (Lebensmittel), Manchester City dem arabischen Scheich Mansour (Öl, Immobilien), Birmingham City dem Chinesen Carson Yeung (Sportbekleidung), der FC Fulham dem Ägypter Mohamed Al-Fayed (Kaufhäuser) und der AFC Sunderland dem US-Amerikaner Ellis Short (u. a. Steakhäuser). Eine wirtschaftlich riskante und zudem wenig identitätsstiftende Gratwanderung, die bei Fans auf keine Gegenliebe stößt.

Die privat finanzierten Sommerspiele 1984 ermöglichte erst IOC-Präsident Juan Antonio Samaranch, der zur Erschließung neuer Finanzquellen eine eigene Kommission eingesetzt hatte. Parallel dazu hielten Profisportler Einzug ins Geschehen, Fernseh-Quoten ließen sich nur auf Basis hochkarätiger Teilnehmer erzielen. „Millionäre statt Amateure in Vancouver" titelte die Online-Plattform *Der Westen* im Zuge der Winterspiele 2010. Noch nie hätte es demnach so viele Sport-Millionäre bei einer Veranstaltung gegeben wie in Kanada. 115 Spieler der nordamerikanischen Eishockeyliga NHL waren in Vancouver gemeldet (2006 in Turin noch 93). Und der Kanadier Sidney Crosby, Schütze des Siegtreffers im olympischen Finale, galt mit neun Millionen Dollar Gehalt als Bestverdiener der Veranstaltung (Werbegelder exklusive). In einer ähnlichen Dimension bewegten sich Snowboard-Star Shaun White (10 Mio. Dollar) oder Südkoreas Eiskunstlauf-Weltmeisterin Kim Yu-Na (8 Mio. Dollar). Die eine Welt. „Doch es gibt sie noch, die „armen Olympier". Noch nie gab es Athleten, die im Bobsport, Rodeln, Skeleton, Curling oder der Nordischen Kombination pro Jahr eine Million verdienten", glaubt *Der Westen.* Olympische Auslaufmodelle, wie sie sich nicht auf den Skisport übertragen ließen. Das glaubte Karl Schranz schon viel früher zu wissen (*DER SPIEGEL* 6/1978): „Erster sein will jeder gern umsonst. Aber doch net bei dem Risiko und dem Leben."

Über bedenkliche Folgen der Kommerzialisierung scheiden sich indes die Geister, Schranz hat dazu einen nüchternen Zugang: Geld verderbe weder den Sport noch den Charakter. „Nein, das kommt auf den Menschen an. Viele Menschen, die kurzfristig zu Geld kommen, wissen, dass es schnell wieder vorbei sein kann." Skisprung-Olympiasieger Toni Innauer glaubt beispielsweise, dass das Thema des Berufssports in vielerlei Hinsicht nicht ohne den Aspekt Doping diskutiert werden kann: „Wenn's ums Geld und den eigenen Vorteil geht, wird statistisch gesehen ca. ein Drittel der Leute rücksichtslos. Das ist mit ausreichend harten psychologischen Daten aus klugen Untersuchungen zu belegen. Und damit ist leider überall zu rechnen. Es gilt daher, neben der Aufklärung die Regeln scharf zu kontrollieren, denn mit zunehmendem Geld wird auch die Gier noch größer. Der saubere Sportler ist zu schützen und nicht der Betrüger, dem die Kontrollen Angst machen." Neben dem Geld scheint es das Prestigestreben, das den größten Druck auslöst: Das sei bereits dem routinierte Kitzbühler Slalomläufer Herbert Huber zum Verhängnis geworden. Der Silbermedaillengewinner von Grenoble 1968, hieß es, wurde „ein Opfer der Erfolgshysterie" (ZEIT, 8/70). Erst hätte er eine Krankheit übertaucht, dann überkam ihn die Angst, nicht mehr rechtzeitig in Form zu kommen und damit den Platz im Weltmeisterschafts-Kader 1970 zu verlieren. Der robuste 25-Jährige erlitt einen Nervenzusammenbruch, den Funktionäre zunächst nicht erkannten. Zu einem Qualifikationslauf sei er völlig irritiert mit fremden Handschuhen und Stöcken, dazu mit falschen Skiern erschienen. Er stürzte und brach in Tränen aus: „Ich kann nicht mehr Ski laufen." Heini Messner, Klubkollege aus Kitzbühel, redete über eine Stunde auf ihn ein, im Hoffnungslauf trotzdem zu starten – und Huber qualifizierte sich sogar für das Finale.

In der Nacht vor dem Endlauf schlugen die Depressionen in einen Nervenschock um: „Huber verlangte, dass die Musik aufhören sollte, wo keine spielte; er erbrach sich bis zum Morgen und wusste dann nicht, worum es an diesem Tag überhaupt ging. Trotzdem zurrten ihm die Betreuer die Startnummer fest um die Brust. Unterwegs zur Wettkampfstätte stellte der Tiroler Mannschaftsarzt Ernst Rass einen totalen Nervenzusammenbruch fest; er fuhr mit dem Kranken sofort zurück." Huber schien sich zunächst zu erfangen, nahm am heimischen Schwarzsee eine Stelle als Bademeister an und wurde wieder in den ÖSV-Kader einberufen. Am verregneten 15. Juli 1970 blieb Huber allerdings zuhause, sein Vater fand ihn abends erhängt im Badezimmer. Die *Arbeiterzeitung* mutmaßte damals, dass ein Tage zuvor Ertrunkener den Ausschlag für die Kurzschlusshandlung gegeben hätte. Huber soll sich dessen Tod zu Herzen genommen haben. Doch auch Kritik am Österreichischen Skiverband wurde laut, der die Situation verkannt habe. Man sprach von einem „Opfer des Rennsports". Ein Sportler sei im Prestige-Streben, im Kampf um die Rolle als Skination Nummer eins „zerbrochen". Karl Schranz weiß um die Gratwanderung: „Wenn du in einer Einzelsportart, wo vorrangig Egoisten unterwegs sind, nachzudenken beginnst, bekommst du ein Problem."

CLUB
BERG
Urkunde
Karl Schranz
Ehrenpräsidenten

14

Die Rückkehr des verlorenen Sohnes

„Die Initiative für eine Ski-Weltmeisterschaft in St. Anton ging von Karl aus. Wir fragten uns damals: Warum nicht?“

ÖSV-Präsident Peter Schröcksnadel

Ein Weltcup-Slalom im Dezember 1993 in Lech soll es gewesen sein. Schranz, für gewöhnlich kein Frühaufsteher bei solchen Gelegenheiten, soll es damals nicht lange auf der Ehrentribüne gehalten hatte. Eine Intuition. „Schon nach dem ersten Durchgang fuhr ich heim und überlegte, wie man in St. Anton eine Ski-Weltmeisterschaft auf die Füße stellen könnte.“ Keine neue Idee in der als „Wiege des Skisports“ apostrophierten Gemeinde, deren Kandahar-Kombination seit dem Jahr 1927 inoffiziell als Weltmeisterschaft galt. Aber eine, die zuvor auf viel Widerstand gestoßen war. Denn die Überlegung, in St. Anton und Lech die offizielle Weltmeisterschaft 2001 zu Ehren des Ski Club Arlberg anlässlich des 100. Geburtstags auszurichten, war aufgrund einer negativen Volksbefragung in Lech (1992) auf Eis gelegt worden. Das schien Karl Schranz zu reizen, dessen Frau Evelyn schon immer den Eindruck hatte: „Wenn sich Hürden auftun, reizt Karl ein Projekt noch mehr. Dann beißt er sich richtig fest.“

Verneigung vor dem WM-Vater: Ernennung zum Ehrenpräsidenten des SC Arlberg.

Schranz kontaktierte noch am selben Tag den mittlerweile verstorbenen Bürgermeister Herbert Sprenger, der zunächst abwinkte: „Wir alleine können keine Weltmeisterschaft ausrichten." Schranz soll ihm geradezu trotzig erwidert haben: „Sicher geht das." Er wandte sich an den Obmann des Tourismusverbands, Rudi Tschol. Der spätere Bürgermeister stellte sich quer: „Solange ich bin, gibt es in St. Anton keine Ski-WM." Schließlich wählte der unermüdliche Schranz einen Weg, der ihm die wenigsten Hürden einzubringen schien: den über die Landes- und die Bundespolitik. „Ich dachte mir: Jetzt gehe ich zu meinem Freund Franz Vranitzky (Bundeskanzler, Anm.), zum Weingartner (Tiroler Landeshauptmann, Anm.), zu dessen Finanzchef Eberle und zu Sportreferent Astl. Auch Adi Werner (Touristiker, Chef Hospiz St. Christoph, Anm.) kämpfte nach Jahren der Funkstille wieder an meiner Seite", erinnert sich Schranz. Beim Bergiselspringen im Jänner 1994 wurde die Lunte gelegt, die Begeisterung griff um sich. Und schließlich kam es im „Sport-Treff", einem Lokal in Wiener Neustadt, zum entscheidenden Treffen mit Sportstaatssekretär Karl Schlögl, dazu gesellte sich Kanzler Franz Vranitzky. Schranz: „Sie waren begeistert und meinten: ‚Die Regierung steht voll dahinter.'"

Der Nährboden einer Großveranstaltung war bereitet, deren Anziehungskraft sich die kritischen St. Antoner auch nicht mehr entziehen konnten. Dass die Sportwelt Amadé (Salzburg) im Jänner 1995 ebenfalls als nationaler Kandidat ins WM-Rennen gehen wollte, war von begrenzter Dauer. Der Österreichische Skiverband entschied sich für das Tiroler Projekt, mit einem positiven Arlberger Gemeinderatsbeschluss und einem einstimmigen Votum des zuvor kritischen Tourismusverbands nahm die Angelegenheit Konturen an und Schranz Fahrt auf: „Als Österreich-Sieger holte ich mir noch am gleichen Abend das Versprechen von TV-Sportchef Elmar Oberhauser, St. Anton zu unterstützen." Für seinen Heimatort sprach der hohe Bekanntheitsgrad, außerdem die Erfahrung als Weltcuport. Eine ökologische WM der kurzen Wege sollte es werden, Schranz hatte mit dem Mandat der Heimat bereits vor der internationalen Entscheidung einen Etappensieg gefeiert. Sein St. Anton, in dem man ihm erst acht Jahre zuvor die Leitung der Skischule entzogen hatte, schwamm in seinem Sog. Rückblickend sah Schranz das in einem Gespräch mit der *Tiroler Tageszeitung* nüchtern: „Wenn ich beim ersten rauen Arlberg-Wind, der mir wirklich scharf entgegengeblasen hat, aufgegeben hätte, stünden wir heute nicht hier." Auch Peter Schröcksnadel, Präsident des Österreichischen Skiverbands und selbst ein Macher, verneigte sich: „Die Initiative für eine Ski-Weltmeisterschaft in St. Anton ging eindeutig von Karl aus. Wir vom Skiverband fragten uns damals: Warum nicht?" Die letzten Zweifel kamen auf, als es um eine Kaution in Millionenhöhe (Schilling) ging, Österreichs Skiverband sprang schließlich dafür ein.

Der internationale Werbefeldzug entwickelte sich zäh, zunächst waren keine fixen Zusagen zu registrieren. Schranz: „Eine Weltmeisterschaft zu bekommen, das heißt in erster Linie Überzeugungsarbeit. Viele Gespräche, viele Verträge, viel Detailarbeit." Zur Wahlwerbung gehörte Lobbying. Josef Schmid, vom Österreichischen Skiverband entsandt, und Schranz selbst besuchten in der Folge Freunde in China, Australien und Mitgliederländer Südamerikas. Sie kehrten mit vielen Versprechungen, aber ohne konkrete Zusagen, St. Anton beim FIS-Kongress im Mai 1996 zu wählen, zurück. Teilerfolge prägten das Vorgeplänkel: Mitten im wetterbedingten Verschiebungschaos der WM 1996 in der spanischen Sierra Nevada versprach St. Anton etwa getrennte Pisten, ein Pluspunkt. Systematisch versuchten die Botschafter in der Folge, Mitstreiter zu gewinnen – nur langsam schien das Konzept aufzugehen. Als das Eis brach, herrschte plötzlich eine Stimmung, „die wir dann beim Kongress in Christchurch (Neuseeland, Anm.) noch gehörig auffrischten", schildert Schranz.

Mit einer rund 100-köpfigen Delegation flog die Tiroler Abordnung im Mai 1996 schließlich zum entscheidenden Kongress des Internationalen Skiverbands in Christchurch (Neuseeland), wo die entscheidende Abstimmung stattfinden sollte. An der Spitze standen ÖSV-Präsident Peter Schröcksnadel, Bürgermeister Herbert Sprenger, Rennleiter Reinhard Hauser und Touristiker Adi Werner, der Name Schranz legte sich wie ein Schatten über das Projekt: „Meine Rede vor den Stimmberechtigten hielt ich bewusst in Deutsch, und sie verfehlte ihre Wirkung nicht." Schranz hatte gemeint: „Es wäre für mich die Erfüllung eines Lebenstraumes, könnte ich mithelfen, die Ski-Weltmeisterschaft in meinen Heimatort zu bringen." Das beeindruckte offensichtlich die Delegierten, denn St. Anton lag in allen Abstimmungen vor den Mitbewerbern. Im ersten Durchgang mit 35 von 116 Stimmen vor St. Moritz (31), Bormio (28) und Lillehammer (22). Im zweiten mit 43 Stimmen vor St. Moritz (38) und Bormio (35). Und in der Stichwahl schließlich mit 64 gegen 52 vor St. Moritz. „Den Augenblick der Verkündigung durch den FIS-Präsidenten Marc Hodler werde ich in meinem Leben nie vergessen und der Jubelschrei der St. Antoner Delegation wird mir immer im Ohr bleiben", blickt Schranz zurück. „Ehrlich gesagt, wir waren nicht mehr Herr unserer Gefühle." Und den FIS-Delegierten gestand er nach der Entscheidung: „Es ist schwerer, eine WM zu bekommen als eine zu gewinnen." Wenig später wurde der WM-Vertrag unterzeichnet, St. Anton hatte seine Weltmeisterschaft 2001. Und Schranz sah sich, den verlorenen Sohn St. Antons, in gewisser Weise rehabilitiert. Sein unbändiger Wille erwies sich als unabdingbarer Baustein: „Wäre ich nicht stur gewesen, hätte ich nie ein Rennen gewonnen. Und ich hätte die Ski-WM niemals nach St. Anton geholt. Sturheit ist oft Dummheit, denn wer stur bleibt, obwohl kein Erfolg in Aussicht steht, ist dumm. Wenn ich sah: Ich kann das nicht gewinnen, dann ließ ich davon ab. Ich habe einfach immer den Erfolg gesucht, ich musste stur sein. Ich bin hart zu den anderen und zu mir selbst."

Dem Rausch folgte ein kleiner Kater. Denn die WM-Vergabe rückte auch Weltverbandspräsident Marc Hodler in ein schiefes Licht: Bei der FIS-Vollversammlung soll für Stimmen „Unverschämtes verlangt" worden sein: „Die Iraner wollten für Stimmen vier Wochen Ferien auf den Fidschi-Inseln", hieß es. Karl Schranz blieb angesichts der Vorwürfe gelassen: „Ich kann ruhigen Gewissens verneinen, dass jemand an uns mit der Bitte um Urlaub herangetreten ist." Kleineren Verbänden werde allerdings Trainingsmöglichkeit in Österreich eingeräumt – ein durchaus legitimes Vorgehen: „Das ist ja auch der Sinn der FIS und des ÖSV – den kleinen Nationen Gelegenheit zum Skifahren zu geben. „Es war damals erlaubt, kleine Nationen zu

Karl Schranz bei der Schlusszeremonie der WM 2001 in St. Anton.

Trainingstagen einzuladen. Die Einladung wäre im Fall eines Sieges genauso aufrecht geblieben wie im Fall einer Niederlage." ÖSV-Präsident Peter Schröcksnadel als Vorsitzender des Tiroler Bewerbungskomitees soll dem teuren Stimmenfang zwischenzeitlich einen Riegel vorgeschoben haben: „Schluss, raus – wir brauchen eure 17 Stimmen so nicht", habe er laut *Tiroler Tageszeitung* gepoltert, als der Poker im Vorfeld der Wahl unerträglich geworden sei. Der Präsident des norwegischen Skiverbandes, Jan Jansen, erhob Monate später im nationalen Fernsehen neuerlich Bestechungsvorwürfe, von Bargeldangeboten St. Antons vor der Abstimmung war die Rede. Schranz dementierte entschieden und sprach von „schlechten Verlierern", da der Olympia-Ort Lillehammer bereits im ersten Durchgang ausgeschieden war. Nachsatz: „St. Anton ist prädestiniert für die Austragung einer WM und hat Bestechung nicht nötig". Jansen entschuldigte sich später, das Wahl-Procedere sollte sich aber dennoch ändern. Um den Missverständnissen künftig vorzubeugen, würde die Vergabe künftig den 16 Mitgliedern des Vorstands im Internationalen Skiverband überlassen werden.

Die Freude schmälerte das keineswegs, ÖSV-Präsident Schröcksnadel wollte die Rolle Schranz' allerdings nicht über das Lobbying stellen: „Wir haben die Weltmeisterschaften nicht wegen Schranz oder dem 100. Geburtstag des SC Arlberg bekommen, sondern deshalb, weil wir die anderen Nationen schon immer unterstützt haben." Auch die Organisations-Hierarchie wurde in der Folge festgelegt, unter Schröcksnadel fungierte Karl Schranz als eine Art Außenminister: „Karl war bei der Weltmeisterschaft die Galionsfigur, wir die Soldaten", witzelte ÖSV-Präsident Peter Schröcksnadel. Doch in den Jubel über den Zuschlag mischte sich bald die nüchterne Realität, denn die Aufbauarbeit sollte das Ortsbild grundlegend verändern. Die Schlagzeilen sollten dabei nicht immer positiv sein: der Landesumweltanwalt kritisierte die Baumaßnahmen im WM-Ort wegen „schwerwiegender Einbußen an Lebensqualität". Dann geriet die „Vor-Weltmeisterschaft" der Damen zum organisatorischen Fiasko: Das steile „Flirscher-Eck" galt als unfahrbar und mangelnde Pisten-Präparierung verhinderte zusätzlich ein Training. Schranz bekannte offen: „Das war eine Ohrfeige zur rechten Zeit." Nicht viel anders das Bild bei der WM-Generalprobe der Herren im Jänner 2000 – schlechtes Wetter verhinderte die Abfahrt, zwei Super G waren die Alternative. Die eine, die sportliche Seite. Denn die Infrastruktur nahm ebenfalls konkrete Züge an. Errichtung der WM-Strecken, multifunktionales Zielstadion für 4000 Zuschauer, Ortskerngestaltung und WM-Halle. Und nachdem Kanzler Franz Vranitzky die Bahnhofverlegung mit seiner letzten Amtshandlung in die Wege geleitet hatte, unterzeichnete Verkehrsminister Caspar Einem den entsprechenden Vertrag zur Umsetzung. Inhalt: Verlegung der Bahnlinie zwischen St. Anton und St. Jakob auf die Südseite des Rosanna-Tales, zweigleisiger Ausbau dieser Strecke sowie Errichtung des neuen Bahnhofs. Ein Unterfangen, für das die Bundesbahnen rund 1,7 Milliarden Schilling veranschlagt hatten. Seit Sommer 1998 wurde gebaut, die offizielle Eröffnung war für 4. Oktober 2000 geplant. Das um 170 Millionen Schilling errichtete Medienzentrum, zwischen 28. Jänner und 10. Februar Arbeitsplatz für die Journalisten, sollte nach der WM zu einer „Wellness-Anlage" mit zwei Schwimmbädern, einer Sauna-Anlage und einem Therapiezentrum sowie einem Restaurant umfunktioniert werden. 4 Milliarden Schilling an Investitionen, die sich lohnen sollten. Und zwar nicht nur unmittelbar.

Für jeden der insgesamt zwölf Bewerbe erwartete sich der Österreichische Skiverband 20.000 Besucher, am Ende sollten es 350.000 sein. „Wenn wir so weiter machen, bleiben wir auf Jahrzehnte in der Champions League", posaunte Schranz 100 Tage vor der WM in die Welt. „Ohne WM wäre St. Anton sicher in die Mittelklasse zurück gefallen. Schon, weil es nie eine Bahnverlegung gegeben hätte." Im Vorfeld der WM wurde Schranz zum Ehrenbürger von St. Anton ernannt. Eine Ehrung, der er aufgrund früherer Turbulenzen zunächst sogar fernbleiben wollte, ehe ihn sein Biograf Gerhard Zimmer umstimmte. Und Schranz bedankte sich für seine Auszeichnung in der für ihn typischen Art: „Ich werde kein Ehrenbürger sein, der den Mund hält. Aber ich werde mich bemühen, künftig nicht mehr so stur zu sein." Dass auch Bürgermeister Rudi Tschol – im Vorfeld erbitterter Gegner der WM – die Auszeichnung der Gemeinde erhielt, rang Schranz nur ein müdes Lächeln ab.

Als die 36. Alpinen Skiweltmeisterschaften in St. Anton am 28. Jänner 2001, 18.21 Uhr, von FIS-Präsident Gian-Franco Kasper eröffnet wurde, nahm das WM-Motto „White Vision" (Weiße Vision) Gestalt an. 10.000 Zuschauer klatschten Beifall, den meisten Beifall der 60 ins Stadion einziehenden Nationalmannschaften (250 Teilnehmer) erhielt Österreichs Mannschaft um Fahnenträger Hermann Maier. Einen besonderen Dank richtete Klestil an seinen Freund Karl Schranz, der sich mit dieser WM „einen Lebenstraum erfüllt und seiner schönen Heimat einen großen Dienst erwiesen hat." Der offizielle WM-Song „Reaching for the stars" erklang, dann das WM-Lied „St. Anton 2001" des Ski fahrenden Prinzen Hubertus von Hohenlohe. Am Ende blieben Donauwalzer und ein prächtiges Feuerwerk. Als zwei Wochen später der Vorhang fiel, war von 800 Millionen Schilling Wertschöpfung die Rede und eine Verneigung durch FIS-Präsident Gian-Franco Kasper: „Sieger ist der Skisport!" Karl Schranz kam in dieser Zeit kaum zum Schlafen, täglich erfüllte er an die 30 Interview-Wünsche. Mit ein Grund, warum ihn die *Neue Zürcher Zeitung* zum „König vom Arlberg" ernannte. Müde war er indes nicht: „Wir haben mehr erreicht, als wir uns je träumen haben lassen. Aus einem Schneeball ist eine positive Lawine geworden." Vergessen die vom Weltskiverband angezettelte Diskussion wegen schlechter Pistenverhältnisse beim Damen-Slalom. 4.500.000 Österreicher erlebten das im Fernsehen mit, drei Gold-, sechs Silber- und zwei Bronzemedaillen versüßten das Live-Erlebnis. Und 46 TV-Stationen trugen das in alle Welt hinaus. 93 Prozent der WM-Besucher zeigten sich laut einer Studie mit der Veranstaltung zufrieden, davon 45 Prozent sogar „sehr zufrieden". Schranz registrierte das gelassen: „Ich hätte die Studie nicht gebraucht, um zu wissen, dass die Weltmeisterschaft positiv war." Benni Raich, beim österreichischen Doppelsieg im abschließenden Slalom Zweiter hinter dem Flirscher Mario Matt, verneigt sich zehn Jahre später vor dem WM-Vater: „Karl hat für uns Junge eine riesige Plattform geschaffen."

Doch der Lack sollte in den kommenden Monaten abblättern, die verpflichtende Durchführung des Kandahar-Ski-Weltcups im Zuge der öffentlichen Zuwendungen waren bald nur mehr auf dem Papier existent. Schon die Februar-Rennen 2004 standen mangels Rückendeckung durch den St. Antoner Tourismusverband auf der Kippe, was den damaligen Sportstaatssekretär Karl Schweitzer zur Aussage veranlasste: „Österreich ist keine Bananenrepublik, sondern ein Rechtsstaat. Deshalb gehe ich davon aus, dass Verträge eingehalten werden." Das Geld sei nur unter der Voraussetzung geflossen, dass die kommenden 15 Jahre über Weltcup-Rennen stattfinden würden. Karl Schranz appellierte: „Ich hoffe auf die Vernunft. Man kann und darf so ein Traditionsrennen nicht von heute auf morgen verschwinden lassen." Jede Rückkehr des Weltcups war seither eine „Genugtuung" für ihn, selbst eine weitere WM-Bewerbung St. Antons wollte er nicht ausschließen. Da kam wieder der alte Schranz in ihm hervor: „Die Bevölkerung steht dahinter. Aber einige Leute, die teilweise in St. Anton auch das Sagen haben, wollen sich nur die Rosinen herauspicken", diktierte er der Austria Presse Agentur (2007). Wer Weltcuprennen nur dann ausrichte, wann es ihm genehm sei, müsse sich auf eine Absage einstellen: „Das ist ja kein Wunschzettel ans Christkindl."

Als der 67-Jährige schließlich sein Amt als Präsident des SC Arlberg übergab und zum Ehrenpräsident ernannt wurde, verneigte sich sogar der zuvor so WM-kritische Bürgermeister Rudi Tschol: „St. Anton hat sich verändert. Weil der Karl die WM 2001 geholt hat. Dazu sind ihm der Ort und der Arlberg zu großem Dank verpflichtet." Die alpine Ski-Weltmeisterschaft 2001, das war die glorreiche Rückkehr des verlorenen Sohns Karl Schranz in seinen Heimatort. Dort, wo man ihm noch Jahre zuvor die Hauswand beschmiert hatte und wo die Familie selten im Ort anzutreffen war, zog man den Hut. Und einen Anflug von Genugtuung kann sich das rehabilitierte Aushängeschild bis heute nicht verkneifen: „Ich zeigte ihnen bei der WM: So was Großes geht nicht ohne Karl Schranz. Die WM war mein Triumph!"

OMV
FISCHER

15
„Ich heiße Wladimir“

„Wenn Putin die Winterspiele 2014 in Sotschi als Präsident besucht, wäre das sein persönlicher Triumph. Ein Triumph der Eitelkeit.“

Gerhard Mangott (Universitätsprofessor, Russland-Experte)

Es gab Zeiten vor dem Fall des Eisernen Vorhangs, da bediente sich die westliche Welt beim Thema Russland vor allem der zahlreichen Klischees über das weite und deshalb wohl auch unergründliche Land. Kasatschok, der Kosakentanz, ist so eines. Oder Matrjoschka, die Puppen-in-der-Puppen-Sammlung. Oder KGB, der Geheimdienst, was mit James Bond nicht unwesentlich im Zusammenhang gestanden sein dürfte. Auch Karl Schranz griff 1968 in die Klischee-Kiste, aber zu seiner Ehrenrettung im Scherz. Ablenkung hatte er nach der leidigen Olympia-Geschichte von Grenoble samt Disqualifikation im Slalom wohl bitter nötig. So kam es ihm nicht ungelegen, dass der russische Sport- und Tourismusminister Pavlov seinen Skifahrern im Frühjahr 1968 endlich Beine machen wollte. Und wer hätte sich dazu besser geeignet als derjenige, der sich am besten auf diesen Sport verstand. Der keine Gnade seinen Gegnern und sich selbst gegenüber kannte. Dem russische Kälte zwar nicht behagte, der sie aber immer noch einem Salon voller Zigarettenrauch vorzog. Einer wie Karl Schranz.

14 Tage sollte der damals unbestritten Beste unter den Weltbesten mit den noch nicht zu dieser Kaste zählenden Russen verbringen,

Schranz und der russische Präsident Wladimir Putin am Sessellift, 21. Februar 2001.

nach Vorstellung von Minister Pavlov „im Auftrag seiner Majestät". Denn anstatt einer Bezahlung dachte der Herr Minister, er könne Schranz auf Geheiß des zuständigen österreichischen Ministers mir nichts dir nichts nach Russland beordern lassen. Der Tiroler erklärte ihm nüchtern, dass Unterrichtsminister Heinrich Drimmel „keine Verfügungsgewalt" über ihn hätte, er also – eine Einreisebewilligung vorausgesetzt – nach Lust und Laune in den Osten reisen könnte oder auch nicht. Das erstaunte den Politiker doch sehr, wird das im russischen Politalltag doch offensichtlich anders gehandhabt (kein Klischee). Pavlov hätte Schranz und damit den Österreichern nämlich vorgeschlagen, ihn im Austausch mit zwei hochkarätigen Eishockey-Trainern einfliegen zu lassen: Während die russischen Gäste den österreichischen Spielern die Geheimnisse der „Sbornaja" näherbringen würden, sollte Schranz seine Hocke und noch ein paar andere Pistenbeschleuniger im Osten zum Besten geben. Doch weit gefehlt, ein Schranz ließ sich nicht wie ein Puck von einer blauen Linie zur anderen passen. Der Arlberger pokerte.

„Was bezahlen Sie denn, Herr Minister?", legte der Arlberger nach und verbiss sich das Lachen, während seinem Gegenüber gar nicht in den Sinn kam, dass der Ski-Amateur doch überhaupt keine Ansprüche stellen wollte und das auch nicht durfte. Der dachte sich stattdessen: ein Freundschaftsdienst. Und ein Abenteuer vielleicht auch. Schließlich winkte auch die reizvolle Besteigung des Elbrus, je nach Definition Europas höchster Berg mit 5642 Metern, in unmittelbarer Nähe des russischen Trainingszentrums. Noch war Schranz einige 1000 Kilometer davon entfernt. „Was wollen Sie?", fragte der Minister. Schließlich ließ Schranz die Bombe platzen: „Eine Tonne Kaviar!" Der Minister stutzte, dann verstand er. Das Eis war gebrochen, Gelächter. „Das machen wir."

Die Reise sollte über Moskau und Mineralni Vody gehen, ins Herz des Kaukasus-Gebirges. Hinauf auf 3500 m Seehöhe, wo 16, 17 russische Skifahrer auf Tipps der Österreicher warteten. Schranz zur Seite: der Steirer Franz Digruber, ein Mann mit zwei Podestplätzen im Weltcup, und Sepp Sulzberger, Sportwart im Österreichischen Skiverband. Ein

Trio, das im Zuge seiner Bergtour fast als Duo nach Hause gekommen wäre. Denn der Elbrus erwies sich als tückisch, Digruber wusste davon zu berichten. Plötzlich winkte er beim Aufstieg, als ihm seine Gefährten in 50 Meter Entfernung die Skier geschultert entgegengingen. Zaghaft. „Meine Beine pendeln in der Luft“, meinte er. Eine Gletscherspalte! Schranz handelte schnell, steckte seine Skier in den Schnee und half dem Unglücklichen aus seiner misslichen Lage. Damit nicht genug: Auf 5000 Metern, noch ein gutes Stück unter dem Gipfel, erlitt Digruber einen Schwächeanfall. Diesmal half Schranz mit einer Hand voll Würfelzucker aus, die er dem Bergkameraden „wie einem Pferd“ in den Mund stopfte. Schranz und seine zwei Gefährten staunten am Gipfel eine Viertelstunde lang über die Fernsicht, der Blick reichte bis zum Schwarzen Meer. Dann machten sich die minus 20 Grad ihrer Umgebung unangenehm bemerkbar. „Beim Runterfahren röstete es uns das Gesicht“, erinnerte sich Schranz.

Das ungewöhnliche Trainingslager neigte sich dem Ende zu, als Abschiedsrennen standen Slalom und Riesenslalom mit dem russischen Team an. Schranz gewann standesgemäß vor Digruber, ein gewisser Leonid Tyagachev wurde Dritter und Vierter. Der Tiroler überreichte dem jungen Russen zur Belohnung seine Skier, der war jetzt aus Sicht seiner Kollegen ein reicher Mann. Reich wurde er später unter Boris Jelzin als Tourismus- und Sportminister auch im herkömmlichen Sinn. Und er vergaß nicht auf jenen Karl Schranz, der ihm einst die Skier geschenkt hatte. Zwar hatte ihm der Tiroler den Gewinn von über 100 Rennen voraus – Tyagachev sollte für russische Verhältnisse beachtlich zumindest einige gewinnen –, aber die freundschaftliche Bande hielt. Das sollte der Ski-Weltmeisterschaft 2001 in St. Anton zur besonderen Ehre gereichen. Denn als Bundespräsident Thomas Klestil seinen Amtskollegen Wladimir Putin dafür an den Arlberg lotste, war Leonid Tyagachev als Präsident des Russischen Olympischen Komitees mit seinen Gedanken sofort bei Schranz. Putin sollte mit ihm Skifahren gehen.

Eine Begegnung mit Putin birgt genügend Spannungsmomente, wie der Innsbrucker Universitätsprofessor Gerhard Mangott aus eigener

Erfahrung weiß: „Der Ausdruck in Putins Augen ist scharf, bestimmend. Seinen Blick aufzunehmen ist ein erstes Moment der Verunsicherung. Er versteht es aus seinen Geheimdienstagen sehr gut, die Leute zu einzuschüchtern." Das erste Treffen fiel dann auch respektvoll aus; und der begeisterte Skifahrer Putin sollte neben Schranz schon bald die Tücken der Arlberger Steilhänge kennenlernen. „Immer vorsichtig bleiben, Herr Präsident", warnte Schranz schon bei der Bergfahrt, als es zum steilen Schindlerkar ging. Eine anspruchsvolle Piste, die ihrem Ruf auf Kosten des russischen Staatsoberhaupts gerecht werden sollte. „Ich merkte, wie es ihm hinter mir die Skier wegzog", erzählt Schranz heute. Und tatsächlich raste Wladimir Putin plötzlich unkontrolliert zu Tal. Ein Salto, zwei, drei Salti. Das Publikum bildeten 30 Sicherheitsleute, Schranz wurde mulmig zumute. „Wenn da was passiert, kann ich Schuss hinunterfahren und darf mich nie mehr blicken lassen", dachte er. Und schwang mit schuldbewusster Miene ab, bis er beim schneedekorierten Putin ankam. „Ist was passiert?"– „Nein", sagte der Präsident, und lachte übers ganze Gesicht. Aufatmen. Der Mann mit dem schwarzen Judo-Gürtel, einem hohen Leistungsgrad in dieser Sportart, hatte bis auf eine Ladung Schnee nichts abbekommen. Schranz putzte die Brille des Russen, weiter ging's. Und das Eis schien gebrochen.

„Du bist mein Skilehrer. Wo fahren wir jetzt hin?", fragte Putin den Ortskundigen wenig später am Sessellift. Schranz zuckte die Schultern: „Wo immer Sie hinwollen, Herr Präsident." Putin wurde ungehalten: „Ich sagte ‚du'!" Und Leonid Tyagachev, Freund der Familie Putin, pflichtete bei: „Er sagte ‚du'." Schranz wollte es nicht glauben: „Mein Respekt gebietet es mir, den russischen Staatspräsidenten nicht zu duzen." Putin mimte den Beleidigten: „Dann sag' ich auch nicht mehr ‚du'." Und bei diesen Worten reichte er Schranz die Hand. Also du. Wie so ein Sessellift doch zwei Menschen näherbringt. Nähe, das lässt Putin den Worten Schranz´ zufolge sonst ohnehin kaum erkennen. Universitätsprofessor Mangott, ein ausgewiesener Russland-Experte, weiß davon zu berichten: „Ich habe eigentlich nur einen echten Freund Putins im Gedächtnis: den mittlerweile verstorbenen Bürgermeister von St. Petersburg [Anatoli Alexandrowitsch

Sobtschak, Anm.]. Bei dessen Tod kam es auch das einzige Mal vor, dass man Putin weinen sah. Seit vielen Jahren, und das weiß ich auch von anderen, gab es keinen, den Putin als seinen Freund bezeichnet hätte. Aber er ist gut ausgebildet und beherrscht es gut, seine Gesprächspartner zu manipulieren, zu täuschen. Der Vermutung, dass ihn mit jemandem eine Freundschaft verbindet, würde ich sehr viel Skepsis entgegenbringen."

Beim Mittagessen gab sich Putin leutselig. Was Schranz denn trinken wolle? Der Asket meinte, er wolle bei einem gespritzten Apfelsaft bleiben, Putin schloss sich an. Die Töchter des Russen kamen in die Bergstation Galzig, das Gedränge der Journalisten wurde zunehmend unangenehmer. Da fragte Putin erneut: „Hast du Hunger, Karl?" Der verneinte: „Ich esse nicht zu Mittag." Putin erfreut: „Dann lass uns Skifahren gehen. Die umstehenden Sicherheitsleute mit ihren Feuerwaffen im Overall sollten Schranz beim Weg hinaus in die Quere kommen, als sich dieser seinen Weg zur Toilette bahnen wollte: „Der Präsident zuerst", blockten sie ab, nachdem zuvor die Räumlichkeit auf Bomben inspiziert worden war. Ein wenig Exklusivität sei Putin gewährt. Putin, Schranz, das schien zu passen. Der Tiroler war in seinem Element, „weil Berührungsängste kenne ich ja keine".

Vier, fünf Mal jährlich telefonieren die beiden seither miteinander, wobei die präsidiale Kontaktaufnahme zumeist über sein Büro und einen nach Innsbruck entsandten Privatjet läuft. So auch, als Schranz mit Tyagachev eine Skimesse in Moskau eröffnen sollte. Wenig später der Anruf Putins: „Hast du Zeit für ein Treffen?" Unversehens gelangte Schranz über die Hintertür in den Kreml, an der Seite Tyagachevs blieben ihm lästige Sicherheitschecks erspart. Oben wartete der Präsident bereits in seinem Büro. Und er klagte gleich zur Begrüßung: „Mein Kreuz schmerzt." Schranz wollte helfen – wieder einmal. Diesmal allerdings nicht mit Carving-Tipps, sondern mit Skigymnastik. „Willst du eine Übung wissen, die dir hilft?" Putin nickte. „Dann zieh dein Sakko aus und leg´ dich auf den Boden!" Das geschah dann auch unter dem Gelächter von Leonid Tyagachev. So etwas, gestand er, sei ihm noch nie passiert. Nach einer Stunde war das Treffen vorbei, Putin umarmte Schranz und widmete sich wieder seinen Amtsgeschäften. Der Ministerpräsident, ein Mann von nebenan? Ein Trugschluss. Universitätsprofessor Mangott weiß um die Inszenierung, die Berater dem Ex-Präsidenten angedeihen lassen: „Die für ihn lancierte intensive Medienkampagne ist auffällig: Das erkannte man bei den Waldbränden im Sommer 2010, bei denen er im Löschflugzeug sitzend gefilmt wurde und das Feuer bekämpfte. Dann fuhr er mit einem gelben Lada 1000 km durch Sibirien, um zu zeigen, dass er den Landesteil, eine strukturschwache Region, als Ministerpräsident nicht vergisst. Er will zeigen: Ich bin Abenteurer und Ministerpräsident, der sich eurer annimmt. Man sah ihn bei einer Tankstelle, wo er selber den Zapfhahn bediente und den selbstgefälligen Satz sagte: ‚In Russland ist das Benzin zu teuer.' Dann wieder machte er Jagd auf sibirische Tiger, zeigte sich mit nacktem Oberkörper beim Angeln oder fuhr mit der Harley Davidson durch die Ukraine. Das ist auch ein beliebtes Phänomen beim immerhin schon 58-jährigen Putin: das Macho-Image. Die PR ist auf seine Person, auf seine physische Erscheinung zugeschnitten. Einmal sitzt er in einem U-Boot, dann wieder in einer MIG [Kampfflugzeug, Anm.], auf einem Kriegsschiff oder er taucht mit einem Mini-U-Boot in den Baikalsee, um – geradezu lächerlich – die Wasserqualität zu testen."

Schon Anfang 2000 stand eine Bewerbung der südrussischen Urlauberdestination Sotschi für Olympische Winterspiele 2014 im Raum. Russland saß bekanntlich seit den unglücklich verlaufenen Boykottspielen 1980 in Moskau in der Warteschleife, und das schmerzte. „Moskau 1980 wird im Zusammenhang mit den Winterspielen in Sotschi allerdings nie thematisiert, das will man sich nicht in Erinnerung rufen", befindet Russland-Experte Mangott. Das Ereignis war damals, in den Endzügen des Kalten Kriegs, einer jener Skandale, wie sie Olympische Spiele immer wieder entfachten. Manchmal entstammten die Auslöser der IOC-Familie selbst, der Schranz-Konflikt 1972 etwa war ein hausgemachter. 1980 hingegen entzündete sich ein schwelender Ost-West-Konflikt im Rahmen der Sommerspiele. Eine Schmach für das Land, dass nur 80 Nationen zum sportlichen Kräftemessen erschienen, das politische Kräftemessen verhinderte das. Die Geschichte dieser Skandal-Spiele fand ihren Ursprung in Wien, wo die Delegierten des Internationalen Olympischen Komitees für Moskau votierten. Zunächst hieß es, Bedingungen wie die Einhaltung der Menschenrechte seien zu erfüllen, aber davon nahm man schließlich doch Abstand. Erst der Einmarsch sowjetischer Truppen in Afghanistan (im Dezember 1979) ließ die Situation eskalieren, US-Präsident Jimmy Carter forderte die Verlegung oder gar die Absage der Spiele. Dem wurde nicht Folge geleistet, was eine wahre Boykott-Flut zur Folge hatte. Amerikanische Bündnispartner erwiesen sich solidarisch, neben 36 islamischen Ländern verzichteten afrikanische Länder und aus europäischer Sicht Deutschland auf eine Teilnahme. Manche wollten das nicht nachvollziehen und nahmen teil, einige entschlossen sich zu einem Kompromiss und verzichteten auf Hymnen und Nationalflaggen. Zu den 64 Boykott-Staaten zählte nicht Österreich, Dressur-Europameisterin Elisabeth Theurer etwa ging gegen den Willen ihres eigenen Verbands an den Start, nachdem sie von Niki Lauda nach Russland pilotiert worden war. Der Beginn von „Sissy“ Theurers Gold-Geschichte auf ihrem Pferd „Mon Cherie“, der letztlich einzigen für Österreich in Moskau. Dass ihr Silbermedaillengewinner Juri Kowschow eine rote Rose als Zeichen der Anerkennung überreicht, gegen alle Widerstände gestartet zu sein, bleibt eine Randnotiz. Russland, das mit der DDR 40 Prozent aller Goldmedaillen holte, erlebte eine noch nie dagewesene Schmach, der als Revanche gedachte Ost-Boykott der Sommerspiele 1984 in Los Angeles fiel mit 18 abwesenden Staaten weitaus bescheidener aus.

„Russland kannst du nicht als demokratisch bezeichnen, man hatte dort zuerst einen Zar; dann kam der Kommunismus. Schröder (Deutschlands Ex-Kanzler und Berater in Russland, Anm.) lag nicht richtig, als er Putin als ‚lupenreinen Demokraten‘ bezeichnete.“ Mit Putin könne er, Schranz, über solche Themen reden, der sei ein wortgewandter Gesprächspartner: „Er hat eine Aura, die mich fasziniert. Er ist vielseitig, spricht viele Sprachen. Er weiß sehr viel und ist selbst ein guter Sportler.“ Was sein Selbstverständnis, seine öffentlichen Auftritte, anbelangt, sei alles geplant. Russland-Experte Mangott bestätigt: „Er wird inszeniert als jemand, der überall ist und alles kann, das klappt sehr gut. Dazu kommt die sexuelle Konnotation, denn vor allem unter Frauen ist Putin sehr beliebt, die PR zielt oftmals auf das Frauensegment ab. Dazu passt ein Lied, das lange Zeit auf Platz eins der russischen Charts stand: ‚Ich will einen Mann wie Putin'. Der Song kam an." Schranz will das nicht überbewerten: „Er mag ein Poser sein, aber wer weiß, vielleicht ist das alles eine Folge des modernen Marketings."

Sport genießt in Russland seit je her hohes Ansehen, seine Inszenierung dient dem Selbstbild einer leistungsstarken, gesunden Gesellschaft. Die weist indes eine hohe Mortalitätsrate auf, viele chronische Erkrankungen schon unter den jungen Leuten trüben den Eindruck. Und Olympische Spiele wie jene in Sotschi würden diesem Eindruck entgegenwirken. Doch warum sollte es gerade Sotschi sein? Universitätsprofessor Mangott erklärt: „Sotschi ist für Putin eine wichtige Gegend, er hat dort einen Landsitz und auch das innerste Kabinett tagt oft dort. Neben seiner persönlichen Verbindung präsentiert sich eine äußerst reizvolle Region, die einem viele Möglichkeiten eröffnet. Putin führt hier eine Tradition weiter, was auch gewisse Bequemlichkeitsaspekte beinhaltet, weil er sich dort wohlfühlt. Es finden sich imposante Landschaften und Strukturen, ideal für so ein großes Ereignis." Leonid Tyagachev, Präsident des Russischen Olympischen Komitees, holte Schranz' Meinung ein: „Wenn ihr das wollt, dann müsst ihr euch anständig vorbereiten", riet Schranz seinem Freund. Der nickte – und fragte: „Kannst du uns helfen?" Gerne wollte Schranz, als Österreicher war er jedoch befangen: „Ich muss zuerst zuhause fragen, ob ich nicht die Salzburger Kandidatur für 2014 unterstützen soll." Das verstand Tyagachev, die später an den Tag gelegte Haltung der Österreicher hätte er wohl nicht verstanden: Salzburgs Vizebürgermeister machte keine Avancen, den Netzwerker Schranz einzubauen, ebenso wenig das Österreichische Olympische Komitee. Keine Antwort. Hinhalten. Für Schranz „auch eine Antwort". Dahinter verbarg sich weniger Enttäuschung als Verwunderung, „denn ich wünschte den Salzburgern von Herzen alles Gute". Im Gegenzug sagte Schranz den Russen zu, die Bewerbung von Sotschi mitzugestalten, die Fäden zu ziehen. Jetzt ohne Vorbehalt, allerdings mit einer Einschränkung: „Ich kann nicht Teil eurer Delegation werden, die zur Entscheidung nach Guatemala reist. Ich bin nun einmal ein Österreicher und trete nicht gegen mein Land an." Putin ohne Umschweife: „Das verstehe ich."

Und Schranz begann, sein Netzwerk zu spinnen, sein bei der Ski-WM 2001 angesammeltes Fachwissen war bei der Bewerbung Sotschis gefragt. Wieder stand ein Privatjet mit Koch, Stewardess und weichen Futons am Innsbrucker Flughafen, diesmal landete er nach 2:15 Stunden in St. Petersburg, wo er zur Eröffnung eines Skigebiets mit der Bürgermeisterin auftrat. Man wollte sich im Hinblick auf die angestrebten Olympischen Spiele wintersportaffin geben, Schranz galt als eine Art Testimonial. Er erklärte den Verantwortlichen allerdings nicht, wie Sotschi mit seinen Bewerbungsunterlagen umgehen sollte. Er erklärte nur, welche Wege eine Chance hätten, Zustimmung unter den gut 100 Delegierten aus der ganzen Welt zu finden. Zum Lobbying eignete sich auch eine Feierlichkeit, der 60. Geburtstag von Leonid Tyagachev. Nationale Olympische Komitees entsandten ihre Vertreter nach Moskau, zumeist die Präsidenten. Jacques Rogge, Präsident des Internationalen Olympischen Komitees (IOC), war da. Und Rene Fasel, Präsident des Eishockey-Weltverbands. Und Gianfranco Kasper als IOC-Vertreter und als jener der Skisportler. Eine enge Auswahl, vielleicht ein Dutzend Verantwortlicher mit Rogge an der Spitze, fand sich abends schließlich in Putins Büro ein. Hier wurde Klartext gesprochen, die Bewerbung lanciert. „Dort wurde der Grundstein gelegt", glaubt Schranz heute, die fürstliche Feier im Hotel President rundete den Abend ab. Schon da zeigte sich das zögerliche Salzburger Vorgehen, das letztlich scheitern sollte. Der damalige ÖOC-Präsident Leo Wallner fehlte, nach der Salzburger Olympia-Bewerbung sollten auch Geld und Reputation fehlen: der Ausgangspunkt für den österreichischen Olympia-Skandal.

Während Tyagachev bei seiner Geburtstagsfeier von allen Seiten mit respektabeln Ehrungen bedacht wurde, überreichte die Salzburger Delegation eine Tourismus-Auszeichnung, nichts Offizielles. Schranz und die russische Bewerbung schien schon damals auf der Überholspur, Pyoengchang (Südkorea) war die große Unbekannte, Sotschi lag gefühlt in Führung. Vielleicht auch deshalb, weil jedermanns Geschmack bedient werden konnte. Alle Straßen sollen ins Tal münden, wo subtropisches Flair und ein Palmenstrand locken, während weiter oben die Berge der Kaukasusregion die Schneelandschaft bilden. Vier Millionen Touristen zieht es jährlich an die Schwarzmeerküste und in das 70 km entfernte Skigebiet Krasnaja Poljana, alles ist zu jeder Zeit möglich. Dabei gehen Schattenseiten der Bewerbung unter, denn nicht jeder in der Olympia-Region profitiert von Winterspielen. Russland-Experte Mangott konkretisiert: „Für die Bevölkerung vor Ort sind die Winterspiele eine Katastrophe, schon aus ökologischer Sicht. Dazu kommt, dass der Ausbau von Infrastruktur, die Vorbereitung, der Bau von Sportanlagen und Straßen durchfressen von Korruption ist, ein Phänomen der russischen Verwaltung. Es geht hier um extrem hohe Summen, jeder will mitschneiden, und die Bevölkerung steht dem Ganzen ohnehin skeptisch gegenüber."

In Sotschi war zudem von Mietanstieg die Rede, von nie dagewesenen Umweltsünden. Naturschützer beklagten, dass 84 Prozent der olympischen Wettkampfstätten in einem Nationalpark entstehen sollten. Und man handelte sich prompt Kritik ein, weil das Konzept nicht entspreche und die gesamte Infrastruktur aus dem Boden gestampft werden müsste. Ein Problem? Für Schranz nicht: „Das Problem haben die kreiert, die keinen Zuschlag für ein Bauprojekt erhielten. Die reden jetzt." Er selbst habe Putin auf das Umweltthema gestoßen: „Ich sagte ihm, doch bitte so wenig Natur wie möglich zu zerstören." Das sei auch in Putins Interesse. Der wolle schließlich ein gutes Echo auf seine Olympischen Spiele. Die besten sollen es werden, nichts weniger. Und dafür sollten sich 16.000 Arbeiter rund um die Uhr gehörig ins Zeug legen. Krasnaja Poljana und die Bergwälder ringsum würden ihre Identität dennoch verlieren, sobald die Schnellstraße kommt und alle für die Infrastruktur vorgesehenen zehn Milliarden Euro investiert wären. Doch es wird wohl Ruhe herrschen, innen- und außenpolitisch, wo Russland stark daran interessiert ist, den Abchasienkonflikt in den Griff zu bekommen. Und das würde auch den grenznahen Abchasen helfen, international wahrgenommen zu werden. Hier, wo die griechische Sagenfigur Prometheus der Überlieferung zufolge an einen Fels gefesselt seine Sünden büßte, soll der Mythos eines neuen Reiselands wahr werden. Die Kaukasusregion soll nach Meinung regionaler Medien „als Gegenpol zu St. Petersburg und Moskau ein Bollwerk im Süden des Landes werden", ein „Kurort von Weltniveau". Ein touristisches Zentrum, kein militärisches. Und endlich auch ein sportliches. Vor Jahren lernten hier Jewgeni Kafelnikov und Maria Scharapowa ihre Grundschläge im Tennis, nun soll der Skisport einkehren. Schnee? Der ist in Krasnaja Poljana, dem Zentrum der Spiele, an der Tagesordnung. Das Skigebiet, in Zeiten der Sowjetunion eine Destination nach Geschmack der Leute, verlor gegen Ortschaften wie St. Anton im Laufe der Zeit immer mehr an Boden. Zeit, das zu ändern, dachte Putin.

Als wenig später die Evaluierungskommission mit Chef Chiharu Igaya in Sotschi eintraf, lachte Schranz in sich hinein. Mit seinem ehemaligen Rennfahrerkollegen verbanden ihn freundschaftliche Bande, ein gutes Omen. Der Japaner, 1958 hinter Josl Rieder und Toni Sailer Dritter im WM-Slalom von Badgastein, war dann auch von Sotschi angetan. Und als Schranz bei prachtvollem Winterwetter wieder im Privatjet nach Österreich saß, war die Bewerbung schon „auf einem guten Weg". Es war nicht zuletzt Putins Verdienst, der nicht müde wurde, die Idee voranzutreiben. Seine Reden beinhalteten stets die gleichen Zutaten: „Wir sind eine große Sportnation, hatten noch keine Winterspiele und wollen für den Wintersport ein Zentrum in Sotschi schaffen." Und Putin soll im Vorfeld erkannt haben, welche Geschenke beim IOC gut ankommen würden: Gazprom, das staatliche Energieunternehmen, stünde bereit, ins IOC-Sponsorenprogramm einzusteigen, verkündete er vor der Wahl. Üblich für einen Topwerber sind rund 60 Millionen Dollar, die staatliche Ölfirma wollte 180 Millionen Dollar zahlen. Für Sotschi fanden sich genügend weitere Argumente: schneereich; am Meer gelegen; mit 340.000 Einwohnern überschaubar, aber nicht zu klein dimensioniert; und eine Stätte der kurzen Wege, die mit einer Stunde Anfahrt alle Wettkampforte erreichen lässt. Eine Idee, wie sie Schranz schon 2001 in St. Anton umgesetzt hatte. Damals mündeten erstmals alle Rennen ins selbe Zielstadion.

Als am 4. Juli 2007 die Entscheidung in Guatemala City anstand, schien man dort bei über 30 Grad Tagestemperatur so überhaupt nichts mit Winterspielen assoziieren zu können. Mit einem Eislaufplatz vor dem Hotel Westin Camino Real, Unterkunft der Entscheidungsträger, lehnte sich die Sotschi-Bewerbung noch einmal ordentlich aus dem Fenster; und der angekündigte Kurzbesuch von Wladimir Putin ließ den Wahlausgang bereits erahnen. Schranz: „Damit setzte er ein letztes Ausrufezeichen." Salzburg scheiterte bereits im ersten Wahlgang mit 25 Stimmen, während Pyeongchang die meisten Stimmen erhielt. Im zweiten Wahlgang unterlag Pyeonchang wie schon bei der Kandidatur vier Jahre zuvor mit 47 zu 51 Stimmen gegen Sotschi. Dort brandete zeitgleich Jubel auf, Feuerwerke gingen hoch, alles wirkte inszeniert. Der Nachgeschmack blieb schal: Während den Konkurrenten im IOC-Bericht nämlich „exzellente" Voraussetzungen bescheinigt wurden, erhielt Sotschi nur die Note „sehr gut". Der beste Bewerber hatte auf der Skala von 1 bis 10 eine 8,4 bekommen. Der schlechteste bekam von der Evaluierungskommission des Internationalen Olympischen Komitees, das die möglichen Austragungsorte Olympischer Spiele in Augenschein nimmt, nur die Note 6,7. Die 8,4 gehörte Salzburg, die 6,7 Sotschi. Dazwischen lag Pyeongchang mit 7,8 Punkten. „Die Entscheidung in Guatemala-Stadt fiel somit frei nach einem olympischen Motto: Der Schlechtere möge gewinnen", unkte *DER SPIEGEL* (5/2007). Offensichtlich wollte die Jury die südkoreanische Bewerbung (Pyoengchang) nicht, die nach Meinung von Schranz von allen die beste war. Der Konflikt mit Nordkorea legte sich scheinbar wie ein Schatten auf die Idee, politische Einflussnahme wollte das Internationale Olympische Komitee zu keiner Zeit. Das mutmaßte auch Schranz, der nur Salzburg als chancenarmen Vertreter sah: „Meiner Information zufolge war man dort nie in Gefahr, die Spiele zu bekommen." Salzburg konnte nicht mitbieten, weil bei aller Provinzialität auch ein Mann von der Bedeutung eines Wladimir Putin fehlte. Und auch künftig sei Österreich nach Meinung von Schranz auf der Landkarte keine ernsthafte IOC-Option. An Korea und irgendwann auch China führe bei Olympischen Winterspielen indes kein Weg mehr vorbei, das IOC wolle schließlich neue Gebiete entwickeln.

Schranz nüchtern: „Wir Österreicher haben nicht diese Weltgeltung, die wir uns selber zuschreiben. Das IOC denkt anders. Und ohne Welteinfluss bekommst du keine Spiele." Welteinfluss? Das viel zitierte Lobbying, das dem Internationalen Olympischen Komitee schon bei vergangenen Bewerbungen so viel Kopfzerbrechen bereitete, weil die Integrität mancher Mitglieder in Zweifel gezogen wurde? Schranz kommentiert das nicht: „Nur so viel: Olympische Spiele kommen nicht, du musst sie dir erarbeiten." Und hätte es mit der Sotschi-Bewerbung 2014 trotzdem nicht geklappt, wäre Putin wohl mit Plan B vorstellig geworden: Seine Heimatstadt St. Petersburg hätte Ausrichter der Sommerspiele 2016 werden sollen. Geplantes Investitionsvolumen: 100 Milliarden Euro.

Putin saß bei Bekanntgabe des Resultats am 4. Juli 2007 bereits wieder im Flugzeug nach Hause. Wäre Putin wohl ins Flugzeug nach Guatemala City gestiegen, um als Verlierer der Abstimmung heimzukehren? US-Präsident Barack Obama passierte das mit seiner Chicago-Bewerbung für 2016, was Schranz dem Russen einmal humorvoll schmackhaft zu machen suchte: „Das zeigt, dass dich die Welt will." Putin erfuhr erst am Telefon vom Sotschi-Zuschlag – oder aber er ahnte ihn voraus. Universitätsprofessor Mangott weiß um die Bedeutung der Spiele für den am politischen Scheideweg stehenden Putin: „Wichtig ist ihm das Prestige. In Russland geht die Frage um, ob Putin seine Winterspiele 2014 nun in offizieller politischer Funktion besucht, quasi ‚Putin 2014', und die Spiele als Plattform hemmungsloser Selbstinszenierung nützt. Das wäre sein persönlicher Triumph, ein Triumph der Eitelkeit – doch wie wird er das als Privatier auskosten? Dass er nochmals als Ministerpräsident kandidiert, scheint unwahrscheinlich. Und ob er 2012 zur Präsidentenwahl antritt, steht noch in den Sternen. Wenn er keine politische Führungsfunktion hat, bieten ihm Winterspiele wohl wenig Reiz. Es sollen schließlich Putin-Spiele werden."

16
Die Kehrseite der Medaille

„Sein Einzelgängertum, sein Innovationsgeist, da gab es gewisse Parallelen zwischen Karl Schranz und mir."

Hermann Maier

Auch Berühmtheiten haftet Alltägliches an. So wie Action-Star Bruce Willis nicht nur Hochhäuser zum Einstürzen bringt, sondern morgens Butterbrot liebt. Und Brad Pitt nicht ausschließlich Frauen betört, sondern sich im gewöhnlichen Leben wie jeder andere an einer Supermarktkassa anstellen muss. Hinter dem Denkmal Karl Schranz verbirgt sich zeitweise nicht mehr und nicht weniger als der Karl Schranz von nebenan. „Er schläft gerne lang und pflegt weiterhin seinen gesunden Lebenswandel von früher. Er schaut auf seine Ernährung, nimmt immer noch Vitamintabletten, isst Joghurt und zwei Pflaumen zum Frühstück, trinkt Tee und liest daneben drei Zeitungen. Sein Ritual ist immer gleich", weiß der Absamer Christoph Bieler, Team-Olympiasieger in der Nordischen Kombination und lange Zeit mit dessen Tochter Anna liiert. Schranz führt eben darauf die ihm zugeschriebene ewige Jugend zurück („Ich bin nie bis vier Uhr früh an der Bar gestanden."), die ihm etwa Hermann Maier bescheinigt: „Er ist der jüngste 70-Jährige, den ich kenne." Doch selbst ein

Karl Schranz neben der Annasäule in Innsbruck, Dezember 2010.

Denkmal ist nicht unverwundbar, Karl Schranz durfte das im Rahmen einer Skitour vor einem Jahr feststellen: Zeit seines Lebens von schweren Verletzungen verschont geblieben, zog sich der ehemalige Skistar bei einer Skitour zuhause eine schwere Gehirnerschütterung und Prellungen im Bereich der Rippen zu. Und verwundbar, das gilt für den mitunter unantastbar anmutenden Salonlöwen auch in Bezug auf die Familie. Ob er jemals geweint hatte, wollte die *Kleine Zeitung* anlässlich seines 70ers wissen. Schranz: „Natürlich! Beim Tod meiner Eltern, meiner Geschwister und von guten Freunden. Dafür hat man ja die Tränen." Doch er kann auch anders: Gattin Evelyn erinnert sich an den Heiligen Abend 1996, als Karl Schranz vor seinen Hotelgästen eine Weihnachtsansprache halten sollte. Vom Sterbebett seines Bruders Arnold zurückgekehrt kam er heim, nahm er sich fünf Minuten Zeit und ging dann zu den Feierlichkeiten über. Evelyn: „Man merkte ihm nichts an."
Karl Schranz führt das auf den Sport zurück. „Da lernst du Disziplin."

„Ich war Schicksalsschläge gewöhnt", erzählt Schranz, und das mutet wie eine Erklärung an. „Es muss weitergehen, du darfst nicht bremsen. Was mache ich jetzt? Diese Frage stellte sich nie." Den gebrochenen Karl Schranz erlebte man, als Tochter Anna knapp 20-jährig mit einem heimtückischen Lymphdrüsenkrebs zu kämpfen hatte, da zog es ihm „den Boden unter den Füßen weg" (Evelyn). Da quälte den Löwen vom Arlberg plötzlich die Machtlosigkeit: „Ich habe als Sportler immer gewusst, wie ich auf Niederlagen reagieren muss. aber in diesem Moment war ich war macht- und ratlos. Ich hätte alles gegeben, von null begonnen, um Anna zu behalten. Wenn dein Kind erkrankt, relativiert sich einfach alles, was dir bis dahin in deinem Leben an Schlechtem widerfahren ist. Ich wusste meine ganze Karriere lang bei Krisen, was zu tun war. Da aber war plötzlich der Ofen aus." Schranz blieb insofern der alte, als er mit Experten telefonierte und solche kontaktierte. Christoph Bieler erinnert sich: „Das war eben seine Art, mit der Situation umzugehen. Er ist keiner, der seine Gefühle nach außen trägt – außen hart, innen weich. Er probierte damals, an allen Fäden zu ziehen, was manchmal schon zu viel war." Eine harte Zeit für den Unbeugsamen, die ihn an die Grenzen brachte: „Wir haben uns gegenseitig Hoffnung gemacht und haben der Anna gesagt, sie darf nicht aufgeben. Das hat sie getan. Sie ist mittlerweile wieder ganz gesund."

Gesundheit, das begleitet Karl Schranz durch sein Leben. Schranz nennt es „gesunden Menschenverstand", wenn er sich mit Politikern auf Augenhöhe trifft. Oder „gesunde Erziehung", wenn Leute Begrüßungs- und Dankformeln aussprechen. Seine Kinder lehrt Schranz zu ehren, was er an Vermögen aufgebaut hat. Selbst für die Wohnung im Schranz-Besitz zahlen sie Miete, er betrachtet das als „Lebensschule": „Das können andere nicht verstehen. Auch meine Kinder verstanden es nicht immer." Dabei schmilzt der Herr Papa in der Anwesenheit der drei wie Wachs in der Sonne. Gattin Evelyn weiß: „Wenn die Töchter etwas wollten, sagt er zuerst: Kommt nicht in Frage! Fünf Minuten später lenkt er ein. Er ist eben weich wie Butter." Das wissen auch seine Töchter, die ihm anlässlich seines 70. Geburtstag eine Laudatio der besonderen Art angedeihen ließen. „Zu Hause ist er kein Star, wir sind schließlich vier Weiber." Der Star sei daneben höchstens der 18-jährige Kater Garfield. Der verteidigt auch den unantastbaren Fernsehsessel des Hausherren mit der Pranke, sobald es sich ein anderer darin bequem machen möchte. „Immer wenn er von unterwegs anruft, erkundigt er sich zuerst, wie es ihm geht. Dann fragt er nach dem Hotel, dann erst nach uns." Als Freund des Hauses erinnert sich Christoph Bieler: „Die Töchter wünschten sich zum Geburtstag immer wieder ein Haustier, Schranz sagte immer: Nicht in mein Haus." Als sie es dann doch bekommen hätten, habe sich in der Folge vor allem Karl Schranz darum gekümmert. Meerschweinchen Hugo pfiff schon von weitem, wenn Schranz ins Zimmer kam. Der sonst so „sture Teufel Schranz" (Bieler) hat seine Marotten, aber die legt er zuhause ab.

„In meinem Leben hatte ich immer die Gewissheit, zu meiner Familie zurückkommen können. Das galt während meiner aktiven Karriere und auch danach." Früher stürmte Schranz nach jedem Rennen zum Telefon, um seine Mutter anzurufen. Ihr Tod Mitte der 70er traf ihn ins Mark, in Erinnerungen an sein Elternhaus schwingt stets Respekt und große Dankbarkeit mit: „Meine Brüder und ich sind durch den Sport über den Horizont unserer Eltern weit hinausgekommen." Diese Vorbildrolle versuchte er auch seinen Kindern vorzuleben: „Dort, wo ich mit meinen drei Brüdern und meiner Schwester aufgewachsen bin, herrschte immer ein guter Zusammenhalt." Für seine drei Töchter nimmt sich Karl Schranz viel Zeit, eine Ski-Karriere indes legte er keiner von ihnen nahe. Anna hätte durchaus in seine Fußstapfen treten können, sie duellierte sich – wenngleich weniger talentiert – in ihrer Kindheit immerhin mit Ausnahmekönnerin Nicole Hosp. Und was, wenn Karl Schranz einen Sohn hätte? Seine Frau Evelyn bedauert das nicht, Karl genauso wenig: „Den hätte man immer mit dem Vater verglichen. Und was wäre wohl, wenn er ein gänzlich anderer Typ wäre als der?"

Christoph Bieler kam Karl Schranz näher als andere, und dabei durfte er den anderen Karl Schranz kennenlernen. „Ich hätte ihn als Außenstehender anders eingeschätzt", gestand der Absamer, der zunächst rau empfangen wurde. „Was tust denn du da?", lautete die erste Frage, als Bieler in St. Anton auf Besuch war. Daraus entwickelte sich eine gute Freundschaft, denn Einzelgänger war Schranz nur im Sport. „Karl hatte immer ein weiches Herz, auch wenn das nach außen nie ersichtlich war. Er hatte eben viele Neider. 90 Prozent in St. Anton wissen, was er für den Ort tut oder getan hat. Die zeigen ihm das aber nicht, dabei ist das unbezahlbare Werbung." Auch Peter Schröcksnadel, Präsident des Österreichischen Skiverbands und nicht immer einer Meinung mit der Ski-Legende, weiß das: „Karl leistete Großes, aber das wurde in seinem Heimatort nie anerkannt. Vielleicht auch deshalb, weil er viel Einfluss hatte. Er wurde immer unter seinem Wert geschlagen." Stets scheint Karl Schranz diese mangelnde Dankbarkeit einzufordern. Mit rauer Vehemenz: „Als ich vor der WM-Bewerbung 2001 alle wichtigen Bundespolitiker auf meiner Seite hatte, da sagte ich zu den entscheidenden Leuten in St. Anton: ‚Jetzt trauts euch nicht mehr Nein zu sagen." Der Respekt vor ihm, glaubt Gattin Evelyn, war stets größer als seine Beliebtheit.

Um Karl Schranz beizukommen, bedarf es eines starken Gegenpols.

Karl Schranz auf dem Balkon seines Hotels in St. Anton, August 2010.

Karl Schranz beim Schlag vom Fairway (1995) und inmitten seiner Trophäensammlung in der Lobby seines Hotels, 2010.

101
103

Das weiß auch seine Frau Evelyn: „Wir haben einen sehr reschen Umgangston. Wenn uns jemand hört, denkt er: Die beiden leben im Kampf. Aber Karl braucht jemanden, der resolut ist. Jemanden, der nicht zu allem Ja! und Amen! sagt. Wenn du dich nicht wehrst, gehst du unter." Sie fühlte sich nie „als Beiwagerl des großen Schranz, denn ich wusste immer, was ich leiste, wo ich stehe. Er wollte keinen Knecht an seiner Seite." Schranz lernte seine Frau, eine Steirerin, ausgerechnet über „Bundes-Bruno" Kreisky (Schranz) kennen, der ihn in St. Anton immer wieder besucht hatte. „Ende der 70er lud er mich zur Barbara-Feier nach Wien und anschließend in die Oper ein. Dort sah ich Evelyn." In der berühmten Eden-Bar tanzte er zunächst nur mit deren Schwester, die ihm erst die Telefonnummer gab. Evelyn, eine Pharmazeutin, schien damals noch ungerührt: „Ich wusste, wer er ist, ich kannte ihn ja schon von früher. Beim ersten Aufeinandertreffen in einem Heurigen war er mit dem gesamten Ski-Team zu Gast. Er kam und schnappte sich gleich eine Zeitung, um sich darin zu vertiefen; da dachte ich mir: Muss der das jetzt machen? Ehrlich gesagt war er mir früher unsympathisch." Schranz-Freund Gerd Bacher meinte Jahre nach dessen Hochzeit 1982: „Bis Evelyn Karl vorgestellt wurde, hätte er sich höchstens vorstellen können, mit sich selbst verheiratet zu sein." Auch mit seinem Hotel war Karl Schranz nie verheiratet („Ich habe es immer gehasst, wenn Leute versucht haben, mich zu vereinnahmen."), Gattin Evelyn genauso wenig: „Ich bin kein Hotelier, er ist auch keiner." Sie wurde wie er ins kalte Wasser geschmissen und lernte, sich in der rauen Luft am Arlberg zurecht zu finden. In den 80ern, als Schranz Skischulleiter und als solcher in seinem Heimatort nicht willkommen war (Evelyn: „Eine gute Beziehung hält das aus"). Auch danach, „obwohl mir die Fotos in der Öffentlichkeit manchmal zu viel waren. Deshalb ist er bei vielen Veranstaltungen auch die meiste Zeit allein unterwegs, er kann fahren wohin er will." Sie bevorzuge den Gardasee oder zehn Tage Dubai am Ende einer Wintersaison.

Beim Fest zum 60. Geburtstag von Karl Schranz sorgte der ORF mit einer Live-Schaltung zum Musikantenstadl für entsprechende Aufmerksamkeit. Die Dokumentation „Nie irgendwer, immer Karl

Schranz“ sollte die Rolle des großen Skifahrers beleuchten. So etwas wie die Bilanz seines Lebens zog Schranz im November 2008, als der 70. Geburtstag 600 Freunde, Bekannte und Weggefährten dazu veranlasste, nach St. Anton zu kommen. Die Gala in der örtlichen Veranstaltungshalle dauerte mehr als fünf Stunden, Reden und Ehrungen garnierten das Programm. „Aus einem präpotenten Sturschädel wurde ein Mensch“, befand Gerd Bacher. Der russische Botschafter in Österreich, Stanislaw Ossadtschij, würdigte den Tiroler Berater der russischen Winterspiele 2014, indem er ihm den höchsten Auslandsorden seines Landes verlieh. Ministerpräsident Wladimir Putin hatte bereits zuvor telefonisch gratuliert. Der Schweizer Altbundespräsident Adolf Ogi erwies Schranz als Sportgesandter der Vereinten Nationen die Ehre und überreichte dem „größten Skifahrer aller Zeiten“ eine Urkunde. Und Bürgermeister Rudi Tschol, lange Zeit kein Freund des Hoteliers, nannte die „dunklen Flecken in der Beziehung zwischen dem offiziellen St. Anton und Schranz“. Er verneigte sich: „In 100 Jahren wird man sich vielleicht nicht mehr an die sportlichen Leistungen erinnern, aber daran, dass Schranz die Modernisierung möglich gemacht hat.“ Und der Arlberger Ski Club ehrte seinen Jubilar damit, dass der Kinderskitag in Zukunft immer „Karl Schranz Ortskinderskitag“ heißen wird. Schranz verbat sich Geschenke, stattdessen wollte er Spenden für notleidende Familien lukrieren. Er hätte ohnehin alles: „Gesundheit für meine Familie und mich. Gesundheit ist das Wichtigste, das sollten sich auch junge Sportler hinter die Ohren schreiben.“ Bereits Tage zuvor ehrte die österreichische Post den Jubilar mit einer 65-Cent-Marke, auf der das Konterfei des Tirolers zu sehen war. „Jetzt glauben sicher viele, dass ich erst 65 bin“, lachte Schranz damals. Nachsatz: „Bei so viel Ehre tut der 70er nicht mehr ganz so weh“, meinte er weiter. Doch Österreichs dreifacher Sportler des Jahres ('59, '62, '70) lädt nicht nur, er wird für gewöhnlich auch geladen. Wenn der niederösterreichische Handball-Meistermacher Gunnar Prokop seinen Geburtstag feiert oder Hermann Maier seine Karriere ausklingen lässt. „Wo der Rauch aufgeht, siehst du ihn“, lachte Christoph Bieler. Benni Raich dankt seinem sportlichen Vorgänger: „Er ist einer, der nach wie vor eine große Rolle spielt und immer noch irgendwo Thema ist. Mit der WM

Karl Schranz mit Gattin Evelyn anlässlich der „Life 2009"-Gala im Congress Innsbruck.

in St. Anton schuf er uns jungen Fahrern eine Bühne, das war ein Riesenverdienst von ihm."

Karl Schranz hat dem japanischen Tenno, dem Schah und Boxer Joe Louis ebenso wie der Queen und dem Papst die Hand geschüttelt. Aga Khan lud ihn zu seiner Hochzeit ein, Juan Carlos wohnte bei ihm im Hotel, Bubi Scholz, Armin Hary und Wladimir Putin brachte er das Skifahren bei, mit Perry Como und Senta Berger hat er eine Weihnachtsshow moderiert, die in den USA ausgestrahlt wurde. Schranz war sogar in der Kommission der österreichischen Bundesheerreform. Doch warum bekleidete er, der begnadete Netzwerker, nie selbst eine Position, sondern blieb immer eine Ski-Legende? Schranz zuckt mit den Schultern: „Ich hätte in St. Anton Vizebürgermeister werden können, aber Politiker zu werden war nicht in meinem Sinn. Ich wollte helfen, so wie ich es am besten konnte: durch Netzwerke." Schranz, der „Mr. St. Anton" (O-Ton Helmut Zilk), war eben kein Meister der Diplomatie. Aber er war sehr wohl einer, der mit Politikern aller Coleur konnte. Christoph Bieler erinnert sich an einen Rat, den ihm Schranz einst mit auf den Weg gab: „Stell dich politisch nie auf eine Seite, sonst verärgerst du die andere." Und Gerd Bacher weiß: „Sein Netzwerk spann er wie kein Zweiter, er kannte jeden. Und wenn er wollte, wurde er überall durchverbunden. Er schaffte sich einen Stellenwert und pflegte seine Beziehungen. Allein die Leistung, den Bahnhof in St. Anton zu bekommen, zeugt davon."

Doch was bildet die Triebfeder seines Lebens? Die Austria Presse Agentur befand, dass Karriere und Leben des Karl Schranz „von der phantomhaften Jagd nach Olympia-Gold sowie dem Ausschluss von den Spielen 1972" geprägt sei. Schranz weiß das, er kokettiert damit: „Manche behaupten, meine Popularität wäre nicht annähernd so nachhaltig gewesen, hätte ich tatsächlich einen Olympiasieg errungen." Als Märtyrer sieht sich Schranz deshalb aber auch 36 Jahre nach den geschichtsträchtigen Ereignissen nicht: „Ich bin nur ein Sportler, der viel erleben durfte und dem halt alles widerfahren ist, was es in diesem Sport gibt. Was mir alles passiert ist, geht auf keine Kuhhaut." Ex-ORF-Intendant Gerd Bacher, der mit seiner Inszenierung beim Wien-Empfang viel dazu beitrug, meint nicht frei von Stolz: „Ohne diesen Skandal wäre Schranz nie zu der Popularität gekommen. Gute Skifahrer gibt es viele. Aber einen, der auch 40 Jahre nach seinen Erfolgen noch so eine Bedeutung genießt, nicht." Gerne bezeichnet sich der nach eigenen Worten „kürzeste Slalom-Olympiasieger aller Zeiten" – sein Grenoble-Gold von 1968 erkannte man ihm nach drei Stunden ab – als Wegbereiter: „Ich fühle mich ein wenig in der Rolle von Jean-Marc Bosman", bekräftigt Schranz in Anspielung an den früheren belgischen Fußballprofi, der einst mit einer Klage die Transferregelung gekippt hatte. Den Vergleich zwischen Skifahrern und Fußballern will der langjährige Manager von Hermann Maier, ÖSV-Präsident Peter Schröcksnadel, dennoch nicht anstrengen: „Wenn du es mit Fußballern vergleichst, verdienen Skifahrer viel weniger. Ein Fußballer der mittleren österreichischen Profikategorie verdient mehr, Skifahrer sind eher am unteren Ende, das sind eher arme Hunde. Oder, um es mit der Tennis-Sprache zu umschreiben: Sie spielen ein Love-Game, ein Spiel ohne Punkt, aber immerhin aus Liebe und Begeisterung."
Eine Tatsache, die man Schranz im erlesenen Kreis großer Skisportler gerne unter die Nase reibt. Wohl wissend, dass der Arlberger mit

leicht säuerlicher Miene darauf reagiert, wenn man zum „Foto der Olympiasieger" bittet. Und dieses dann selbstverständlich mit ihm macht. Stephan Eberharter kann sich ein Lachen nicht verkneifen: „Wir haben ein gutes Verhältnis und scherzen miteinander. Er ist überall bekannt und jeder weiß, dass er Großartiges geleistet hat. Sein Name spricht für sich, dazu muss man nichts mehr sagen. Die Geschichte von Sapporo fuchst ihn wohl heute noch ein wenig." Und regelmäßig tauchten sie auf, die Erinnerungen an 1968 (Disqualifikation) und 1972 (Ausschluss). Er, der nach eigenen Worten „ewig Beschissene", kommt allein beim Gedanken daran in Fahrt: „Sogar die Franzosen sagten: Du hast gewonnen. Mein Gold liegt in Val d'Isère." Und stets bemüht er sich um einen Schuss Humor: „Olympiasieger gibt's viele, aber nur einen, der ausgeschlossen wurde." Noch heute fragt er den Grenoble-Sieger, dem man nach seiner Disqualifikation den Sieg zuerkannt hatte: „Wo hast du meine Goldmedaille?" Die „Trophäe der Sportethik", die ihm im Namen des früheren IOC- Präsidenten Juan Antonio Samaranch wegen des Sapporo-Ausschlusses überreicht wurde, trägt den Wortlaut: „Dir wurde vor 26 Jahren großes Unrecht zugefügt, an dir wurde damals ein Exempel statuiert. Doch dein Opfer hat mitgeholfen, dass der Status heute für viele Verbände und Aktive ein anderer ist." In einem Interview mit Irene Heisz von der *Tiroler Tageszeitung* erzählte Schranz, er habe sich mit dieser Tatsache „auseinandergesetzt": „Das Gute daran war, dass ich den Weg dafür bereitet habe, dass Sportler offiziell Geld verdienen dürfen und durch mich der Amateurparagraph gefallen ist." Auch seine Evelyn weiß: „Karl sagt zwar immer, an das denkt er nicht, aber er hätte damals wohl nicht aufgehört, wenn das nicht passiert wäre. Sein Karriereende hätte er sich wohl anders vorgestellt, das war nicht fein." Schranz selbst glaubt, er hätte noch zwei Jahre fahren und viel Geld verdienen können. Spekulation. Sein Freund Hias Leitner, Olympia-Zweiter 1960 und nach dessen Karriereende im Sommer 1972 stets an der Seite von Schranz, glaubt: „Schranz hat die Sapporo-Geschichte vielleicht damit aufgearbeitet, dass er stets in der Öffentlichkeit war, beim Fußballspielen lebte er auf." Über Sapporo sei im Sommer 1972 nie geredet worden, „das Thema wurde höchstens gestreift". Leitner glaubt: „Sapporo tut ihm heute noch weh. Ihm, der alles gewonnen hat, fehlt nur diese Olympia-Goldene in der Sammlung.“ Das glaubt auch Ernst Hinterseer, 1960 vor Hias Leitner Slalom-Olympiasieger: „Da leidet er heute noch ein bisschen. Du kannst zehn Mal den Hahnenkamm gewinnen, aber Olympia bleibt eben Olympia. Das ist das Höchste für einen Sportler. Karl bleibt trotzdem einer der erfolgreichsten Sportler Österreichs.“

Karl Schranz, der Getriebene? Sätze wie diese passen dazu: „Als ich fünfjährig bei einem Rennen stürzte, war das für mich ein Weltuntergang.“ Oder: „Ich konnte es schon in der Schule nicht ertragen, wenn einer besser gelernt hat.“ Hermann Maier, wie der Tiroler ein Unermüdlicher und die dominierende Figur des Skisports seiner Zeit, meint: „Was mir am besten an ihm gefallen hat war, ähnlich wie bei mir, sein Trainingseifer. Da hat er neue Maßstäbe gesetzt.“ Bis heute übrigens, denn bis heute übt sich der Ex-Sportler im Radfahren und am Hometrainer, Skifahren gehört im Winter zur Tagesgestaltung, das Golfspiel sowieso: „Das Wettkampfdenken ist völlig weg Ich will keinen Baum mehr ausreißen und bin zufrieden mit diesem Zustand.“ Nur eben ohne Leistungsstreben. Und weitere Ähnlichkeiten glaubt Maier zu erkennen: „Sein Einzelgängertum, sein Innovationsgeist, da gab es gewisse Parallelen.“ Auch das Wechselspiel zwischen Siegen und Verlieren habe Schranz in dieser exponierten Position gemeistert wie er: „Damit muss man leben und lernen, damit umzugehen. So etwas zeichnet einen Star wie Schranz aus.“ Gerd Bacher zieht einen Vergleich zur Gegenwart: „Uns fehlen Skipersönlichkeiten, die letzte war Hermann Maier, davor waren Franz Klammer und Karl Schranz welche. Es reicht nicht, schnell vom Berg runterzufahren. Alles ist sehr stark auf Einzelpersönlichkeiten fixiert.“ Wobei ÖSV-Präsident Peter Schröcksnadel einem Vergleich Hermann Maier/Karl Schranz wenig abgewinnen kann: „Karl und Hermann lassen sich nicht miteinander vergleichen. Hermann ist lustiger, kommunikativer, ein Salzburger. Karl war früher eher verschlossen. Gemeinsam ist beiden, dass sie sehr zielbewusst sind und sich nie verbiegen lassen.“
Verbiegen ließ sich Schranz auch nicht von den Medien, was Gerd Bacher als besonderes Charakterzeichen einordnet. Und als Kontur, die Medien zu schätzen wissen: „Er hatte ein intelligentes Verhältnis

zu den Medien, die waren seine Partner, aber er nicht ihr Sklave. Und er hatte was zu sagen. Er hatte seinen Eigensinn, sein Selbstbewusstsein und war mit den Journalisten immer auf Augenhöhe." Josef Schmid, Pressechef des Österreichischen Skiverbands und einst junger Mitarbeiter der *Tiroler Tageszeitung*, erinnert sich an das erste Aufeinandertreffen: „Ich lernte ihn bei den Österreichischen Meisterschaften in Schwaz kennen. Als ich ihn nach einem Sturz im Ziel um seine Stellungnahme bat, fragte er kurz: „Wer bist du?" Und als ich ihm Namen und Zeitung nannte, drehte er sich um und sagte: „Ich habe keine Zeit." Heute verbindet die beiden eine Freundschaft und gegenseitiger Respekt. Schmid: „Der Karl, der geht seinen Weg." Ähnlich geht es Schranz mit vielen medialen Wegbegleitern: „Ich habe mich auch mit den Journalisten angelegt, wenn ich geglaubt habe ich bin im Recht und das Recht habe ich stets verteidigt. Ich habe manche Sträuße ausgefochten mit verschiedensten Journalisten. Es gibt kaum einen, mit dem ich nicht irgendwann einmal böse war. Aber heute sind wir alle wieder Freunde." Hinter Schranz' ambivalentem Verhältnis zu den Medien verbarg sich Ärger über ungerechtfertigte Schlagzeilen und fragwürdige Analysen. Dazu Schmierenjournalismus, den er Zeit seiner Karriere verabscheute („Einmal wollte man wir sogar eine Affäre mit einem Model andichten"). Mitunter leitete ihn auch eine unverkennbare Spur Opportunismus: „Wennst mit Journalisten befreundet bist und du hast eine Zeit, wo's nicht richtig läuft, verdammen sie dich nicht gleich." Das trieb mitunter Blüten. Einmal soll Schranz zu Michael Kuhn, lange Jahre Sportchef der *Kronen Zeitung*, nach einem kritischen Bericht gesagt haben: „Bevor du so was schreibst, fragst du das nächste Mal." Eine Entwicklung, die im österreichischen Sportjournalismus längst neue Züge angenommen hat. Das meint jedenfalls der frühere Skisprung-Olympiasieger Toni Innauer: „Man hat auf beiden Seiten erkannt, dass es sich um eine Zweckgemeinschaft aber nicht nur um gegenseitige Gefälligkeiten handelt, es hat sich also entwickelt, mit dem Stellenwert für das Medium wuchs die Qualität der Berichterstattung. Auch Partner/Sponsoren sind daran interessiert, dass hier seriös und interessant berichtet wird. Mittlerweile haben Teams eigene Medienskoordinatioren und selbst die Trainer werden in ihren kommunikativen Fähigkeiten gefordert. Zu meinen Zeiten war das eine einseitige Beziehung. Da sagte unser Trainer Baldur Preiml schon einmal wie später noch Ernst Happel: „Schleichts euch!" Heute ärgert sich Schranz höchstens „über TV-Experten, die keine sind". (O-Ton Christoph Bieler)

Schranz schien nichts weniger als die Würdigung seiner Leistung zu fordern, deren Beurteilung oblag in erster Linie ihm selbst. Das lag wohl auch daran, dass er dem Skisport als Erster den Stempel des Professionalismus aufzudrücken vermochte. Freund Gerd Bacher erinnert sich: „Als wir 1970 nach seinem dritten Weltmeistertitel in Gröden zusammensaßen und feierten, stand er um 21.30 Uhr auf und sagte: ‚Ich muss jetzt schlafen gehen.' Wir feierten bis 4 Uhr morgens weiter." Schranz sei es auch gewesen, der sein sportliches Vorankommen nur von sich, niemals von der Führung abhängig gemacht hätte. Deshalb kostete ihn wohl auch das Verhalten ungeliebter Funktionäre bestenfalls ein Kopfschütteln und ein paar böse Worte, als Ausrede bediente er sich ihrer nie. Auch wenn er nicht vergisst, wer ihm einst das Leben schwer gemacht hat. Genauso wenig, wie er ihm gut Gesonnene aus dem Gedächtnis streicht. Sein ehemaliger Trainer Franz Hoppichler meinte einmal: „Wer Schranz Gutes getan hat, dem vergisst er das nie."

Karl Schranz' Rolle bleibt eine historische, eine sporthistorische. Gerd Bacher konkretisiert: „So etwas wie diese Heimholung im Februar 1972 hat es davor nicht gegeben und wird es auch nie mehr geben." Österreich fühlte sich als Nation nicht wahrgenommen, der Ausschluss einte das Land. Davon ist rückblickend auch Toni Innauer überzeugt: „Größere Nationen können den Sport in seiner Bedeutung besser einordnen. Österreich hingegen erlebte, wie es vom Weltreich, von der Donaumonarchie zum kleinen Nationalstaat mutierte. Auf intellektueller, kultureller Ebene sind viele der besten Köpfe ausgewandert oder umgekommen, politisch spielt das Land eine untergeordnete Rolle und wirtschaftlich sind wir nur in Nischen erfolgreich. Sport ist einer der wenigen Bereiche, wo wir international aufzeigen können." Ob sich Schranz dessen bewusst war, als er damals auf dem

Balkon hoch über dem Ballhausplatz stand? Rückblickend versteht er seine Rolle einzuordnen. Und rückblickend weiß er auch, dass die Kaffee-Werbung auf einem Fußballtrikot zur Legendenbildung beigetragen, nicht aber seine Olympia-Teilnahme verhindert hat. Schranz' Revolution entsprang seinem Wesen, seinem Leben: „Ich wollte immer Gerechtigkeit, zu meinem Leben gehörte alles." Also auch die Geschichte mit der Kaffee-Werbung. Wie sagte er doch in einem Interview versöhnlich: „An meinen Olympia-Ausschluss habe ich beim Kaffeetrinken noch nie gedacht."

Steckbrief

Geboren: 18. November 1938 in St. Anton am Arlberg
Wohnorte: St. Anton, Wien
Familienstand: Seit 1981 verheiratet mit Evelyn, Kinder: Anna, Christiane, Kathi

Erfolge als Skifahrer:
Insgesamt 100 Siege, 12 davon im Weltcup
(8 Abfahrten/3 Riesentorläufe; Quelle: FIS – der Weltcup wurde erst 1967/68, also gegen Ende der Karriere ins Leben gerufen)
2 Weltcup-Gesamtsiege 1969 und 1970
Weltcup-Disziplinensieger: 2 Mal Abfahrt (1969 und 1970), 1 Mal Riesentorlauf (1969)
Dreimal Weltmeister, 6 WM-Medaillen: Gold 1970 in Gröden (RTL) und 1962 in Chamonix (Abfahrt, Kombi); Silber 1962 in Chamonix (RTL) und 1964 in Innsbruck (RTL); Bronze 1966 in Portillo (RTL)
Olympia: Silber 1964 in Innsbruck (RTL/auch WM-Silber)

Weitere bedeutende Erfolge:
Je vier Siege am Hahnenkamm in Kitzbühel (66,69,72/zweimal) und am Lauberhorn in Wengen (59, 63, 66, 69). Fünffacher Sieger der Arlberg-Kandahar-Kombination (57, 58, 59, 62, 69), sieben Abfahrtssiege beim Arlberg-Kandahar-Rennen (zwischen 1957 und 1972)

Auszeichnungen und Ehrungen:
Dreimal Sportler des Jahres in Österreich (1959, 1962, 1970)
1998 Trophäe der Sportethik durch das IOC
1998 Großes Ehrenzeichen für Verdienste um die Republik Österreich
2001 Generalsekretär der Alpin-WM in St. Anton
2001 Ehrenbürger von St. Anton
2008 „Medaille der Freundschaft“ von Präsident Wladimir Putin

Karl Schranz betreibt zusammen mit seiner Frau Evelyn ein Viersterne-Hotel in St. Anton.

Literaturverzeichnis

Bergmann, Sigi: Toni Sailer: Sonntagskind? – Die Biographie eines außergewöhnlichen Sportlers. Wien 2009.
Labitsch, Florian: Die Narrischen. Wien 2009.
Naderhirn, Johannes: Das Österreichische Fernsehen – demokratiepolitischer Bildungsauftrag oder Quote? Vom Volksbegehren bis zur Gegenwart. (Dissertation), Wien 2009.
Prüller, Heinz: Weißer Lorbeer – Die Karl-Schranz-Story. Wien 1970.
Pucher, Jürgen: Der Einfluss früherer „Schihelden" und der medialen Berichterstattung auf die nationale Identität der österreichischen Schifans. (Diplomarbeit), Wien 2010.
Sailer, Toni: Mein Weg zum dreifachen Olympiasieg. Salzburg 1956.
Schranz, Karl: Mein „Olympiasieg". Aufgezeichnet von Stefan König und Gerhard Zimmer. München 2002.
Seefranz, Dieter: Der Weiße Rausch. Vom Skisport in Österreich. Wien 1976.

ZEITUNGS- UND ZEITSCHRIFTENARTIKEL

A Hetz. In: DER SPIEGEL, Nr. 8/1972.
Allinger, Günther: 87.000 riefen ihm zu: „Karl", „Koarl" und „Karli". In: Kurier (Morgenausgabe), 9. 2. 1972.
Anti-Mautner-Kampagne der Wirte. In: Kleine Zeitung, 3. 2. 1972.
Da Branditsch war's aus USA. In: Kronen Zeitung, 6. 2. 1972.
Vollständiger Text in: Da Branditsch. In: AZ, 4. 2. 1972. (Olympia-Beilage).
Der Karli-Schranz-Song. In: Sport, 24/1972, 2.
Hinterleitner, Rudolf: „Als schritte ...". In: profil, 3/1972.
Huber, Josef: „Entschluß war falsch!" Morddrohung gegen Klee. In: Kurier (Morgenausgabe), 4. 2. 1972.
Kaspar, Leo: So empfingen die Wiener „Kaiser" Karl. In: Kleine Zeitung, 9. 2. 1972.
Müllner, Rudolf: Skilauf aus der Tiefe des Volkes: Wir sind Kitzbühel? In: Der Standard, 24. 01. 2009.
Portisch, Hugo: Die Entlarvung Olympias. In: Kurier (Morgenausgabe), 5. 2. 1972.
Scheuch, Manfred: Das rechte Maß. In: AZ, 5. 2. 1972.
Sperl, Gerfried: Die Sanktionen und die österreichische Opferrolle. In: Der Standard, 24. 1. 2010.
Spitaler, Georg: Echte Skistars. Zur Vorstellung der „authentischen" Vertretung in österreichischen Wintersportdiskursen. In: SWS-Rundschau 2/2004, 132–150.

Tantner, Anton (1995): Der „Schranz-Rummel" von 1972. Geschichte, Sport, Krieg und Konstruktion von Nation. In: Zeitraum. Zeitschrift für historische Vielfalt, Neue Folge, Heft 2/1995, 8-33.
Weiss, Jürgen: Sport. In: Politische Bildung, 1/1986, 30, Anm. 2.
Winheim, Wolfgang: „Wieso, ich hab' doch net gwonnen".
In: Kurier (Morgenausgabe), 9. 2. 1972.

WEITERS IM TEXT ZITIERTE ARTIKEL UND AUSSCHNITTE AUS:

Arbeiterzeitung
DER SPIEGEL
Die Presse
DIE ZEIT
Kleine Zeitung
Kronen Zeitung
Neue Zürcher Zeitung
profil
STERN
Tiroler Tageszeitung

Olympische Großverdiener vom 6. September 2010: http://www.derwesten.de/sport/olympia/Millionaere-statt-Amateure-in-Vancouverid2638782. html
http://sportsillustrated.cnn.com/vault/article/magazine/MAG1123665/index.htm#ixzz13HZWNrMe

Bildnachweis

Tiroler Tageszeitung/Parigger: Coverfoto, 8, 12, 15, 16, 205, 206, 207 (2), 208
Tiroler Tageszeitung/Böhm: 200, 211
Tiroler Tageszeitung Archiv (10. 2. 1972): 161
Archiv Schranz: 18, 23, 25, 26, 28, 29, 30 (2), 31, 33, 34, 42, 45, 49, 50, 51, 58, 63, 78, 83, 87, 117, 118,119, 176
„Toi Toi Toi", erschienen auf dem Label „Montana": 41
Reuters/Großruck: 52
Copress, Herbig und MacMillan Publishing Company: 68
Österreichische Post AG: 120
APA/Votava: 126/127
APA/Kern/ÖNB-Bildarchiv: 130/131
Repro Zangerl: 142/143
APA/Hans Klaus Techt: 170
APA/Archiv: 171
GEPA/Hans F. Punz: 172
GEPA/Franz Pammer: 181
Reuters Archiv: 186
AP Photo/Ronald Zak: 169

Niki Lauda hat viele Gesichter: Hier der scheinbar unzerstörbare Motorsport-Held, der dreifache Formel- 1-Weltmeister, der erfolgreiche Geschäftsmann, der kühle Analytiker, der Mann mit der legendären roten Kappe. Dort das Kind, der Bruder, Vater, Ehemann und auf die selbstlose Hilfe seiner Frau angewiesene Nierenpatient. Alles unter einer Kappe zeichnet seine außergewöhnliche Karriere nach und entwirft ein komplexes Porträt des Menschen Andreas Nikolaus Lauda, des Champions, Medienprofis und Unternehmers, der trotz hartnäckig-bürokratischen Widerstands im Alleingang ein Luftfahrtunternehmen aus dem Boden stampft. Aber auch das Bild eines Mannes mit Familiensinn, großzügig, höflich, ehrlich. Eine packende Hommage, die sich auf die Spurensuche nach dem Ursprung dieser Vielfalt begibt.

Heike Kossdorff · Thomas Mudri · Daniel Winkler
NIKI LAUDA
Alles unter einer Kappe

264 Seiten, 13,5 x 21,5 cm
Hardcover mit SU,
zahlr. Farb- und SW-Abbildungen
€ 24,95 · ISBN: 978-3-222-13266-7

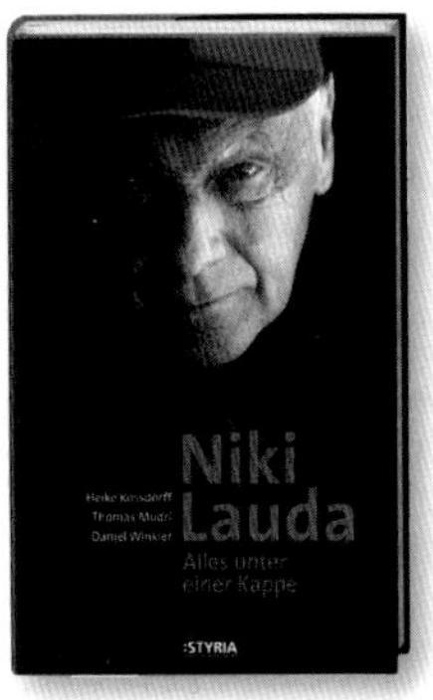

styria premium

ORF-Kommentator Michael Roscher, der die Springer von Weltcupstation zu Weltcupstation begleitet und bestens kennt, lüftet in dem zusammen mit Johannes Sachslehner herausgegebenen Buch das Geheimnis ihrer Erfolge, beschreibt den einzigartigen „Nordic Spirit", der Thomas Morgenstern und seine Kollegen verbindet und zu immer neuen Höhenflügen katapultiert.

Einfühlsam zeichnet das Buch die Porträts dieser sympathischen Sporthelden und berichtet von unvergesslichen Momenten; packend lässt es die Geschichte des Skispringens in Österreich Revue passieren: von den ersten kuriosen Wettbewerben in der Sport-Steinzeit bis zur Sprunglegende Sepp „Bubi" Bradl, von der „Revolution" unter Baldur Preiml bis zu den aktuellen Triumphen unter Erfolgstrainer Alexander Pointner; Interviews mit den Experten Baldur Preiml, Armin Kogler und Hubert Neuper beleuchten alle Fassetten dieses faszinierenden Sports.

Michael Roscher
Johannes Sachslehner (Hg.)
DIE SUPERADLER
Schlieri, Morgi & Co

176 Seiten, 21 x 27,5 cm
Hardcover mit SU, durchg. Farbe
€ 24,95 · ISBN: 978-3-85431-540-7

pichler verlag